U0670683

大学生心理健康与积极成长

李 旭 邵昌玉 郑涵予 主 编

重庆大学出版社

图书在版编目（CIP）数据

大学生心理健康与积极成长／李旭，邵昌玉，郑涵予主编. -- 重庆：重庆大学出版社，2018.6（2024.7重印）

ISBN 978-7-5689-0956-3

Ⅰ．①大…　Ⅱ．①李…②邵…③郑…　Ⅲ．①大学生—心理健康—健康教育—高等学校—教材　Ⅳ．①G444

中国版本图书馆 CIP 数据核字（2017）第311527号

大学生心理健康与积极成长

李　旭　邵昌玉　郑涵予　主　编

策划编辑：唐启秀

责任编辑：陈　力　万清菊　　版式设计：唐启秀

责任校对：王　倩　　　　　责任印制：张　策

*

重庆大学出版社出版发行

出版人：陈晓阳

社址：重庆市沙坪坝区大学城西路 21 号

邮编：401331

电话：(023) 88617190　88617185（中小学）

传真：(023) 88617186　88617166

网址：http://www.cqup.com.cn

邮箱：fxk@ cqup.com.cn（营销中心）

全国新华书店经销

重庆升光电力印务有限公司印刷

*

开本：787mm×1092mm　1/16　印张：14.25　字数：340千

2018 年 6 月第 1 版　　2024 年 7 月第 4 次印刷

ISBN 978-7-5689-0956-3　定价：36.00 元

本书如有印刷、装订等质量问题，本社负责调换

版权所有，请勿擅自翻印和用本书

制作各类出版物及配套用书，违者必究

前　言

　　大学阶段，是学生人生观、价值观、世界观形成和稳定的重要时期，也是学生成长和成熟的关键期。当前，随着经济的飞速提升、科技的发展进步、竞争的不断加剧，大学生面临的压力、冲突和矛盾越来越多。当代大学生心理发展总体趋势是健康的，但在内外环境的冲击下，更容易产生心理困惑，大学生需要较强的心理调节能力和心理适应能力以应对各种变化。因此，关注大学生心理状况，提升心理健康水平，优化心理素质，不仅关系到大学生个人成长和发展，关系到家庭的幸福，更关系到国家和民族的未来。

　　本书编者们均长期从事大学生心理健康教育教学和相关的科研工作，在多年的教学过程和心理咨询实践中，深切地感受到大学生对心理健康知识的渴求以及改变自己消极心态的急切愿望。正是这份任重道远的责任感，促使我们编写了本书，以期通过大学生本人、家长及教育工作者的学习与阅读来共同提高大学生心理健康水平，真正做到心理健康教育的全面化、普及化。

　　全书围绕大学生心理健康教育的主题展开，既有理论知识又有实践方法，而且在引用大量研究成果的基础上提出自己的观点，具有较强的系统性和实用性。一方面，本书体系涉及大学生学习、生活、成长发展的各个方面，各部分内容环环相扣，体系完整，内容丰富。内容涉及心理健康、心理咨询、自我意识、健康人格、学习心理、情绪管理、人际交往、恋爱与性心理、压力与应对等多个模块，不仅探讨心理困扰成因，更聚焦如何优化心理素质，以促进大学生积极成长。另一方面，本书各章既有心理学的基本知识，又注重结合大学生实际。本书引用了生活中大量的事例，在讲解理论的同时与具体事例相结合，使人感到有理有据。每章都配以案例导读、案例分析、课堂练习、自我测试、知识延伸等,通过多种互动方式切入学生实际,促进学生讨论与思考,解决学生实际问题,促进大学生把心理健康知识融入自己的成长实践。

本书具体分工为:李旭负责全书的统筹、统稿及撰写第四章、第五章,邵昌玉撰写第三章、第八章、第九章,郑涵予撰写第七章,周宏撰写第一章,卢勤撰写第二章、第六章。

由于作者水平的局限,本书尚有很多不足和欠缺,敬请大家批评指正。希望该书能够成为大学生健康成长的好朋友,成为高校学生工作者了解大学生的参考资料,也希望读者通过这本书能够更好地认识自我、发展自我,成为身心健康、快乐成功的人!

编 者

2017 年 9 月

目　录

第一篇

走进心理，认识自我

第一章　大学生心理健康导论

导读：由一个"疯子"发起的社会运动——心理健康运动

比尔斯(C. W. Beers)1876年出生于康涅狄格州，曾经是耶鲁大学商科的学生。比尔斯的哥哥患有癫痫病，病情发作时的痛苦不堪一直深深留在他心里。那时，社会上普遍认为癫痫是一种遗传性疾病，比尔斯因此很为自己担忧，陷入深深的恐惧和焦虑之中，以至于精神失常被送进精神病院。

他前后在医院治疗了三四年。在这期间，他历经了数家医院的诊治，其中有州立医院，也有私立医院。医院对精神病人的冷漠和虐待令人震惊。比尔斯亲身感受了这种"治疗"，还感受了社会对精神病人的种种误解和歧视。出院后，比尔斯立志将自己的一生献给精神病患者，以改变社会对精神病人的偏见，改变令人屈辱的精神病治疗。他四处奔走，八方呼吁，要求改善精神病患者的待遇，但应者寥寥。于是，他根据自己的亲身经历和体会，写成了《自觉之心》(*A Mind That Found Itself*)，于1908年3月出版。

《自觉之心》揭示了一个重大社会课题，即如何对待精神病人，如何正视人类的精神疾病。这本书感动了成千上万的人，美国许多著名心理学家、精神病学家都对这本书给予很高的评价。心理健康运动也由此发端并最终遍及全世界。

1908年，世界第一个心理卫生组织——美国康涅狄格州心理卫生协会成立。

1930年，国际心理卫生委员会成立。

1948年，在联合国教科文组织的主持下，世界心理健康联合会(WFMH)成立。

1985年，中国心理卫生协会成立，对我国心理卫生事业的发展起到了非常重要的推动作用。

1991年，中国心理卫生协会大学生心理咨询专业委员会成立。

2016年，习近平总书记在全国高校思想政治工作会议上就心理健康工作做了重要指示，强调"培育理性平和的健康心态，加强人文关怀和心理疏导"。

心理健康关系到大学生的自我成长与发展，关系到社会的和谐稳定，更关系到国家和民族的前途命运。那么，什么是心理？什么又是心理健康？正常心理与异常心理的界线在哪里？大学生心理健康的标准是什么？影响大学生心理健康发展的因素有哪些？这些，就是本章将要探讨的内容。从这个意义上讲，比尔斯和他的《自觉之心》离我们并不遥远。

中国首次发布的《中国高等教育质量报告》显示,2015 年我国高等教育在学总规模已位居世界第一,在校大学生人数达到 3 700 万。大学生的心理健康状况不仅关系到大学生自身的生活质量,更关系到国家民族的前途和命运。

大学生作为青年人当中的知识群体,不仅人数众多,而且具有不同于其他社会群体的身心发展特点。大学生正处于从青年向成年的过渡时期,这一发展特点决定了大学生活将是个体逐渐走向成熟,迈向独立人生的重要阶段。在这个重要的人生发展阶段,大学生将面临一系列的人生重大课题,如:专业知识的学习、专业能力的训练、智力潜能的开发、人格品质的优化、世界观人生观价值观的确立、择业就业的准备以及恋爱交友等。但是,由于大学生的心理发展尚未完全成熟,自我意识不够稳定,人格发展不够健全,适应能力有待增强,自我调节和控制能力还需进一步提高,这使得他们在面对上述人生课题的时候难免出现内心的矛盾和冲突。此外,家庭和社会对大学生的要求和期待也会转化为巨大的心理压力,极易导致心理失衡。大学生的这些心理问题如果长期积累得不到疏导,就会引发心理障碍甚至心理疾病,不仅妨碍正常的学习和生活,还会影响今后的事业发展和人生幸福。加强大学生心理健康教育,优化大学生的心理品质,增进大学生的心理健康水平,既是大学生自我成长和全面发展的需要,也是社会发展和时代进步的必然要求。

第一节　心理与心理健康概述

一、什么是心理

心理现象并不神秘莫测,也不虚无缥缈,它和我们每个人息息相关。心理现象实质上是人脑的一种机能,是人脑对客观现实的主观反映。人在清醒状态下,随时都离不开心理现象。无论进行什么活动,都伴随着心理现象,而且正是在心理活动的调节下,人们的各种活动才能正常进行。

心理现象分为两个方面:心理过程和个性心理。

心理过程是指心理现象的活动过程,也是人脑对客观现实的反映过程。心理过程包括认识过程、情感过程、意志过程。其中,认识过程是最基本的心理过程。认识过程包括感觉、知觉、记忆、思维和想象等心理活动过程。情感过程是指在客观上与一定的行为相联系、对待周围世界和自己的态度体验过程。意志过程则是指为达到预定目的与克服困难相联系的心理活动过程。

心理过程是心理现象所具有的共性特征。但是,由于个体的先天遗传素质以及后天的环境和教育存在差异,心理过程在发生时总会带有鲜明的个人特点,从而形成每个人不同的个性心理。个性心理包括个性倾向性和个性心理特征两个方面。

个性倾向性是人进行活动的基本倾向和动力,它制约和调节人的所有心理活动,决定着人的全部心理活动的方向和行为的社会意义。个性倾向性主要包括需要、动机、兴趣、理想、信念、世界观等,其中世界观在个性倾向诸成分中居于最高层次,决定着人的总的意识倾向。

个性心理特征是一个人身上经常表现出来的本质的、稳定的心理特点,主要反映在能力、气质和性格等方面。例如,有的人具有音乐才能,有的人具有绘画才能,有的人善于组织协调,有的人长于言语表达,这是能力上的差异。有的人暴躁,有的人温顺,有的人沉默寡言,有的人活泼好动,有的人急性子,有的人慢性子,这是气质上的不同。有的人热情,有的人冷淡,有的人谦虚,有的人傲慢,有的人直率,有的人圆滑,这是性格上的分别。性格在一定程度上反映了人的本质特征,性格上的差别往往是把人们彼此区分开来的主要标志。

二、什么是心理健康

(一)科学的健康观

心理健康是完整健康概念的重要内容,也是衡量一个人健康水平的主要指标。随着社会的文明进步以及人类对自身认识的深化,健康的概念得到不断丰富和发展。在人类社会早期,生产力极其低下,人类的时间和精力几乎都放在如何从自然环境中获得必需的生活资料以维持最基本的生存上面,根本无暇顾及自身的健康,健康的概念也无从谈起。伴随着生产力的发展和剩余产品的出现,人类能够将一部分注意力从外部环境转向人类自身,开始关心自己的生理机能、疾病以及疾病的防治,身体健康的概念应运而生。进入现代社会以后,人类对健康的认识发生了质的飞跃,健康不再局限于生理机能的正常以及疾病和衰弱的减少,而是涵盖了人的身体、心理和社会适应等各个方面。1948 年,世界卫生组织(WHO)在其宪章中开宗明义地指出:健康不仅是没有疾病,而且是身体上、心理上和社会上的完好状态或完全安宁。

(二)心理健康的概念及其标准

心理学家曾经从不同角度对心理健康概念的内涵进行探讨,提出了不同的定义。1946年第三届国际心理卫生大会认为:"所谓心理健康是指在身体、智能以及情感上与他人的心理健康不相矛盾的范围内,将个人心境发展到最佳的状态。"世界心理卫生联合会拟定出了心理健康的标准:①身体、智力、情感十分调和;②能适应环境,在人际关系中彼此谦让;③有幸福感;④在工作和职业中能发挥自己的能力,过高效率的生活。

在心理学,特别是人格心理学和临床心理学理论中,美国心理学家杰哈塔对心理健康的定义最值得一提。杰哈塔提倡"积极的精神健康",主要包括六个方面:①自我认知的态度。心理健康的人,能对自我作出客观分析,能对自己的体验、情感、能力和欲求等作出正确的判断和认知。②自我成长、自我发展和自我实现的能力。心理健康的人,绝对不会是消极的、厌世的或万念俱灰的,他会努力发挥内在的潜能,自强不息,即使遭遇挫折,也会坚持不懈,努力追求人生真正的价值。③统一、安定的人格。心理健康的人,能有效处理内心的各种能量,使之不产生矛盾和对立,保持均衡心态。他对人生有统一的认知态度,在欲求不能得到满足产生心理压力时,具有较强的抗压力及忍耐力。④自我调控能力。心理健康的人,对来自外界的压力和刺激,能保持自我的相对稳定,并具有自我判断能力和行为决断能力,不依附或盲从于他人,善于调节自我的情绪,果断地决定自己的发展方向。⑤对现实的感知能力。心理健康的人,在现实生活中不会迷失方向,能正确地认知现实世界,判断客观现实。⑥积极改善环境的能力。心理健康的人,不会受环境的支配和控制,而是能够变革和改造环境,使之更好地适应人的生存与发展。他热爱人类,适当地工作和游戏,保持良好的人际关系,并有效率地处理和解决各种问题。

三、精神灰色区理论

心理学中经常提到灰色理论。严格说来,灰色理论应该称为灰色系统理论,由中国学者邓聚龙教授所创立。客观世界中大量存在的既不是白色系统(信息完全明确),也不是黑色系统(信息完全不明确),而是灰色系统(部分信息明确,部分信息不明确)。灰色系统理论以"部分信息已知,部分信息未知"的不确定性系统为研究对象,主要通过对部分已知信息的生成、开发,提取有价值的信息,实现对系统运行行为、演化规律的正确描述和有效监控。

将灰色理论应用到心理学的研究中,就形成了所谓的精神灰色区理论(见图1-1)。人的精神正常与否并无明确的界限,具体地说,如果将精神正常比作白色,精神不正常比作黑色,那么白色与黑色之间存在着一个巨大的缓冲区域,即灰色区。这是一些由非器质性因素引起的精神痛苦的总和,包括心理不平衡、情绪障碍、行为问题等,它们均会不同程度地干扰人们正常的生活。灰色区域又可进一步划分为浅灰色区与深灰色区两个区域。浅灰色区的人只有心理冲突而无人格变态,突出表现为失恋、丧亲、家庭不和、学习困难、工作不顺心、人际关系不和睦等各种矛盾带来的心理不平衡和精神压抑。这部分人的心理困扰若不能通过自我调节得到缓和,就必须寻求心理咨询的帮助,以消解内心冲突,获得心理平衡。深灰色区的人则有种种异常的人格和神经症,如强迫症、恐惧症等。这部分人常常存在人格上的偏离或生理因素的失衡,往往需要综合治疗,即药物治疗加心理治疗。重症患者应该以药物治疗为主,心理治疗为辅。

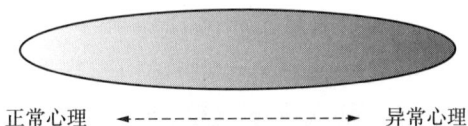

正常心理 ◄ - - - - - - - - - - - - - ► 异常心理

图1-1 精神灰色区示意图

人的心理是一个动态的、连续的变化过程。就个体而言,心理健康与否并非恒定不变,正常心理与异常心理之间绝非泾渭分明,界线清晰。就群体而言,心理健康者、心理亚健康者和心理不健康者不是平均分布,而是两极小,中间大。我国一项权威调查显示,心理健康者占总人口的9.5%,心理疾病患者占6%,而84.5%的人处于健康与疾病之间,呈亚健康状态。

因此,绝不能忽视精神健康灰色区域的存在,对于心理问题应该防微杜渐,及早预防和矫正。

四、正确理解心理健康

正确理解心理健康,必须全面认识心理健康状态的特点。

(一)心理健康状态具有相对性

不健康的心理行为表现不等同于心理不健康。心理不健康是指一种持续的不良状态,偶尔出现一些不健康的心理和行为并不等于心理不健康,更不等于罹患心理疾病。不能仅凭一时一事的心理和行为表现即简单断言他人或自己心理不健康。

(二)心理健康状态具有连续性

心理健康与心理不健康之间没有截然的分水岭,而是呈现出一种连续或模糊的状态。从良好的心理健康状态到严重的心理疾病之间存在一个广阔的渐变的过渡地带。在许多情况下,异常心理与正常心理、变态心理与常态心理之间没有绝对的界限,只有程度上的差异。

(三)心理健康状态具有动态性

心理健康的状态不是固定不变的,而是一个动态变化的过程。随着个人的成长、经验的积累、环境的改变及自我保健意识的增强,心理健康状况也会发生变化。人的心理既可能从相对健康变成不健康,也可以从相对不健康变得健康,重性精神疾病也可以通过治疗得到有效缓解。

健康的心理状态是一种理想境界,它的意义不仅在于为我们提供衡量判断心理是否健康的标准与尺度,更重要的还在于为我们指明提高心理健康水平的努力方向。每一个人都可以在自己现有的基础上不断努力,追求心理健康发展的更高层次,发挥自己的潜能和价值。

五、心理健康的影响因素

一个人的心理健康水平受到个体因素和社会因素两个方面的影响,对大学生而言,社会因素主要包括家庭因素、学校因素及其他社会因素等。

(一)个体因素

1. 生物性因素

生物性因素是心理发展的物质基础。神经系统的构造与功能是影响心理健康的重要生物性因素。大脑皮质负责整合感觉信息、协调运动、促进思维和认知活动,大脑皮质下面的基底神经核以及边缘系统等也对人的心理活动有着重要的影响。

研究表明,边缘系统(包括海马、杏仁核和下丘脑等)与动机、情绪和记忆过程有关,如海马控制记忆与情感,杏仁核与恐惧等情绪有关。由外伤、感染、中毒等造成的脑组织损伤会损害人的认知能力,造成记忆力缺损、注意力不集中等,也会对情绪和意志行动造成损伤,甚至引发精神障碍。大脑损伤会导致器质性心理障碍或精神失常。

2. 遗传因素

遗传因素是心理发展的生物前提。人们很早就意识到遗传基因是影响人们心理健康水平的重要因素。现在已知的遗传疾病有3 000多种,其中造成个人心理发育不全的约有150种。遗传素质为人们的身心发展提供了可能性。每个人的心理活动以及表现出来的智力、才能和个性特征,都在一定程度上受到先天遗传素质的影响和制约,都以一定的遗传素质为生物前提。

美国智力缺陷协会的一项调查显示,智力低下患者80%与遗传疾病有关。遗传因素对神经官能症和精神分裂症的影响也不容忽视。据《新英格兰医学杂志》报道,母亲患有精神分裂症,子女患此病的可能性是常人的9.3倍;父亲患有精神分裂症,子女患此病的可能性是常人的 7.2 倍。此外,研究人员还发现某些基因与自杀行为有关,这意味着遗传因素在自杀行为传递中也起到了一定作用。但是,遗传素质不能决定人的心理发展状况和水平。比如,父母患有精神分裂症,子女患病的可能性虽然较常人偏高,但并非一定会患上此病。遗传只是增加了患病的易感性,并不表明个体必然患病。

3. 主观因素

个体的主观因素对人的心理健康具有不可低估的能动作用。一个人的心理素质包括能力、气质、性格、需要、动机、兴趣、理想、信念、世界观以及自我意识和认知风格等。自我意识的缺陷、认知方式的偏差、负面情绪的累积、人格特征的偏执、价值取向的迷茫等,都会破坏心理上的平衡,导致心理健康的失调。那些具有正确的世界观、人生观和价值观的人,能够正确处理个人、群体和社会三者的关系,目标明确,意志坚定,敢于直面各种困难和挑战。相反,那些依赖性强、独立性差、情感脆弱、意志薄弱的人,一旦遭遇生活中的不如意,就会怨天尤人、愤怒焦虑,抑或自怨自艾、自卑抑郁。

(二)社会因素

1. 家庭因素

家庭是社会的细胞,在整个社会结构中占据着独特的地位,是儿童社会化的主要场所。美国社会学家帕森斯(Talcott Parsons, 1902—1979)将家庭称之为"制造人格的工厂"。常言道,在每一个孩子的身上都能看到父母的影子,每个孩子的心理都带着家庭的烙印。这不仅是遗传基因的神奇作用,而且是父母的性格、情感、智慧、语言和行为等多种心理因素相互影响、共同作用的结果。一个人的心理健康状况,与其父母的心理素质和心理健康状况、父母的教育观念、家庭的氛围以及家庭结构状况都有密切的联系。正因为如此,德国教育家福禄培尔(Friedrich Wilhelm Frobel, 1782—1852)曾经深刻指出:"国民的命运,与其说是操纵在掌权者手中,倒不如说是掌握在母亲手中。"从下面这个案例可以看出家庭对人的心理发展的影响。

女大学生小王觉得自己出生在一个不幸的家庭中。父亲是普通工人,为人专制、脾气暴躁。母亲来自农村,偶尔做做零工,虽然温柔贤惠,但是性格软弱。父母关系不好,父亲经常向她们母女发脾气,用难听的语言责骂母亲。每当此时,母亲总是沉默不语。所以,小王从小就有一个强烈的愿望:保护母亲。小时候,她总是想离家出走,但是想到自己出走以后妈妈会更可怜,就不得不放弃这个念头。从小学到中学,小王一直勤奋刻苦,成绩优异,因为她认为只有学习成绩好,今后才有本事,才能彻底摆脱父亲、保护自己和母亲。她一直暗下决心,要考上省城的重点大学,通过读大学离开家,并争取留在省城工作,到时候就可以把母亲接来和自己一起生活。也许是愿望过分强烈,心理压力太大,小王最终只考上了一所二本院校。更令小王没有想到的是,她发现大学班上的很多同学都多才多艺、活泼外向,相比之下,自己在各个方面都不突出。于是,她开始烦躁不安、情绪低落、经常失眠,不愿与同学交往。

小王的个性与父亲的严厉、母亲的软弱有关,家庭环境的不和谐使小王缺乏支持,应对问题的模式单一,使小王在面对困难时感觉无路可走。总体而言,家庭通常会在哪些方面对子女的心理状况造成影响呢？

1）家庭环境

家庭环境是一种特定的社会环境，它包括物质环境、文化环境和人际心理环境。亲子关系亦即父母与孩子之间的关系是重要的家庭环境因素。美国心理学家玛丽·爱因斯沃斯（Mary D. S. Ainsworth）和她的同事巧妙创设了一种实验情境，对婴儿与母亲之间的关系进行了深入的观察和研究，并最终将亲子关系分为安全依恋型、不安全/抵抗型和不安全/回避型。

爱因斯沃斯和她的学生发明了一种陌生情境技术，用以研究婴儿与双亲的依恋关系。在实验过程中，将12个月大的婴儿置于陌生情境之中，并人为地安排婴儿与父母的分离和重聚。当父母离开让婴儿感到陌生的房间时，大多数婴儿（约60%）会变得心烦意乱，但当父亲或母亲返回时，孩子会主动寻找父母，并很容易在父母的安慰下平静下来。表现出这种行为模式的婴儿与父母之间的关系属于安全依恋型关系。另一些孩子（约20%或更少）与父母分离后，会表现出不安，甚至极为痛苦，当父母返回时他们也难以平静，并经常表现出相互矛盾的行为，这反映出他们既想得到安慰，又想"惩罚"擅离职守的父母。这些孩子与父母之间的关系通常被称为不安全/抵抗型关系。也有一部分孩子（约占20%）既不会因为分离而表现得过分痛苦，也不会因为重聚而显得异常欣喜，他们总是回避与父母的接触，神情冷淡漠然。这部分孩子与父母的关系则属于不安全/回避型关系。

依恋理论专家就不同类型的依恋关系对心理健康的影响进行了长期的观察和分析，获得了极具价值的成果。他们研究发现，从长远来看亲子关系将影响孩子今后人际关系的建立。英国精神病学家、依恋理论创始人鲍尔比认为，婴儿会通过与父母之间的依恋关系形成一种人际关系的"工作模式"。如果孩子在早期的依恋关系中体验到爱和信任，他就会觉得自己是可爱的、值得信赖的。而如果依恋需要没有得到满足，孩子就会对自己形成不好的印象。对此，鲍尔比解释道："一个不受欢迎的孩子不只觉得自己不受父母欢迎，而且相信自己基本上不被任何人欢迎。相反，一个得到爱的孩子长大后不仅相信父母爱他，而且相信别人也觉得他可爱。"

在饱含亲情、温馨的和睦家庭氛围之中，孩子与父母之间民主平等、互相尊重、彼此宽容，这种关系不仅能够让孩子产生安全感和幸福感，而且也有利于孩子良好道德品质和行为习惯的养成以及身心各种潜能的开发。而一个缺少关爱、毫无生气甚至充斥暴力的家庭环境，则会阻碍孩子的心理发展，抑制其潜能的发挥。例如，有的大学生不敢在公众场合侃侃而谈，更不敢主动参与竞争，这可能与其父母过分严厉、太多的批评责骂、太少的赞赏鼓励有着很大的关系。

2）家庭教养方式

家庭教养方式是父母在抚养、教育子女的日常活动中表现出来的一种心理和行为倾向，是其教育观念的集中体现。美国加州大学伯克利分校发展心理学教授鲍姆林德（Baumrind）在20世纪60年代研究了100多个家庭，发现家庭教养方式的差别主要在于爱和规矩这两个维度，爱表现为满足孩子的需要，而规矩则是指对孩子坚持要求。根据爱和规矩这两个维度上的差异，将家庭的教养方式分成了民主、专制、溺爱和忽视四种类型。

（1）民主型。在这种家庭教养方式下，父母会对孩子提出合理的要求，对他们的行为作出适当的限制，和孩子共同设立恰当的目标，并坚持要求孩子服从和达到这些目标。同时，父母对孩子的成长表现出关心和爱，他们会耐心倾听孩子的意见，并鼓励孩子参与家庭决策。简言之，这种教养方式的特点就是关系平等，尊重孩子，积极引导，保持交流，适当约束。这种家庭教养方式能够使孩子形成活泼、快乐、直爽、自立、彬彬有礼、善于交往、富于合作、思想活跃等积极人格品质。

（2）专制型。采取这种教养方式的父母对孩子十分严厉，他们总是为孩子设定过高的目标，而且要求孩子必须无条件服从，孩子稍有抵触，即予责骂体罚。这种教养方式只考虑到了成人的需要，而忽视和抑制了孩子的想法和独立性。在这种教养方式之下，不仅孩子的行为选择只会更多地考虑趋利避害，而且孩子会因为习惯于父母的管束而丧失自律的意识和能力，很容易形成消极、被动、依赖、服从、懦弱、缺乏主动性、不诚实等人格特征。

（3）溺爱型。这种教养方式的特点是：父母对孩子充满了爱与期望，关怀呵护有加，甚至于宽容纵容，不提出任何要求，也不加以控制约束。在这种教养方式影响下，孩子往往容易形成任性、幼稚、自私、狭隘、蛮横、无责任心、独立性差、唯我独尊、不自信等消极人格品质。

（4）忽视型。这种教养方式是指父母对孩子的成长态度漠然，既没有标准和要求，也缺乏关心和爱护。他们能够满足孩子的物质生活需要，却无暇顾及孩子的情感精神需求。父母之所以用这样的方式来对待孩子，可能是因为自己的生活中充满了生存压力，或者自己遭遇了重大的挫折或不幸，家庭关系出现了严重问题。在这种环境中成长的孩子，通常会表现出敏感、散漫、自卑、封闭、冷漠、人际适应能力和自制力差等人格和行为问题。

2. 学校因素

学校是将儿童从家庭引向社会的桥梁。当儿童进入学龄期之后，学校便取代家庭成为最重要的社会化因素。学校因素主要包括学习环境、校园文化，以及师生关系、同伴关系等，它们对学生的身心发展具有直接而重大的影响。

1）朋辈群体的影响

朋辈群体是由年龄和地位相近，兴趣爱好、价值观和行为方式大体相同的人组成的一种非正式群体。学校是同龄群体聚会的场所，朋辈群体对个体的社会化和人格发展具有巨大的影响。

朋辈群体的社会化影响通常在一种自然的状态下进行，这种影响在青少年时期达到顶点，甚至超过父母和教师的影响。朋辈群体具有自由选择性，不仅交往对象可以自由选择，交流内容也可以自由确定，与朋辈群体成员的交往能够满足个人多样化的社会需要，如安全需要、归属需要、自尊需要等。此外，个体长期浸染于朋辈群体之中，受朋辈群体的熏陶感染，潜移默化，其价值观念以及心理和行为模式也会逐渐与朋辈群体趋于一致。

2）教师的影响

教师对学生的社会化进程及人格的形成起着指导和定向的作用。一项有关教师公正性对中学生学业与品德发展影响的研究显示，学生极为看重教师对他们是否公正、公平，教师的不公正会导致中学生学业成绩和道德品质下降。心理学上的"罗森塔尔效应"即证明了教师对学生的爱和期待具有神奇的教育力量，能够像"自我实现的预言"一样发生作用，促使学生朝着教师期望的方向发展。相反，如果学生感受不到教师的爱和期待，心理上就会对自己产生怀疑和动摇，行为上就会表现出畏缩和退却，就会害怕挑战、不敢尝试、缺乏创新，潜能的发挥更是无从谈起，并最终导致身心发展的迟滞。

教师的评价风格也对学生有着相当大的影响。当众肯定和表扬，可以最大限度地满足受表扬者的成就动机和自尊需要，实现表扬效果的最大化；而私下的批评和教育，更有助于维护学生的自尊心。

文坛上有两位经历相似但结果迥异的才女：三毛和席慕蓉。三毛的数学很差，她有一次把数学书背了下来，取得了好成绩，可数学老师却断定她是作弊，然后故意当众出几道极难的题考她，三毛得了零分，老师得意地在三毛的眼眶上画了两个大圆圈，并让她在学校的走廊里走了一圈，结果三毛从此厌学，并自闭八年。席慕蓉也是个"数学盲"，她初三时还需要补考数学才能参加毕业考试。她的数学老师在最后一节数学课上，突然没头没脑地写了四道与该堂课不相干的题，让几个数学好的同学在黑板上演算。结果，席慕蓉把那四道题背了下来，在下午的补考中顺利通过。席慕蓉后来回忆到，初中最后那堂数学课是她记忆中最温馨美丽的风景。席慕蓉的数学老师不动声色地放她一马，让她有条件在更适合自己的领域展示才华。

每个教师都有自己的教育风格，教师的教育风格不同，学生的行为表现亦不同。研究发现：性情冷酷、刻板、专横的教师所带的班级中，学生的欺骗行为增多；而在友好、民主的教师的班级里，学生的欺骗行为减少。勒温等人研究了教师不同的教育风格对学生人格的影响作用，结果发现，在专制型、放任型和民主型的管理风格下，学生表现出不同的言行特点（见表1-1）。

表 1-1　教师管理风格对学生言行的影响

教师管理风格	学生言行特征
专制型	作业效率提高，对领导依赖性加强，缺乏自主行动，常有不满情绪
放任型	作业效率低，任性，经常经历失败和挫折
民主型	完成作业的目标是一贯的，行动积极主动，很少表现出不满情绪

3. 其他社会因素

影响心理健康的社会因素复杂多样，社会变迁、社会风气、社会经济地位以及社会政治局面等，都会不同程度地给大学生的心理健康带来影响。一些重大事件也是心理障碍的诱发因素，如升学、转学、择业、恋爱婚姻、亲友的逝去、重大自然灾害以及其他应激事件等。

张本等人对唐山大地震孤儿的研究显示，参加调查的260名地震孤儿中有32例在距地震30年之后仍患有创伤后应激障碍，他们的抑郁、焦虑程度仍明显高于同龄人。生活环境的变化和重大的情感冲击，都可能作为一种刺激源引发个体的应激反应，给个体带来较大压力,影响心理健康水平。

面对传统文化与现代文明的冲突以及多元化的价值选择,大学生常常感到无所适从,对诸如个人利益与个人主义、个性发展与个性放纵、自我意识与自我中心、享受与享乐等缺乏明确的认识和判断,以至于陷入空虚、迷惘、紧张、压抑的心理状态之中。长时间的心理失调必然带来心理上的冲突,导致种种不良反应。随着电视、手机和互联网的普及,大众传媒对人们心理健康的影响也愈发增大,但是其中一些不良信息给青少年心理和行为造成的负面影响也不可小视。

综上所述,在个人的成长过程中,生物因素、家庭因素、学校因素、社会因素以及个体主观因素相互渗透、相互影响,共同作用。提高大学生心理健康水平,必须综合协调生物、家庭、学校、社会及个体多方面因素的影响。

第二节　大学生心理健康

心理健康对大学生成长成才有着重要的影响,健康的心理是大学生思想道德修养和专业知识学习、专业能力培养的必要前提,是大学期间正常生活、学习、交往的基本保证。

一、大学生心理发展特点

大学生正处在迅速走向成熟而又尚未完全成熟的发展时期,心理各个方面的发展极不平衡,在各种心理品质得到显著发展的同时,也会出现一些心理矛盾和冲突,具体表现为:

第一,智力获得很大发展。感知能力和观察能力有了进一步的提高,记忆快速,保持长久,回忆准确;富于幻想,善于创新,但思维常带有一定的主观片面性。

第二,思维达到较高的水平和较成熟的程度,从经验型思维转向理论型思维。随着知识量的急剧增加和专业学习训练,大学生不再满足于对现象的罗列和对现成理论的接受,而是要求探求事物的本质和规律,希望对事物的因果关系及其发展变化规律进行深入的探究,开始从经验型思维转向理论型思维。但是,由于经历和阅历的限制,大学生辨别是非的能力不是很强,还不能很好地把握事物的现象和本质之间的内在必然联系。大学生的抽象思维和逻辑推理能力也获得很大的发展,思维活动的独立性和批判性较强。

第三,社会性情感得到充分发展。大学生的道德感、理智感和美感在这一时期得到充分的发展。道德感的发展主要表现为产生了社会使命感、责任感和义务感。理智感的发展主要表现为对真理的强烈追求,对科学知识的好奇心和求知欲,以及知识学习带来的满足感和充实感。美感的发展主要表现为美的感受日益丰富;审美能力大大提高;美的体验越发深刻,不仅能够体验到事物的外在美,更能体验到事物的内在美;创造美的能力不断增强;审美观念日趋完善,懂得了美与丑、善与恶的分别,形式美和实质美的统一。

第四,自我意识进一步增强。大学生强烈关心自己的发展,经常围绕个人发展、个人和社会的关系,主动积极地进行自我探索;自我评价能力得到提升,大多数大学生对自己的分析、评价逐渐变得全面、客观;自我体验丰富复杂,自我体验的基调积极健康,但比较敏感闭锁,且具有一定程度的波动性;自我控制能力得到很大提高,行动的自觉性、坚持性、独立性和稳定性显著发展。

二、大学生心理健康现状

对大学生心理健康状况的认识和评估,必须坚持联系的观点和发展的观点。坚持联系的观点,就是要把大学生心理健康状况的评估放在社会大背景之中进行,把大学生群体的心理健康状况与同一时期的其他群体进行比较,通过比较得出结论。坚持发展的观点,就是要把大学生心理健康状况的评估放在个体身心发展的整个历程中来进行,不能把发展过程中必然出现的年龄特征当成适应环境过程中偶然产生的病态症候。总而言之,必须从大学生心理健康状况的本来面目出发,客观辩证地认识大学生心理健康的现状和发展趋势,既不能主观臆断夸大其词,也不能不以为然粉饰太平。

(一)大学生心理发展的总体趋势是健康的

如果将人们的心理健康状态分为常态、轻度失调(心理健康问题)和病态三种,那么,我国在校大学生的心理健康状态总体上是以常态为主,表现为活泼开朗、精力充沛、求知欲强、对未来充满信心等。由于心理健康的状态是连续的和动态的,所以大学生偶尔也会出现一些困扰。

(二)大学生心理健康的问题大多是成长和发展中的问题

绝大部分学生并没有心理疾病,只是在走向成熟的过程中遇到了一些心理困扰。人的心理具有自愈功能,一般心理困扰造成的心理问题都能得到自动修复,不治而愈。即便极少数学生存在较为严重的心理困扰,只要学生自己有主动求助的意愿,学校心理健康机构及早关注、及时引导,这些困扰大多可以得到消除。从心理咨询案例和心理测查数据来看,大学生的多数心理困惑都属于适应性问题,这种问题会随着大学生的成长得到自然解决。比如,一年级学生容易在环境适应上出现问题,而三四年级学生则一般不会出现环境适应问题。

(三)大学生的心理健康状况受到社会的高度关注

大学生是青年当中的知识群体,受教育程度更高,社会对他们的期待更为殷切,要求更为全面和严格,因此,大学生心理健康方面的问题常常会因此而受到社会的高度关注。

三、大学生心理健康标准

根据我国大学生的心理发展特点和社会角色要求,可以将大学生的心理健康标准概括为以下几个方面:

(一)良好的自我意识

心理健康的大学生,能够正确地认识自己,自我观察、自我认定、自我判断和自我评价恰如其分,既不以自己在某些方面高于别人而自傲,也不因某些方面低于别人而自卑,能够悦纳自我,自尊、自强、自制、自爱,正视现实,积极进取。

（二）和谐的人际关系

心理健康的大学生，总是乐于交往，人际关系广泛而稳定，交往态度主动而积极，沟通技巧娴熟而有效，人际交往中能够彼此尊重、相互信任、友爱宽容、不卑不亢，保持独立；既能融于群体满足归属的需要，也能保持合适的自我界限，拥有一个不受干扰的心理空间。

（三）稳定积极的情绪

心理健康的大学生，应该是积极情绪多于消极情绪，情绪的性质与事件的性质基本一致，情绪反应适时适度，既善于调节和控制情绪，又能够合理宣泄情绪，做到"乐而不淫，哀而不伤"。

（四）持久浓厚的求知欲

心理健康的大学生，能够正常、充分地发挥自我效能，具有强烈的求知欲，乐于学习，成绩稳定，保持一定的学习效率，从学习中体验满足与快乐。

（五）和谐健全的人格

心理健康的大学生，具有健全统一的人格，言行一致，知行合一，积极乐观，思考问题全面客观，待人接物务实灵活，具有良好的自觉性、果断性、顽强性和自制力，既能保持自己人格的独立，也能与集体融为一体。

【心灵探索】

症状自评量表（SCL-90）

下面是关于个人最近状况的描述，列出了有些人可能会有的问题，请仔细阅读每一条，然后根据最近一星期以内下述情况影响您的实际感觉，在5个方格中选择一格划一个"√"。答案没有对错之分，如实作答即可。

	没有 1	很轻 2	中等 3	偏重 4	严重 5
1. 头痛	□	□	□	□	□
2. 神经过敏，心中不踏实	□	□	□	□	□
3. 头脑中有不必要的想法或字句盘旋	□	□	□	□	□
4. 头昏或昏倒	□	□	□	□	□
5. 对异性的兴趣减退	□	□	□	□	□
6. 对旁人求全责备	□	□	□	□	□
7. 感到别人能控制您的思想	□	□	□	□	□
8. 责怪别人制造麻烦	□	□	□	□	□
9. 忘性大	□	□	□	□	□
10. 担心自己的衣饰不整齐及仪态不端正	□	□	□	□	□
11. 容易烦恼和激动	□	□	□	□	□

12. 胸痛 □ □ □ □ □

13. 害怕空旷的场所或街道 □ □ □ □ □

14. 感到自己的精力下降,活动速度减慢 □ □ □ □ □

15. 想结束自己的生命 □ □ □ □ □

16. 听到旁人听不到的声音 □ □ □ □ □

17. 发抖 □ □ □ □ □

18. 感到大多数人都不可信任 □ □ □ □ □

19. 胃口不好 □ □ □ □ □

20. 容易哭泣 □ □ □ □ □

21. 同异性相处时感到害羞不自在 □ □ □ □ □

22. 感到受骗、中了圈套或有人想抓住您 □ □ □ □ □

23. 无缘无故地突然感到害怕 □ □ □ □ □

24. 自己不能控制地大发脾气 □ □ □ □ □

25. 怕单独出门 □ □ □ □ □

26. 经常责怪自己 □ □ □ □ □

27. 腰痛 □ □ □ □ □

28. 感到难以完成任务 □ □ □ □ □

29. 感到孤独 □ □ □ □ □

30. 感到苦闷 □ □ □ □ □

31. 过分担忧 □ □ □ □ □

32. 对事物不感兴趣 □ □ □ □ □

33. 感到害怕 □ □ □ □ □

34. 感到自己的感情容易受到伤害 □ □ □ □ □

35. 旁人能知道您的想法 □ □ □ □ □

36. 感到别人不理解自己 □ □ □ □ □

37. 感到人们对您不友好,不喜欢您 □ □ □ □ □

38. 做事必须做得很慢以保证做得正确 □ □ □ □ □

39. 心跳得很厉害 □ □ □ □ □

40. 恶心或胃部不舒服 □ □ □ □ □

41. 感到比不上他人 □ □ □ □ □

42. 肌肉酸痛 □ □ □ □ □

43. 感到有人在监视您、谈论您 □ □ □ □ □

44. 难以入睡 □ □ □ □ □

45. 做事必须反复检查 □ □ □ □ □

46. 难以作出决定 □ □ □ □ □

47. 怕乘公共汽车、地铁或火车 □ □ □ □ □

48. 呼吸有困难 □ □ □ □ □

49. 一阵阵发冷或发热 □ □ □ □ □

50. 因为感到害怕而避开某些东西、场合或活动 □ □ □ □ □

51. 脑子变空了 □ □ □ □ □

52. 身体发麻或刺痛 □ □ □ □ □

53. 喉咙有梗塞感 □ □ □ □ □

54. 感到前途没有希望 □ □ □ □ □

55. 不能集中注意力 □ □ □ □ □

56. 感到身体的某一部分软弱无力 □ □ □ □ □

57. 感到紧张或容易紧张 □ □ □ □ □

58. 感到手或脚发重 □ □ □ □ □

59. 想到死亡的事 □ □ □ □ □

60. 吃得太多 □ □ □ □ □

61. 当别人看着您或谈论您时感到不自在 □ □ □ □ □

62. 有一些不属于您自己的想法 □ □ □ □ □

63. 有想打人或伤害他人的冲动 □ □ □ □ □

64. 醒得太早 □ □ □ □ □

65. 必须反复洗手、点数目或触摸某些东西 □ □ □ □ □

66. 睡得不稳不深 □ □ □ □ □

67. 有想摔打或破坏东西的冲动 □ □ □ □ □

68. 有一些别人没有的想法或念头 □ □ □ □ □

69. 感到对别人神经过敏 □ □ □ □ □

70. 在商店或电影院等人多的地方感到不自在 □ □ □ □ □

71. 感到任何事情都很困难 □ □ □ □ □

72. 一阵阵恐惧或惊恐 □ □ □ □ □

73. 感到在公共场合吃东西很不舒服 □ □ □ □ □

74. 经常与人争论 □ □ □ □ □

75. 单独一人时神经很紧张 □ □ □ □ □

76. 别人对您的成绩没有作出恰当的评价 □ □ □ □ □

77. 即使和别人在一起也感到孤单 □ □ □ □ □

78. 感到坐立不安、心神不定 □ □ □ □ □

79. 感到自己没有什么价值 □ □ □ □ □

80. 感到熟悉的东西变成陌生或不像是真的 □ □ □ □ □

81. 想大叫或摔东西 □ □ □ □ □

82. 害怕会在公共场合昏倒 □ □ □ □ □

83. 感到别人想占您的便宜 □ □ □ □ □

84. 为一些有关"性"的想法而很苦恼 □ □ □ □ □

85. 您认为应该因为自己的过错而受到惩罚 □ □ □ □ □

86. 感到要赶快把事情做完 ☐ ☐ ☐ ☐ ☐

87. 感到自己的身体有严重问题 ☐ ☐ ☐ ☐ ☐

88. 从未感到和其他人很亲近 ☐ ☐ ☐ ☐ ☐

89. 感到自己有罪 ☐ ☐ ☐ ☐ ☐

90. 感到自己的脑子有毛病 ☐ ☐ ☐ ☐ ☐

分析统计指标：

1. 总分

将所有项目评分相加，即得到的总分，能反映病情的严重程度。总分超过160分，可考虑筛选为阳性个体，需要进一步检查。

阳性项目数：大于或等于2的项目数。表示被试在多少项目上呈现有症状。

阳性症状均分：(总分-阴性项目数)/阳性项目数。表示被试在有症状的项目中的平均得分，反映受测者自我感觉不佳的项目，其严重程度究竟介于哪个范围。

2. 因子分

将各因子的项目评分相加得因子粗分，再将因子粗分除以因子项目数，即得到因子分。根据总分、阳性项目数、因子分等评分结果情况，判定是否有阳性症状、心理障碍，或是否需进一步检查。因子分越高，反映症状越多，障碍越明显。

10个因子的定义、项目数及其含义：

躯体化：1、4、12、27、40、42、48、49、52、53、56、58共12项，主要反映主观的身体不舒适感。

强迫：3、9、10、28、38、45、46、51、55、65共10项，主要反映强迫症状。

人际敏感：6、21、34、36、37、41、61、69、73共9项，主要反映个人的不自在感和自卑感。

抑郁：5、14、15、20、22、26、29、30、31、32、54、71、79共13项，主要反映抑郁症状。

焦虑：2、17、23、33、39、57、72、78、80、86共10项，主要反映焦虑症状。

敌意：11、24、63、67、74、81共6项，主要反映敌对表现。

恐怖：13、25、47、50、70、75、82共7项，主要反映恐怖症状。

偏执：8、18、43、68、76、83共6项，主要反映投射性思维、猜疑和关系妄想等偏执性思维。

精神病性：7、16、35、62、77、84、85、87、88、90共10项，主要反映各式各样的急性症状和行为。

附加项：包括19、44、59、60、64、66、89共7项，主要反映睡眠和饮食情况。

症状自评量表(SCL-90)测试做好了吗？

总分：_____（超过160分了吗？　是　否）

阳性项目数为几？_____是哪些项目？_____

阳性症状均分：_____

因子分≥3分的项目有：_____

可以从哪些方面改善这些项目？_____

_____

需要心理咨询老师的辅导吗？（学校心理咨询室的电话是_____）

【学以致用】

针对大学生心理健康的五条标准,你做得好的有哪些?还有哪些需要加以改善?你想到了改善的具体方法吗?

标准中做得好的部分:＿＿＿＿＿＿＿＿＿＿＿＿＿＿＿＿＿＿＿＿＿＿＿＿

＿＿＿＿＿＿＿＿＿＿＿＿＿＿＿＿＿＿＿＿＿＿＿＿＿＿＿＿＿＿＿＿＿＿＿

标准中需要改善的部分:＿＿＿＿＿＿＿＿＿＿＿＿＿＿＿＿＿＿＿＿＿＿＿

＿＿＿＿＿＿＿＿＿＿＿＿＿＿＿＿＿＿＿＿＿＿＿＿＿＿＿＿＿＿＿＿＿＿＿

改善的具体方法:＿＿＿＿＿＿＿＿＿＿＿＿＿＿＿＿＿＿＿＿＿＿＿＿＿＿

＿＿＿＿＿＿＿＿＿＿＿＿＿＿＿＿＿＿＿＿＿＿＿＿＿＿＿＿＿＿＿＿＿＿＿

【身边的故事】

小张今年18岁,刚进大学两个月,因为情绪不好,特别是近两周日益严重的失眠情况而走进了心理咨询室。

小张说进入大学后的生活和学习与高中相比轻松了许多。但毕竟是从北方来到了南方,感觉这里的气候、饮食习惯、与人相处的方式等,同老家那边有很大的差异。

刚进大学的新鲜劲儿很快就过去了,小张开始想家、想中学的同学,特别是晚上躺在床上的时候,脑子就变得很活跃,想到的东西和事情越来越多,久久不能入睡。他想控制自己不要去想,可就是控制不住。越想就越怕睡不着,越怕睡不着还真就睡不着了。后来,他试着使用同学教的数绵羊、数星星的方法,努力让自己尽快入睡,却越数越清醒。因为晚上总是失眠,小张白天的精力很差,上课爱走神,就连走在路上也是精神恍恍惚惚的,有一天还差点撞到别人的车。

小张回忆自己的失眠是从临近高考的两个月时开始的。当时,模拟考试很多,在一次考试的前晚,小张已经很疲倦了,躺在床上他想到了明天的考试,不得不打起精神回忆刚刚复习的内容。那一夜,小张失眠了,他隐约记得入睡时已接近天亮。以后,每到考试前的晚上他都会失眠。而在平时,他的睡眠又很正常。

小张说自己一直就是一个性格有些内向的人,不是很合群,也很少参加体育活动,对到一个新环境,他一直有些担心和害怕。所以,在高中阶段,尽管对大学生活充满了期待,他却总是担心离开了过去的朋友,自己很难再结识到新的知己。

小张说大学寝室里的室友看起来都还可以,有时候大家也说说笑笑的,但他总觉得自己口才不好,不敢开口主动与人交谈。看到一些性格活泼的同学进校以后很快就和许多人打成一片,小张感到非常羡慕,对自己的表现不太满意。他常常希望自己的一言一行能给别人留下好印象,却总是缩手缩脚放不开。

SCL-90测评结果显示,小张的总分为162分,阳性项目数有53项,阳性项目均分为2.36分,因子分≥3分的项目有躯体化因子和焦虑因子。

1. 小张目前最需要解决的是什么问题?

2. 小张可以采取哪些措施帮助自己?

个案点评：

小张的失眠，出现在每次考试前，出现在进入新学校以后。他个性内向，人际交往能力还需提高，体育活动参加得少，在考试的压力和新环境中，出现了反应性情绪，继而引起失眠，属于适应性问题。

处理建议：

1. 在与过去的同学和朋友保持联系的同时，要与现在的同学多交流、多沟通，获得他们的理解与支持。

2. 适当参加体育活动，在活动中锻炼身体，结交朋友。

3. 养成"集中思考"的习惯，在上床前花半小时左右的时间思考问题。上床后可反复做自我放松训练。

【瞭望窗】

心理健康的相关概念比较

本章提到了心理健康、心理异常的概念，还有一些概念与它们相关联，比如：精神病、神经病、神经症等。这些名词常常被人提及，大家似乎也都能明白，但是在日常生活中人们对这些概念的认识和理解却并不准确，甚至存在严重的误区。比如一个人言行异常，人们常常会用"神经病"来称呼他，事实上，"神经病"用在这里并不恰当。下面，我们就来澄清这样一些概念。

1. 神经病

属于临床医学中的神经病学研究范畴。神经系统由中枢神经系统和周围神经系统构成，包括脑、脊髓和周围神经，当个体神经系统受到损害时，常常表现出与之相应的神经系统症状和疾病。比如常见车祸受伤后因为脊髓及周围神经损伤带来的瘫痪、视神经损伤导致的失明、交感和副交感神经功能受损造成的心跳、呼吸、消化等内脏活动的功能障碍。

2. 精神障碍

有时也译作心理障碍，属于临床医学中的精神病学研究范畴，是一类具有诊断意义的精神方面的问题，特征为认知、情绪、行为等方面的改变，可伴有痛苦体验或功能损害。精神疾病包括精神分裂症、神经症、心境障碍、焦虑障碍及人格障碍等，也包括脑器质性病变所致的精神障碍，例如老年痴呆，这一类障碍是因为神经系统的损伤导致异常的心理与行为而归类于精神疾病范畴。

3. 精神病

属于临床医学中的精神病学研究范畴，其概念包括广义和狭义两方面。广义的精神病其实就是精神疾病，与精神障碍的概念类似。狭义的概念主要包括精神分裂症和其他具有精神病性症状的精神疾病，这类患者的心理功能严重受损，自知力缺失，社会功能严重受损。

导读：心理困扰需要积极面对

2003 年 4 月 1 日，在西方愚人节的这一天，张国荣从位于香港中环的一家酒店 24 楼纵身跃下，一代巨星就此陨落。他曾自述："我想自己可能患上了忧郁症，至于病源则是对自己不满，对别人不满，对世界更加不满。"2009 年 10 月 31 日，歌手陈琳在北京家中跳楼自杀，时年 39 岁。事业爱情的双重打击使她患上了严重的抑郁症，几次企图自杀。2015 年 3 月 13 日，导演李晓因抑郁症自尽离世，终年 42 岁。李晓曾担任《向东是大海》《那样芬芳》《北上广不相信眼泪》等电视剧的执行导演。2016 年 9 月 16 日，歌手、演员乔任梁在上海因抑郁症自杀身亡。据报道，乔任梁死前两天还在拍清代戏，但情绪状态不好，死后身上有伤，疑为自残。

乔任梁去世后的第二天，著名主持人崔永元在微博发声，再次提到自己得抑郁症的经历。崔永元 1996 年以主持《实话实说》节目崭露头角。1999 年前后，中国国内电视媒体纷纷效仿崔永元的《实话实说》节目形式，导致电视观众对《实话实说》的要求不断提升，节目的收视率逐渐下降，尽管崔永元使出浑身解数，依然未能稳住收视率。2001 年，沉重的工作与精神压力，导致崔永元从睡眠障碍发展到严重的抑郁症，他说，那是他一生中最痛苦的岁月。有天深夜，在书房陪伴崔永元的老父亲没留神打了个盹，睁眼时看见儿子在窗台边两眼疲惫无神地望着夜空，老人家下意识地冲过去紧紧抱住儿子，崔永元靠在父亲颤抖的身上哽咽地说："爸，这样活着太痛苦了，我很想跳下去彻底解脱。"随后，崔永元在父母的陪伴下，邀请北京的著名心理医生对他全面进行治疗，直到 2006 年，崔永元的抑郁症才得到缓解，随后慢慢康复。2011 年 9 月 19 日，崔永元以一位抑郁症病愈者的身份出现在一个心理治疗大会的论坛上，现身说法曾经的黑色经历。崔永元表示自己的抑郁症已经痊愈，他之所以将自己的病情公之于众，是为了使人们正确认识心理疾病。

崔永元说："我得了很严重的抑郁症，特别严重的那种。我很清楚对这样的患者来说，想到要离开人世的时候是特别快乐的。这两年我一直在与医生配合，接受治疗。谈这个问题其实应该很忌讳，这是个人隐私，但我注意到，社会上现在对这种病不了解，认为这没什么，就是小心眼、想不开，其实这的确是一种病。"

随着心理卫生知识的普及,越来越多的大学生开始接纳心理困扰的发生,能够主动寻求心理咨询的帮助,心理咨询不再被认为是一件"丢人"的事,逐渐被认为是热爱生活的表现。的确,通过心理咨询,人们能进行自我探索,加强自我反省,并能从经验中总结教训,增加生活智慧,让自己更快乐、更轻松。目前,许多高校都开展了一系列的心理健康教育工作,帮助大学生缓解心理问题,心理咨询是其中一项重要的工作。在保密的前提下,同学们可以向咨询师倾诉心声,释放自我。心理咨询能促进大学生的心理成长,以更好地应对日后生活中可能出现的各种挫折,更加积极地生活。本章将为大家介绍心理咨询的概念、特点、原则以及主要理论与技术等。相信通过这一章的学习,大家对心理咨询会有一个更加全面而客观的了解。

第一节　心理咨询概述

一、什么是心理咨询

(一)心理咨询的概念

心理咨询,英文为 counseling,直译为"咨询""辅导",字面上并无"心理"的意思。此名词在中国的台湾地区一般被译作"咨商",在中国的香港地区被译作"辅导""咨询"。心理咨询是一个涵盖非常广的概念,涉及教育辅导、职业指导、心理健康咨询、婚姻家庭咨询等诸多方面。由于心理咨询学派理论众多,对咨询的性质、内容等认识不同,一直以来心理咨询就缺乏一个明确而广为接受的定义。比较具有代表性的定义包括:

卡尔·罗杰斯认为:"咨询是一个过程,咨询者与当事人共同建立安全的关系,使当事人可以从容地开放自己,正视自己过去曾经否定的经验,并将那些经验统合于已经转变了的自己。"艾森伯格等人认为:"咨询是一个过程。在这个助人的过程中,咨询员协助当事人探讨他对自己、对生命中的重要人物、对环境中重要范畴的感受和看法。"

我国著名临床心理学家钱铭怡提出的定义是:"咨询是通过人际关系,运用心理学方法,帮助来访者自强自立的过程。"《中国大百科全书·心理学》将心理咨询定义为:"一种以语言、文字或其他信息为沟通形式,对来访者予以启发、支持和再教育的心理治疗方式。其对象不是典型的精神病患者,而是在教育、婚姻、职业等方面存在心理或行为问题的人。"

尽管关于心理咨询的定义不尽相同,但却有很多共通之处,从不同的角度总结出了心理咨询的共同特点:

第一,心理咨询的过程建立在咨询师与来访者良好的人际关系基础之上。在咨询中,咨询师运用其专业技能和良好的咨询氛围,帮助来访者学会以更为有效的方式认识自己、与他人相处、与周围环境协调发展,促进个人的成长与发展。

第二,心理咨询是一系列心理活动的过程。心理咨询师在咨询过程中运用以心理学为基础的有关理论与技术,帮助来访者更好地理解自己、更愉快地生活,这其中必然包含有一系列的心理活动。如来访者对新信息的接受、新行为的理解与掌握、情绪的调整等。

第三,心理咨询是由专业人员从事的一项特殊服务。心理咨询者必须经过严格的专业训练,拥有这项服务所必需的知识和技能,其中包含对来访者的关注、倾听,对来访者问题的分析与评估,以及在心理学有关原理、技术的指导下,用以帮助来访者的各种心理咨询技术。

第四,心理咨询的服务对象,是有一些心理问题或心理问题在发展过程中需要得到帮助的正常人,而不是处于发病期的精神病人、智力低下或脑器质性病变的患者。

第五,心理咨询有独特的目标。咨询师在咨询过程中要助人自助,帮助来访者认识自己、确定目标、解决问题,最终使来访者更好地适应社会、完善人格和发挥潜能。

(二)心理咨询与心理治疗的异同

心理咨询与心理治疗是两个不同的概念。二者有许多相似之处:两者所采用的理论方法常常是一致的;在强调帮助求助者成长和改变方面是相似的;两者都注重建立良好的帮助者与求助者之间的人际关系,认为这是帮助求助者改变的必要条件;两者的目标也是一致的,都是维护和增进个体的心理健康;两者都属于专业性很强的工作。

但二者的区别也是明显的,心理咨询与心理治疗的区别可见表2-1:

表2-1　心理咨询与心理治疗的区别

	心理咨询	心理治疗
接受帮助者	一般被称为来访者、当事人	一般被称为病人或患者
给予帮助者	①咨询者或咨询心理学家,接受了心理学的专业训练。②社会工作者	①精神病医生。以接受医学训练为主,接受心理学训练为辅。②临床心理学家。以接受心理学训练为主,接受精神医学训练为辅
咨询的内容	正常人在适应和发展方面的障碍,如人际交往、学业、升学就业、婚姻家庭等方面,也涉及一些变态行为	神经症、人格障碍、行为障碍、心身疾病、性心理变态、处在缓解期的某些精神疾病等
干预的特点	强调教育和发展的原则,重视来访者自身的作用,强调发掘、利用其潜在积极因素,促进来访者自己解决困难	强调人格的塑造和行为矫正,重视症状的消除

二、对心理咨询的常见误解

虽然今天的大学生已经越来越重视心理健康了,心理咨询一词也不断被提及,但不少同学对心理咨询的认识仍然存在局限性。下面列出了一些关于心理咨询的常见误解,并作出解释。

(一)误解一:只有那些有严重心理问题的人才需要心理咨询

心理咨询是一个涵盖非常广的概念,涉及教育辅导、职业指导、心理健康咨询、婚姻家庭咨询等诸多方面。日常生活中每个人都或多或少有些心理困扰,有的困扰可能很快就能得到解决,而有的则不能。心理咨询可以处理正常人在适应和发展方面的障碍,如人际交往、学业、升学就业、调节情绪、恋爱与婚姻及个别变态行为。如果一个人的心理问题长期得不到解决,个体的矛盾冲突加剧,就有可能导致心理障碍的产生,此时就属于心理治疗的处理范畴了。

（二）误解二:心理咨询解决不了任何问题

心理咨询只提供咨询帮助,其目的是协助来访者解决自身的问题。通过心理咨询,来访者可以更好地了解自己和适应社会,能够在不断成长的同时充分发挥自己的潜能,从而解决问题并生活得更愉悦。心理咨询不干预来访者的个人事务,也不帮助来访者解决现实实际困难。

（三）误解三:心理咨询就是灵丹妙药,可以解决所有问题

在传统的医疗模式中,病人看病,医生开药,病人常常处于被动的医患关系中。一些前来的咨询者也抱有这种心态:"我来咨询,咨询师就可以帮我解决所有问题。"事实上,心理咨询只能通过分析、引导、启发、支持,促进来访者改变和人格成长,最终起决定作用的还是来访者本人的努力。因此,心理咨询的过程是一个互相配合的过程,咨询师与来访者是工作伙伴的关系,在心理咨询过程中,来访者要积极配合,主动表达,与咨询者共同探讨自己心理问题的根源及成因,并寻求解决之道。只有来访者自己可以改变自己的生活,为自己的选择负责。

（四）误解四:心理咨询师应该是百分之百的心理健康

心理咨询师首先也是普通人,要面对生活的各种压力,要调节自己的情绪,甚至因为职业缘故还可能出现替代性创伤等心理困扰及问题。这正如医生给人治病,但同样也可能生病一样。只要心理咨询师的个人问题不影响到他的专业操守和专业能力,他仍然可以完成好自己的咨询工作。一个合格的心理咨询师,如果充分评估自己不适合接待某位来访者或不能胜任某些心理问题的咨询,会积极寻求督导或进行转介,以不损害来访者的利益为重。

（五）误解五:心理咨询就是思想教育工作

有些人认为心理咨询就是讲些道理、做做思想教育工作。事实上,心理咨询作为应用心理学中的一门重要分支,具有高度的专业性。它与单纯的思想工作和教育工作有很大区别。心理咨询中咨询师持客观、中立的态度,不评判不指导,在咨询过程中咨询师始终尊重来访者的主导作用,目标是促进来访者更好地了解自己,对自己的生活负责,帮助来访者解决自己的问题。心理咨询更重视来访者的个人成长和人格完善,而不是对来访者的批评教育。所以,无论来访者如何企及,心理咨询师不会直接给出解决问题的建议。因为直接给出建议会增加来访者对咨询师的依赖。咨询师的任务在于帮助来访者独立地进行决定并接纳自己的决定所带来的结果。

【我来练练】

我对心理咨询的新认识:

1. _____
2. _____
3. _____
4. _____
5. _____

我对心理咨询还有的困惑:

1. _____

2. _____

3. _____

三、心理咨询的原则与作用

(一)心理咨询的原则

心理咨询的原则是从事心理咨询的人员在工作中必须遵守的基本要求,是在长期的咨询实践中不断认识并逐步积累起来的经验,具有一定的概括性和指导性。从某种意义来说,它也是心理咨询能够产生效果并使这一职业存在和健康发展的重要保证。

1. 保密原则

咨询师必须本着对来访者负责的态度,以来访者的利益为重,尊重来访者的权利和隐私,为咨询的谈话内容保守秘密,不公开来访者的个人信息,不在任何场合和任何人(督导师除外)谈论来访者的隐私,包括来访者的亲属、老师、朋友、同事、领导。除非征得来访者本人的同意,不允许任何人查阅心理咨询档案(除来访者触犯法律,并经公检法机关认定出具证明外)。

保密原则对发展出一个信任而有效的咨访关系非常重要,而良好的关系正是咨询起效的关键性因素。咨询师随意泄露来访者隐私,将受到舆论谴责,造成重大后果的还要负法律责任。但也有保密例外,即在发现来访者有可能危及他人生命或者明显自杀意图或精神疾病时,应及时向有关部门反映,以采取防范措施。

下面的对话来自心理咨询师与来访的某大一学生:

……

来访者:(欲言又止)

咨询师:是不是想到了什么?

来访者:嗯……我不知道……虽然你说会保密……

咨询师:但你还是忍不住有些担心,是吗?

来访者:是啊。如果我的辅导员,甚至我的父母来找您了解情况,您恐怕会很为难。

咨询师:这个请你放心,保密是心理咨询工作最重要的原则之一,除非遇到非常特殊的情况,比如来访者有自杀、自伤或杀人、伤人的动机与计划,否则我们会严格为来访者保密的。

来访者:那我就放心了。

……

2. 情感中立原则

咨询师在心理咨询中应保持不偏不倚的立场,确保心理咨询的客观与公正,不得把私人情感、利害关系掺杂进去,保持冷静、清醒的头脑,对事物作出客观判断和客观分析,在咨询过程中避免主观臆断,不轻易批评对方,不把自己的价值观强加于来访者。

……

咨询师:你有什么打算?

来访者：不知道，很纠结。我很爱她，但是她又确实非常烦，吵起来没完……有时候真想直接和她分开，又有点舍不得。我想，我可能就是那种只想快乐不想负责的人吧。

咨询师：看起来这件事确实很困扰你。关于这段感情该如何发展，你们双方有没有需要讨论的方面呢？

来访者：应该有的，我也不太清楚。你说我应该怎么办呢？

咨询师：解决问题的方法有很多种，分手当然是其中的一条路，但也许还有其他方法，你要先想一想。我们再来讨论各种方法，最后你来选择一种。

……

3. 尊重信任原则

咨询师要和来访者建立相互信任、相互尊重的伙伴式的工作关系，以利于咨询工作的顺利开展。一方面，咨询师要尽可能让来访者感到自己的可信、诚恳和有专业能力。另一方面，更为重要的是咨询师要充分尊重来访者，尊重每一个来访者的独特性；更倾向于将来访者看作一时陷入某种困惑的人，而非有问题或有缺陷的人；充分信任来访者有克服困难和适应环境的能力，协助其寻求自身的积极资源，并热情鼓励来访者自我探索和解决困惑，实现助人自助。

……

来访者：您知道我一直都很紧张焦虑，但我现在却常常能感到一种放松，甚至有点愉快的感觉了，能遇到您真是太好了。

咨询师：我很高兴听到您说的这些。我想您现在能够放松甚至开始感受到愉快是近半年来我们共同努力的结果。

来访者：是啊，正因为这半年来您耐心的陪伴，我才会有这样的改变。

咨询师：陪伴来访者一起走过人生中的艰难时刻，是我们做咨询师的职责，但变化却更多来源于您自己的努力。

……

4. 理解支持原则

理解支持原则就是咨询师能设身处地地体会来访者的情绪、情感体验，准确理解他的想法和看法，使来访者能在精神上得到理解与支持。来访者一般都有心理方面的困扰，精神上感到痛苦，他们内心渴望得到别人的理解、支持、关怀和帮助。他们对咨询师抱有很大的希望，同时也可能存在某种担心和疑虑。所以，咨询师要充分理解、诚意相待，这样有助于来访者解除心头的郁结，增强信心。

……

咨询师：你觉得你没有足够能力来解决这类矛盾。

来访者：嗯，就是这样。我的意思是说，我应该能够想清楚，然后作决定，但我似乎没能力做到。

咨询师：是的。就好像总是在兜圈子。

来访者:对。这让我很不舒服。如果是我的朋友遇到这样的困扰,我能很清晰地帮忙分析,提出建议,并觉得理所当然。但是到了我自己就发现,我无能为力了。

咨询师:嗯,你可以理解别人要怎么做,该怎么做。但遇到自己,却好像找不到任何理由。

来访者:就是这样……

……

5. 发展性与灵活性原则

人的心理活动始终处在动态过程中,心理咨询也是不断发展变化的过程。因此,咨询师必须要用发展变化的观点看待来访者的问题,要对来访者的内在潜能和发展条件有准确的估计,运用的方法要有助于来访者的成长发展,同时要充分考虑心理问题形成的历史,依据实际情况随时调整咨询方法。在不违背其他咨询原则的基础上,采取灵活的步骤与方法,以求取得最佳咨询效果。对不同的来访者要有针对性地采用不同的咨询方法,如对抑郁个性者,语言要温和,充满同情关切;对于强迫个性者,论述要严密,推理要合乎逻辑;对于内向、拘谨者,要多给予支持、理解和鼓励等;对依赖性过强者,不宜过于迁就或提供过多的支持,而应让来访者多发表看法。

……

来访者 A:我们寝室的关系很糟,我简直在寝室待不下去了。她们从来不上自习,总在寝室里聊天上网,睡得又晚,我在寝室简直得不到一刻安宁。我跟她们谈过,但她们总是推脱,根本不作改变,我觉得她们简直不可理喻!

咨询师:寝室关系糟糕确实非常影响人。除了希望室友作出改变外,我想知道你在维护宿舍和谐上作了哪些努力呢?

……

来访者 B:我们寝室的关系很糟,我觉得这都是我的错。我比较内向,又不会跟大家聊天开玩笑,每次我一插话,大家就会冷场。其实我不是故意的,但我也没办法。现在寝室姐妹之间也有些矛盾,我本来想帮她们调解的,但嘴又笨没说好话,结果反而让她们误会更深了。现在我心情也很差,不知道该怎么办了。

咨询师:寝室关系的确非常影响人的情绪,我能感受到你的难过。可是你想想,仅以你个人的能力足以造成整个寝室的矛盾吗?

(二)心理咨询的作用

正是因为心理咨询遵循着保密、中立、尊重、理解支持等原则,使得来访者愿意与咨询师倾诉,咨询的效果也就渐渐体现出来。心理咨询可以为来访者提供非常安全的情绪宣泄场所;使来访者通过咨询师的视角重新看待自己、他人和社会;协助来访者共同解决问题,最终促进其人格的发展与完善。具体而言,心理咨询的作用包括:

1. 帮助来访者学会管理自己的情绪,找到合理的宣泄途径

永远快乐幸福是人们的美好希望,但生活并非一帆风顺。在日常生活中,人们不可避免地会产生一些情绪,强烈、长久的负面情绪会影响人们的心理健康,心理咨询帮助来访者通

过宣泄,减少压抑、释放情绪。

2.帮助来访者学会从不同的角度看待问题

人们看待事物如同盲人摸象,客观事实是一致的,但主观感受各有不同。每个人的思维方式、认知特点不同,应对问题的方式也可能大相径庭。偏执、歪曲的认知是非适应性的,常常让人陷入痛苦,心理咨询引导来访者以更加合理的信念来取代原有的不合理信念,形成完整积极的自我概念,获得适应社会的新行为,采取更加积极的方式应对生活。

3.促进来访者人格的完善

人格的形成是个漫长、复杂的过程,心理咨询不能将过去的经历抹去,但能够帮助来访者重新感受到被关注、被爱、被认可,从而使来访者学习新经验,体验新感觉,不断完善自身的人格,从而获得成长。

最后要强调的一点是,心理咨询是咨询师和来访者之间相互合作的过程。心理咨询的效果取决于咨访双方相互作用的质量:一方面,咨询师不能主观地下定论,而应从来访者的实际情况出发;另一方面,心理咨询能否取得最后的成功,关键是来访者积极主动的配合。

四、心理咨询的形式与内容

(一)大学生心理咨询的形式

为大学生进行的心理咨询按照不同的标准可以划分为不同的形式。根据咨询途径不同,可分为面对面咨询、电话咨询、网络咨询等形式;根据咨询师一次所面对的服务对象的人数,则可分为个别咨询和团体咨询两种形式。

1.以咨询途径为标准划分

1)面对面咨询

面对面咨询是大学生心理咨询中最常见,也最主要的形式。心理咨询师通过与学生面对面的交流,全面了解信息,并作出准确的分析、判断和评估,及时调整咨询策略,以便提供有效的帮助。面对面咨询的主要优点在于咨询师不仅可以听到学生叙述的内容,还可以观察其表情动作、情绪反应等非言语信息,能更全面地了解其信息,以便作出更准确的判断,便于使咨询更加深入。但面对面咨询对在异地的学生而言则并不方便。此外,一些防御心很重的学生也可能会回避这种咨询方式。

2)电话咨询

电话咨询是指咨询师通过电话对学生进行心理咨询的形式,其特点是联系方便、迅速。从20世纪50年代一些发达国家开始开展电话咨询以来,电话咨询在防止自杀与犯罪方面发挥了良好的作用。因此,电话咨询常被称为"希望线""生命线"。卢勤承办了四川移动100865心理援助热线,为"5·12"地震的灾区民众提供心理援助。两个月内接听了咨询电话7 360个,有效地帮助受灾群众、志愿者缓解情绪,并成功干预有明显自杀意图的个案18例。这充分说明了电话咨询的时效性和便捷性。然而,电话咨询的不利之处在于,由于咨访双方不能见面,通过电话传递的信息也有限,因此对咨访双方的信任关系建立、信息沟通、同理共情等都提出了更高要求。

3）网络咨询

随着互联网的兴起，网络咨询这一新形式也逐渐进入人们的视线。网络咨询是指咨询师借助互联网对学生进行心理咨询的形式，其特点在于联系较方便、保密性和隐蔽性强。对那些由于个人身体条件、地域环境的限制而不能进行面对面咨询，或者暂不愿意进行面对面咨询的人来说，网络咨询有其突出的优势。不足之处则在于由于双方不能直接面谈，来访者的情况不全面或欠准确。目前的视频音频连线可以对网络咨询的不足之处有所弥补，但要达到更好的咨询效果，网络咨询的发展还需进一步思考和完善。

2.以被辅导人数为标准划分

1）个别咨询

个别咨询是心理咨询最常见的形式，一般意义上的心理咨询就是指个别心理咨询。一对一的面谈咨询是它最主要的方式，此外也可以通过电话、互联网、信件等其他途径来进行。个别咨询的优点：保密性好、针对性强、咨访双方互动多。但个别咨询成本相对较高，适合处理学生的深度情绪困扰。

2）团体咨询

团体咨询，亦称集体咨询、小组咨询，是相对个体咨询而言的，将具有同类问题的学生组成小组或较大的团体，进行共同讨论、指导或矫治。团体咨询是一种多向性的交流，具有高效率、低成本的特点。大学生们不仅可以在团体咨询中得到接纳和帮助，并且也给予别人支持和帮助，而且由于成员所存在困惑的相同性，会极大地降低个体对此问题的焦虑。尤其适合于有人际交往困扰的学生。团体咨询的不足是难以深入个人问题，难以兼顾每个个体的特殊性。

（二）大学生心理咨询的内容

心理咨询在教育、情感婚姻、职业许多方面都发挥着积极作用。通过多年来对大学生进行咨询的总结，我们发现大学生寻求心理咨询的原因多种多样，求助的问题也复杂多变，概括看来，大学生心理咨询的内容主要涉及以下方面：

1.自我意识的问题

大学阶段是大学生自我意识进入新发展的时期，也是自我意识和自我矛盾表现最突出的阶段。一方面，大学生对自己及未来充满理想化的期待与要求，但现实往往不是他们所想象的，很容易出现理想自我和现实自我的矛盾。这种矛盾分化，会导致大学生产生激动、焦虑、喜悦与不安等情绪。另一方面，大学生常常过度关注自己，对他人、集体、社会考虑较少等。在这个过程中，大学生的"理想我"与"现实我"、"自评我"与"他评我"之间总是不断地出现冲突。

2.学业问题

大学生的学业问题主要表现在两个方面：一是学习的适应问题；二是学业的规划问题。前者的问题主要表现在：大学学习需要从中学时代的以被动学习为主，转变为以主动学习为主，许多同学不能很好地调整和适应，以至于不知所"学"；后者主要表现在部分同学对自己的专业不满意，对未来感到茫然无助。大学丰富的学习资源和自由的学习时间，也让大学生难以合理分配时间和精力；此外，学习与实践的矛盾、学习与打工的矛盾，往往也令大学生不知所措。要么"两耳不闻窗外事,一心只读圣贤书",要么"学习低空飞过,打工高处雀跃",这些极端的做法都可能造成心理困扰。

3.情绪问题

处在大学阶段的青少年,往往在情绪的识别、表达与处理方面都存在问题。最近几年校园里流行这样的词语:"烦、纠结、郁闷、扎心……"这反映的是近年来一种普遍的"大学流行病",很多学生常常会因为前途未知、学业不佳,特别是失恋等问题,而表现出情绪低落、焦虑、烦躁以及失眠等躯体症状,严重者还会产生自伤、自杀或伤人等行为。

4.人际关系问题

人际关系是社会人无法逃避的现实关系,特别是生活于集体宿舍、接受班级授课的大学生,其需要应对的关系也是非常多样和复杂的。而且现在的大学生独生子女居多,上大学前过多精力放在学习上,人际交往的经验与技巧不足,由人际关系引发的心理问题成为大学生心理问题的最主要因素之一。比如,有很多同学因寝室关系不融洽、不知如何处理人际矛盾、缺乏沟通技巧、与异性交往困难,或在一定的社交场景中出现过度焦虑等原因前来咨询。

第二节　心理咨询的理论与技术

心理咨询的理论和技术一直以来都处于百家争鸣、蓬勃发展的状态。三大经典理论流派包括精神分析、认知行为和人本主义。不同的流派从不同的视角来看个体心理的发展、阐述解读心理异常产生的原因,并提出相应的咨询与治疗的方法。在这些理论基础上,近几十年又发展出了许多整合的新理论和新方法。如家庭治疗、焦点治疗、叙事疗法、艺术治疗、交互分析治疗等,极大地丰富了心理咨询理论与技术。下面我们将分别介绍这几个主要流派的理论和治疗方法。

一、精神分析疗法

精神分析学是研究精神动力及其如何驱使人类行为的科学,因此称精神动力学或心理动力学,基于这种理论的心理治疗,称为精神分析治疗或心理动力治疗。许多人知道心理咨询或心理治疗都是从听说弗洛伊德开始的。弗洛伊德所创立的精神分析学派的理论开创了心理学研究的一个重要领域,对心理咨询与治疗的发展起到了重要的推动作用。

(一)精神分析疗法的理论

精神分析疗法是以弗洛伊德所创立的精神分析理论为基础,发展形成的相关理论和技术。该理论致力于对人的深层精神世界进行探索,其中"潜意识"是其核心,它由原始的本能和欲望构成。精神分析理论认为心理的异常源于潜意识的冲动与环境压抑之间的冲突,故治疗目标是通过自由联想与心理分析技巧,帮助来访者将压抑到潜意识中的冲突、欲望带到意识层面,对症状进行领悟和修通。

精神分析的理论非常浩瀚,下面我们将讨论该理论中的几个核心问题:

1.人格结构

按照弗洛伊德的观点,人格由"本我""自我"和"超我"三个部分组成。本我、自我和超我之间的矛盾冲突及协调构成了一个人的人格基础。当三者协调一致,个体就心理健康,否则就会出现冲突与矛盾(参见"人格理论"部分)。

2. 性心理发展的阶段

弗洛伊德认为性本能对个体的人格发展是非常重要的。性本能是推动人格发展的原动力,按照这种动力投射的身体部位,弗洛伊德把性心理发展分为五个阶段。一般人遵循着这些发展阶段走向成熟,如果个体固着在某一阶段,就会出现内心冲突和病态。

(1)口唇期(0~1岁):这是性心理发展最原始的阶段,婴儿通过咀嚼、吸吮或咬东西等口腔活动来满足性本能。若母亲对婴儿的口腔活动不加限制,儿童长大后的性格将倾向于开放、慷慨及乐观;若其口腔需要受到挫折,则未来性格发展可能偏向悲观、依赖和退缩。

(2)肛门期(1~2岁):随着身体发育,婴儿获得了依照自己的意愿大小便的能力。此阶段婴儿对自己的肛门活动特别感兴趣,他们通过控制大小便这一方式来获得快感和满足。这一时期也正是成人对婴儿进行大小便训练的时期。成人要求婴儿在找到适当的场所之前必须忍住排泄的欲望,这与婴儿的本能产生了冲突。弗洛伊德认为母亲在训练婴儿大小便时的情绪气氛对孩子未来人格发展和形成影响重大。过分严格的训练可能会形成孩子顽固、吝啬的性格;而过于宽松放任又可能形成孩子浪费的习性。

(3)性器期(3~6岁):这一时期的儿童开始对自己的生殖器产生兴趣,常以抚摸或暴露生殖器获得性满足。随着能量满足的发展,儿童开始把关注的对象由自己转移到他人身上,产生对异性父母的眷恋和对同性父母的嫉恨,这被称为恋母情结或恋父情结。在正常发展的情况下,恋母情结或恋父情结会通过儿童对同性父母的认同,吸取他们的行为、态度和特质进而发展出相应的性别角色而获得解决。

(4)潜伏期(6~12岁):儿童的性本能在这一阶段相当安静,有关性和侵犯的幻想大部分都潜伏起来,埋藏在潜意识当中。儿童不再受到它们的干扰,其快感主要是从外部世界的兴趣中获得,如运动、游戏和学习等。

(5)生殖期(12岁以后):这一时期的个体的心理能量主要投注在形成友谊、生涯准备、示爱及结婚等活动中,以完成生儿育女的终极目标,使成熟的性本能得到满足。

弗洛伊德认为个体在前三个阶段,即0~6岁时的体验是后来各种内心冲突的根源,儿童的早年环境、早期经历对其成年后的人格形成起着重要作用。

3. 潜意识理论

弗洛伊德把人的整个心理活动区分为三个部分,即意识、前意识和潜意识。意识只不过是人们心理中极其微小的组成部分,心灵的绝大部分都存在于潜意识。潜意识又称无意识,它包含了各种不能为社会伦理道德和宗教法律所接受的原始的本能和欲望,也是个体过去经验的储藏。

精神分析学派认为潜意识是我们理解他人行为和人格问题的关键。潜意识系统主要由本能冲动、被压抑的观念和欲望组成,这些内容不符合社会道德、风俗与法律,无法进入意识被个体所觉察,所以被压抑在心理结构最底层。每一种本能渴望都是潜意识系统的构成要素,它们时刻都在寻找发泄的机会和出口,在不同的发展过程会与不同的客体联结。例如,幼年早期的痛苦体验和与此相联系的情感被压抑到潜意识中,产生小孩无法忍受的焦虑,这种焦虑会一直被压抑,而成年人就可能以相对轻松的心情来面对那些痛苦的记忆。

4.心理防御机制

精神分析学派认为个体在成长中,会常常处于挫折与冲突的情景中,为了避免痛苦、减少内心的不安,个体会发展出一些减少内在冲突、恢复情绪平稳的适应性倾向与行为,这就是自我的心理防御机制。心理防御机制在现实生活中相当普遍,如"阿Q精神""吃亏是福""破财免灾"等。防御机制主要包括压抑、否认、投射、退化、隔离、抵消转化、合理化、补偿、升华、幽默、反向形成等各种形式。下面我们列举一些主要防御机制:

(1)压抑:是各种防御机制中最基本的方法。此机制是指个体将一些自我不能接受或具有威胁性、痛苦的经验及冲动,在不知不觉中从个体的意识中排除或抑制到潜意识里,是一种"动机性的遗忘"。如"5·12"地震后,痛失亲人的幸存者中有一些就是采取了压抑的防御机制应对这个灾难。他们在表面上从不提及死去的亲人,就像是完全"遗忘"了曾经发生的一切。但当死者的忌日、生日等特殊日子接近时,他们会莫名其妙地感到抑郁。

(2)否认:是一种比较原始而简单的防御机制,个体拒绝承认那些使人感到焦虑痛苦的事件,以获取心理上暂时的安慰,保护自我。比如拒绝承认亲人的亡故而坚称其只是外出了;认为"吸烟有害健康"没有科学依据,以便可以心安理得地继续吸烟。

(3)退化:是指个体在遭遇到挫折和应激时,心理活动退回到较早年龄阶段的水平,以幼稚的方法应对挫折情景,是一种倒退现象。例如,已养成良好生活习惯的儿童,因母亲生了弟、妹或家中突遭变故,而表现出尿床、吸吮拇指、好哭、极端依赖等婴幼儿时期的行为。

(4)合理化:是指当个体的动机未能实现或行为不能符合社会规范时,就搜集一些合乎自己内心需要的理由,给自己的行为一个合理的解释,以掩饰自己的过失,以减免焦虑的痛苦和维护自尊免受伤害,例如我们常说的"酸葡萄""甜柠檬"效应。

(5)补偿:是指通过新的满足来弥补原有欲望达不到满足的痛苦。如失恋后发愤学习;身体残疾后表现出超强的意志力和获取成功的欲望。

(6)投射:是指把自己的不当、失误转嫁到他人身上,或把自己不能接受的欲望归结为他人的。精神分析学者认为投射是个体自我对抗超我时,为减除内心罪恶感所使用的一种防御方式。俗语中"以小人之心度君子之腹"就是很典型的投射。例如:有些不良少年,无端动手打人后,解释说因为被打者用瞧不起的眼光看了自己一眼,这也是投射因素使然。

(7)升华:是把不能为社会、超我所接受的一些本能的欲望与行动,如饥饿、性欲或攻击的内驱力转化为能被接受的建设性的能量。例如:有些同学有攻击欲望时,借锻炼拳击或摔跤等方式来满足自己,并且有可能取得好的运动成绩。

(二)精神分析疗法对异常心理的解释

弗洛伊德认为心理障碍产生的根源在于幼年期性心理发育中未能解决的心理矛盾冲突。这种具有强烈情感色彩的欲望或动机被压抑在人的无意识中,给人的心理、意识以影响。冲突会导致个人愿望与外在现实以及理想自我无法匹配,从而造成了内在的紧张与焦虑。前意识为了保护心理平衡,缓解焦虑与紧张,就会调动心理防御机制与潜意识力量妥协,而妥协的结果就是神经症的形成。也就是说,各种神经症都是内心冲突的表现。基于此,精神分析认为解除症状需要把压抑在无意识中的心理矛盾冲突挖掘出来,分析欲望、充分宣泄,并实现患者对其的领悟。

（三）精神分析疗法的技术

精神分析学派在心理咨询和临床上的治疗方法主要采用了梦的解析、自由联想方法和修通等技术方法。

1. 梦的解析

弗洛伊德认为梦是一种有价值、有意义的精神现象。梦不是偶然形成的,而是欲望的满足。在睡眠时,潜意识中的欲望绕过抵抗,并以伪装的方式乘机闯入意识而形成梦,梦是对清醒时被压抑到潜意识中的欲望的一种表达,在梦中出现的几乎所有物体都具有象征意义。梦是通向潜意识的一条秘密通道。通过对梦的分析可以窥见人的内部心理,探究其潜意识中的心理冲突与创伤。

2. 自由联想

自由联想法是弗洛伊德进行精神分析的主要方法之一。自由联想法的具体做法是:让来访者在一个比较安静且光线适当的房间内,坐或者躺在沙发上随意进行联想,将头脑中想到的一切都讲出来,无论多么微不足道、荒诞不经或者有伤大雅,鼓励来访者按原始的想法讲出来,不要怕难为情或因为感到荒谬奇怪而加以修饰。心理分析家对来访者所联想报告到的资料进行分析和解释,发掘来访者压抑在潜意识内的致病情结或矛盾冲突,把它们带到意识领域,以减少来访者内在冲突。

3. 修通

咨询过程中需要对自由联想的内容、来访者的阻抗、梦境以及移情与反移情等现象予以解释。弗洛伊德认为:"正是解释工作导致了有价值的领悟,以及可靠的、持久的治疗性改变——在任何意义上,对内心冲突的分析都应该被称为修通。"他还指出,"向病人展示,同样的事情在不同的时间或者以不同的方式一次又一次地发生,这一过程就叫作'修通'。"

一旦修通,使患者理解了冲突的根源,就像打通了关窍。依次循环往复,逐一攻克冲突,从而使患者症状逐渐消失,人格更趋成熟,疾病便"瓜熟蒂落"了,病人通过领悟出现有意义和持久的改变,即完成修通。

沙恩对修通作了进一步理解,强调修通的过程类似于发生在正常儿童身上的发展过程。他说,"解释是必需的,但对治疗性改变来说还不够……修通过程不仅包括对阻抗和病人多种多样经历的重复解释,而且也包括同样重要的成长过程"。这一成长过程被看成高级的结构性改变,它是每一个正确解释之后的一系列进步的结果。这些进步组成了修通:①接受和理解新的领悟;②应用新的顿悟获得新的能力;③因为新的能力而从不同的角度看待自己;④哀悼和战胜旧的自我以及旧的客体的失去。

二、认知行为疗法

认知行为治疗是一组通过改变思维、信念和行为的方法来改变不良认知,达到消除不良情绪和行为的短程心理治疗方法。这组方法强调认知活动在心理或行为问题的发生和转变中的重要作用,主张在治疗过程中既采用各种认知矫正技术,又采用行为治疗技术,故称之为认知行为治疗。它具有积极的、指导性的、整体性的和短程的特点。

（一）认知行为疗法的理论

认知行为治疗中具有代表性的有艾利斯（Ellis）的合理情绪行为疗法、贝克的认知疗法等。这些理论有着相同的理论基础和比较接近的治疗技术，即都致力于通过认知和行为技术来改变求治者的不良认知，从而矫正并适应不良行为的心理治疗方法。在此将重点介绍艾利斯的理性情绪疗法。

艾利斯的理性情绪基于这样的假设：是人们自己对事件和情境的解释方式导致了自己的心理问题和症状。理性情绪疗法的目的是通过解释与倡导达到领悟，使情绪理性化，改变对人、对己、对事的不合理观念，重建合理的认知结构。

艾利斯进一步提出了"ABC"理论。在 ABC 理论中，A 指与情感有关系的激发事件；B 指信念，包括理性或非理性的信念；C 指与激发事件和信念有关的情感反应结果。人们通常认为，激发事件 A 直接引起反应 C。事实上并非如此，在 A 与 C 之间有 B 的中介因素。A 对个体的意义或是否引起反应受到 B 的影响，即受人们的认知态度、信念影响。例如，对一幅抽象派的绘画：有人看了非常欣赏，觉得很有意境，产生愉快的反应；而有人看了却觉得线条和颜色的无意义组合，让人产生不舒服的感受。在这里，画是激发事件 A，但引起的反应 C 各异，这是由于人们对画的认知评估即 B 不同所致。由此可见，认知评估或信念对情绪反应或行为的重要影响，非理性或错误是导致异常情感或行为的重要因素。正如艾利斯所言："人不是为事情困扰着，而是被对这件事的看法困扰着。"艾利斯的 ABC 理论后来又进一步发展，增加了 D 和 E 两个部分，D 指对非理论信念的干预和辩驳；E 在此是指重新产生的有效的理性信念或适当的情感。D 和 E 是影响 ABC 的重要因素，对不合理信念的改变起着重要的影响作用。

（二）认知行为疗法对异常心理或心理失调的解释

艾利斯认为人一出生就有一种心理倾向，即坚持认为自己的向往和追求都能得到满足，期望自己的愿望会全部实现。生活中某些向往和要求的确如意地实现了，这种积极的记忆强化了我们的"全能幻觉"，使我们认为一定能比所有的人更幸福、更成功，应当与他人不一样。而一旦遇到挫折和逆境，我们就无法接受，认为这些事情不应该发生在自己身上，于是导致了不良的情绪和异常行为。

艾利斯通过分析若干不合理信念，总结出了不合理信念的基本特征为"绝对化要求""过分概括化"和"糟糕至极"。

"绝对化要求"是指凡事从自己的意愿出发，认为某事一定会发生或一定不会发生，常使用"应该""必须"等词描述事件和要求。当个体不能满足需求时，就容易产生焦虑、自卑、沮丧等情绪；如果将这种需求应用到他人身上，一旦别人不能符合其意，他就会对人产生敌意、愤怒等情绪。这种绝对化的要求反映了其不合理、走极端的思维方式，如"我必须这学期考过四级""我女朋友应该事事听我的""我必须十分努力地让他人认可我""公司应该为我提供面试的来回路费"等，进而产生情绪和行为上的障碍。

"过分概括化"是一种以偏概全的思维方式。就好像是通过一个人的长相来判断他的人品，或通过一本书的封面来判断书的内容的好坏。人们在对自己的绝对化要求中常常会走极端，认为自己某一件事情未获得成功，就证明自己一无是处，而其实这只能说明是这件事没办好。因此,人们应当就自己某一行为的表现进行具体评价,不能因一件事否定整个人的价值。如"考不到教师证说明我是一个彻底的失败者""他连奖学金都得不到简直太没出息了"。

"糟糕至极"即灾难化,如果某一件不好的事情一旦发生,其结果必然非常可怕,是灾难般糟糕至极的。这种思维方式容易导致个体出现并陷入极端的焦虑、悲观、压抑、犹豫等情绪。将一件事情的负面结果夸大到极点,反映了个体走极端的不合理的思维方式,往往与绝对化要求相联系。如"失去她我没法生活""找不到工作我这辈子就全完了""室友知道了这件事情我没脸见任何人了"。

(三)认知行为疗法的技术

在认知行为治疗中,可采用许多认知干预技术和行为矫正技术,常用的方法主要包括认识自动思维、列举认知歪曲等,下面简要介绍合理情绪治疗的基本步骤:

第一,向来访者指出其思维方式、信念是不合理的,帮他们搞清楚他们为什么会变成目前这样,讲清楚不合理的信念与他们的情绪困扰之间的关系。可以直接或间接地向来访者介绍 ABC 理论的基本原理。

第二,向来访者指出,他们的情绪困扰之所以延续至今,不是由于早年生活的影响,而是由于现在他们所存在的不合理信念所导致。对于这一点,他们自己应当负责任。一旦来访者开始接受并认可自己的不合理信念导致了问题,那么就可以进行认知重建的过程了。

艾利斯提出了常见的自我设限的观念和假设,包括:我只能生活在喜欢与爱中;我必须样样都行,想做什么就一定要做成什么;那些亏待了我的人都是恶毒的,必须受到惩罚;不应该让我面对任何有风险的局面;生活本不该出现麻烦,如果出现麻烦,应该有快捷简单的解决方法;我经历的任何不幸都是外力造成的,任何人都不应该从我这里捞到好处;面对生活的困难,逃避要比自律轻松得多;过去的经历决定了我今天的一切。

第三,通过以与不合理信念辩论的方法为主的治疗技术,帮助来访者认清其信念之不合理,并教导他们对这些信念进行挑战的方式,进而放弃这些不合理的信念,帮助来访者产生某种认知层次的改变。这是治疗中最重要的一环。

第四,帮助来访者学会以合理的思维方式代替不合理的思维方式,用现实的或理性的信念或原则替代极端或错误的信念原则。例如,某一极端的信念是:我应该并且一定要得到我想要的东西,这是我的权利。相应的更现实的自我陈述是:尽管我非常想得到某件东西,但我只是有权利去争取,并不意味着我一定会得到或别人一定要给我才行。另一极端的信念是:如果我为某件事努力工作,就应该获得成功。相应的现实的信念可以是:一个人无法保证事事都能成功,努力并不等于成功,而只是成功的一个必要条件。来访者将通过咨询认识到,"应该""必须"等词可以被其他更灵活的语言替代,通过把"如果……就完蛋了"换成"如果……会有点麻烦"帮助自己以新的方式去思考,并采取行动。

通过以上四个阶段,来访者将会以较为合理的思维方式代替不合理的思维方式,从而较少受到不合理信念的困扰。

以下是咨询师与来访者直言其"糟糕至极"信念之一———"一旦拒绝别人,就没法交往了"的片段:

来访者:"我特别害怕别人向我提出要求,有时候我真的不能顺便帮忙,如果特地去做会耽误我自己的事情,比如今天这次,我实在没办法就拒绝了,但我现在挺担心。"

咨询师:"你在担心什么呢?"

来访者:"我总觉得如果拒绝别人,对方一定会生气,就算嘴上不说,脸上没有什么表现,心里肯定会不高兴的。"

咨询师:"就算他心里可能会有些小小的不高兴,又会怎么样呢?"

来访者:"他肯定就不喜欢我,讨厌我,以后就没法相处了。"

咨询师:"所以你现在觉得这个被拒绝的同学肯定讨厌你,你们以后没法相处了?"

来访者:"是的。"

咨询师:"如果你是这么想的话,那确实挺让人担心的。你平时提出要求之前有没有想过被拒绝呢?"

来访者:"想过的,我特别害怕被拒绝,所以我提要求之前都会想很久。"

咨询师:"如果提出要求被拒绝了,你会生气吗?"

来访者:"我可能会有点失落,但不会生气。"

咨询师:"就算被拒绝了之后有点失落甚至生气,你会认为拒绝你的同学很讨厌,不再和他相处了吗?"

来访者:"我不会的。"

咨询师:"那么我们是不是可以认为害怕被拒绝的人在提要求之前应该都作好被拒绝的准备,那些不作准备的人应该比较能够接纳被拒绝呢?"

来访者:"应该是的。"

咨询师:"所以,因为被拒绝就非常生气,以至于要和对方绝交这样的情况发生的可能性高吗?"

来访者:"这么一想,这样的人应该不多。"

咨询师:"你认为今天拒绝的这位同学是这样的人吗?"

来访者:"他应该不是这样的人,现在我没那么担心了。"

咨询师:"很好,所以当我们的极端想法变得比较灵活、合理之后,我们的情绪就能得到改善。"

【我来练练】

下面是大学生一些典型的不合理信念,请4~6人一组,提出这些信念的不合理之处并进行驳斥,换用新的更合理的信念。

1. 我必须要让同学们都喜欢我。

驳斥:

(1)_____

(2)_____

（3）_____

我的新信念：_____

2.大学毕业找不到工作这辈子就完了。

驳斥：

（1）_____

（2）_____

（3）_____

我的新信念：_____

3.我的恋人应该像我爱他（她）一样地爱我。

驳斥：

（1）_____

（2）_____

（3）_____

我的新信念：_____

4.学习在现代社会是完全没用的,关系决定一切。

驳斥：

（1）_____

（2）_____

（3）_____

我的新信念：_____

5.社会应该是公平的。

驳斥：

（1）_____

（2）_____

（3）_____

我的新信念：_____

三、人本主义疗法

（一）人本主义疗法的理论

人本主义疗法创立于20世纪50年代,主要代表人物为罗杰斯和马斯洛。

人本主义心理学理论核心内容有四个方面:①强调人的责任,即人们最终要对所发生的事情负责;②强调"此时此地",即只有生活在此时此地,人才能充分享受生活;③从现象学角度看个体,即只有来访者本人才最了解自己,能够帮助自己;④强调人的成长,即除非有困难阻挡,否则人会朝着最终的满足状态前进。人本主义理论认为,一个人没有神经症和精神病,还不能证明他是合格的心理健康者,只能说他具备了心理健康的最低条件。只有个体的潜能得到充分发展和应用时,才说明个体达到了真正的心理健康。人本主义心理学家的任务就是要帮助人们实现这些潜能,以达到心理健康。

（二）人本主义疗法对异常心理的解释

人本主义观点认为个体的自我概念与体验之间的不协调是心理失调产生的原因。当一个人的自我概念和经验相冲突时,个体就会感到紧张、不舒适。为了阻止这些使自己不愉快的体验进入意识,个体就要建立防御机制来维持自身造成的假象,这时个体就越来越不能与环境适应,并出现烦恼、焦虑和各种异常行为。

因此,人本主义心理学家认为,心理治疗的实质就是重建个体自我概念和经验之间的和谐,即达到个体人格的重建。治疗的目的是帮助来访者认识和找回真实的自我,去掉那些为了他人或者社会的需要而偏离自我经验的思想及行为,使人能够为自我的价值而活,而不再为迎合他人而生。人本主义疗法就是帮助来访者深化自我的认识,以鼓励与关爱使来访者找到自我的价值并发现自我的需求,为实现自我的理想而努力的过程。

（三）人本主义疗法的技术

人本主义心理治疗强调促进个人的全面成长。认为人性都是好的,只要环境足够良好,人总会朝潜能充分发展的方向前进,个体就有能力帮助自己实现个人成长,并为自己的生活找出健康的目标和方向。该疗法有三个特点:以来访者为中心;把心理咨询的过程看成一个转变的过程;采用非指导性治疗的技巧。

人本主义认为心理咨询最重要的不是技术,而是咨访关系。人本主义疗法要求咨询师尽可能地积极倾听、情感反应和澄清,强调咨询师应当给来访者以真诚、无条件的尊重和准确共情,这样就能够给予来访者一种安全感,使他可以从容地开放自己,甚至可以正视自己曾否定的经验,然后把那些经验融合于已经转变的自己,使其最大限度地发挥潜能,依靠自己的力量解决问题。

下面我们以一个案例来体现人本主义的心理咨询技术:

来访者是一位内向、腼腆的大二男生,失恋两个月,情绪很差。食欲、睡眠均受到影响。

来访者:我这两个月心情糟透了,浑浑噩噩的,每天都生活在伤感痛苦之中……

咨询师:发生了什么事情,让你如此难受呢?

来访者:唉……我都不知道该怎么说。我……

咨询师:不知道从哪里说起,怎么开口? 没关系,慢慢来,你想怎么说都可以。

……

来访者:我交往了近一年的女朋友在2个月前跟我分手了。这一年来我为她付出我所能够付出的一切,现在却是这样的结局,本来我以为还有挽回的余地,但没想到她最近好像有了新男友,我真是感到又伤心又气愤……

咨询师:这的确是件让人沮丧的事情。付出了那么多,但对方却好像并不怎么珍惜……

来访者:是啊,我算什么呢! 这件事情发生后,我一直有被抛弃的感觉,觉得老师和同学都会因此看不起我。我感到很压抑,常常犹豫这件事该不该跟人讲,甚至来不来做咨询我也犹豫了很久。

咨询师:嗯,对你来说,走进这间屋子和一个老师谈论这样私人的困扰,既是一种需要,又要花费很大的勇气。

来访者:是。我不知道有没有用,在老师看来,可能这只是一件小事情……

咨询师:你在想,也许老师并不见得能够理解我,甚至还会不以为然。

来访者:(微笑)是,我原本有一些顾虑。但是现在我觉得,你是理解我的,我好像觉得……嗯……没有那么孤单了。

咨询师:(微笑)如果你愿意,我会陪伴你,共同来面对和处理这件事情。

……

四、其他心理咨询理论与技术

(一)家庭治疗的理论和方法

家庭系统化的观点认为只有通过对个体和其他家庭成员的互动方式进行评估才能够最好地了解个体。家庭成员的发展和行为不可避免地要受到其他家庭成员有意或无意的影响,因此个体的症状和问题应该被视为其家庭模式或习惯的一种表达和体现。

家庭治疗是指以家庭整体为对象,针对家庭的心理问题而实施的心理咨询工作。家庭治疗时,咨询师与某一家庭中的成员有规律地接触和晤谈,促使家庭发生变化,或者使其他成员中有病者症状消除。

家庭治疗起源于 20 世纪 50 年代,1962 年 *Family Process* 杂志的发行标志着家庭心理干预开始成为一个独立的专业咨询与治疗领域,并且发展出了许多介入整体家庭的新策略。从那以后,家庭治疗的发展百花齐放,其治疗流派最多时可达几十种,20 世纪 80 年代以后家庭治疗领域的派别之争渐渐消逝,心理学家们开始更重视各学派的融合和实际效用性。

为了更好地理解家庭治疗,必须了解家庭这个特殊系统的特点:①家庭内部各成员相互关联,互相影响;②脱离家庭的其他成员及其成分,不可能充分了解某一成员及其成分;③对家庭成员及其成分的逐一了解,不等于了解了家庭这个整体;④家庭的组成和结构,惯用的交流方式和关系格局对家庭成员的行为有重要影响。

家庭治疗的常用方法有:

1. 参与

参与是指治疗师主动参与到家庭中成为家庭系统的一部分,咨询师要很快地适应家庭互动模式的特点,使家庭接受咨询师。

2. 关系提问

咨询师所提的问题应涉及家庭成员之间的关系,并能引发家庭成员思考,引出他们的对话,从而重现家庭的关系和结构。

3. 活现

活现又称行动促发,是指治疗师主动在治疗时间内使家庭成员表现出功能不良的场景,从中观察并找出修正家庭互动和造成家庭结构改变的办法。

4. 重新框视

改变事件原有的意义,重新标定所发生事情的意义,以便提供具有建设性的观点,从而改变家庭看待事件或场景的角度。

5. 重构

改变已经存在的家庭结构和关系,重新安排新的家庭界限和秩序,使得家庭成员学会彼此对待的良好方法,并学会调节家庭内压力与冲突的方法。

简而言之,家庭心理咨询的目标是要打破某种不适当、维持"问题"或"症状"的家庭环路,建立适应良好的反馈联系,以使家庭系统的症状消除;或是从根本上重建家庭结构系统,消除家庭中回避冲突的惯常机制,引入良好的应付方式,改善家庭成员间的相互交流和关系,扩展家庭的内在资源,给"问题"家庭提供新的思路和选择。

(二)焦点解决短期心理咨询

焦点解决短期心理咨询诞生于 20 世纪 80 年代,主要由笛夏德(Steve De Shazer)及茵素·金·柏格(Insoo Kim Berg)夫妇在短期家庭咨询中心发展而来。他们在工作过程中注意到,如果引导家庭成员去谈在咨询期间所产生的微小但良好的改变,整个家庭会越来越注意咨询中发生的积极变化,并最终引导出令全家满意的解决方法。这就是焦点解决方法的最初架构。

焦点解决短期心理咨询是一种正向目标解决导向的咨询模式,它不探讨事件发生的原因,避免当事人深陷困境,而把重点放在如何解决问题上,探讨不发生问题的"例外"状况,重视这类"例外"事件的正向积极性,鼓励来访者提取这类良好经验中的要素,帮助来访者建立信心、寻找力量,解决问题。

焦点解决短期心理咨询认为,行为是整个系统中成员或元素相互作用的结果,没有绝对好坏、对错、真假,任何事都是正反并存,相对存在的。类似于中国传统太极图,在整体系统固定平衡的前提下,扩展白的部分,则黑的部分就自然减少。焦点解决方法强调正向而乐观的互动,步骤简单而清晰,方式多样,是一个具有策略性、逻辑性和系统性的方法。

焦点解决短期心理咨询的基本假定:

第一,事出并非有因。焦点解决短期咨询认为:原因和问题解决之间的关系很难确定,问题往往是互动下的产物,咨询时通常以"可以做什么让问题不再继续下去?"这样的问句取代"问题发生的原因是什么?"将重点放在此时可以做什么,专注于问题解决的过程,认为了解原因是不必要的。

第二,"问题症状"有时也具有功能。问题的存在不是只呈现出病症或弱点,如小孩装病其实是为了得到父母的关注。焦点解决短期咨询不仅看到问题的症状,更要看到其问题背后的正向功能,以找到既保留正向功能,又解决问题的方法。

第三,从正向的意义出发,找到例外状况,发掘解决方法。一方面,强调人们正向的力量,而非缺陷;强调成功的经验,而非失败;强调人的可能,而非限制。发现正向力量,就是问题解决的契机。另一方面,了解来访者做了什么而使问题没有发生,并增强例外状况的发生,使这小小的例外成为改变的开始,逐步发展出更多的改变。常用的问句是:"何时问题不会发生?""曾做过什么事使你心情好一点?"

第四,雪球效应。焦点解决短期咨询看重小的改变。当小的改变发生,系统就和原来的不同了,只要维持小改变,就会累积成大改变。咨询师要引导来访者看到小改变的存在、看到小改变的价值,使来访者愿意促进小改变的持续发生。

第五,强调来访者是自己问题的专家。强调来访者自身的资源,尊重来访者自身解决问题的能力,咨询师只是"促发"来访者运用自己的能力作出改变,而不是"制造"改变。

焦点解决短期心理咨询是一个一连串的对话过程,在咨询师和来访者共同建构的对话过程中,强调正向的、建设性的、小改变的取向,从而自然而然地形成解决方案。

(三)叙事心理治疗

叙事疗法的创始人和代表人物为澳大利亚临床心理学家怀特夫妇和新西兰的大卫·爱普斯顿(David Epston)。20 世纪 80 年代,他们在家庭治疗的基础上提出了叙事心理治疗理论。随着他们的著作在世界范围内的发行和影响,叙事疗法开始大为流行。

叙事即讲故事,所谓叙事心理治疗,就是指咨询师通过倾听来访者的故事,运用适当的方法,帮助来访者找出故事的遗漏片段,使问题外化,从而引导来访者重构积极故事,以唤起来访者发生改变的内在力量的过程。叙事疗法认为,人类活动和经历更多的是充满了"意义"和故事,而不是逻辑论点和法律条文。来访者在选择和述说其生命故事的时候,会维持故事主要的信息,使之符合故事的主题,故而往往会遗漏一些片段。为了找出这些遗漏的片段,咨询师会帮助来访者发展出双重故事。例如,有学生在叙事治疗中谈到"他的问题故事",而咨询师会引导他说出另一段他自己不曾察觉的部分,进而帮助他找出问题的解决之道,而不是直接给予建议。也就是在咨询过程中唤起来访者生命中曾经活动过的、积极的东西,以增加其改变的内在能量。在叙事心理治疗中,咨询师最常问的一句话是:"你是怎么办到的?"随后,会将焦点放在来访者曾努力过的,或他内在的知识和力量上,引导他走出自己的困境。

叙事心理治疗作为目前受到广泛关注的后现代心理治疗方式,它摆脱了传统上将人看作问题的治疗观念,通过"故事叙说""问题外化""由薄到厚"等方法,使人变得更自主、更有动力。

1. 故事叙说——重新编排和诠释故事

叙述心理治疗主要是让来访者先讲出自己的生命故事,以此为主轴,再通过治疗者的重写,丰富故事内容。这样做的目的是因为人们在重新叙述自己的故事,甚至只是在重新叙述一个他人的故事中,发现新的角度,产生新的态度,从而产生新的重建力量。在面对日常生活的困扰或烦闷时,把自己的人生用不同的角度来"重新编排",成为一个积极的、自己的故事。这样或许可以改变盲目与抑郁的心境。好的故事不仅可以治疗心理疾病和精神扭曲,而且可以从中寻找自信和认同。通过令人愉悦、感动的隐喻故事,可以使来访者重新找到面对烦恼的现实状况的方法,正视他的过去,并且找到一个继续努力、正向发展未来的深层动机和强大动力。

2. 问题外化——将问题与人分开

叙事治疗的另一个特点是"外化",也就是将问题与人分开,把贴上标签的人还原,让问题是问题,人是人。如果问题被看成是和人一体的,要想改变就相当困难,改变者与被改变者都会感到相当棘手。问题外化之后,人的内在本质会被重新看见与认可,来访者就会有能量去反省并解决自己的问题。例如把成绩不好等同于坏学生,就是把问题内化。而如果老师把问题与人分开,采用多元智能的观点,找出学生成绩以外的优势,在优势上予以鼓励,就会建立起学生的自尊心,让学生感受到自己的能量,其成绩也就有可能慢慢提升到合理的水平。这就是把问题外化的思维方式。

3. 由薄到厚——形成积极有力的自我观念

叙事疗法认为,来访者积极的资产有时会被自己压缩成薄片,甚至视而不见。如果将薄片还原,在意识层面加深自己的觉察,这样由薄而厚,就能形成积极有力的自我观念。麦克·怀特把这种策略形容为"打开行李箱",即将行李箱里面多姿多彩的内容展现出来。在叙事疗法中,问题的出现仅仅是由于来访者对提取信息的不当解释,通过重述故事,就能够促使来访者发现自己的能量,进而走出困境。

(四)接受与承诺疗法

接受与承诺疗法,简称"ACT",是美国内华达大学临床心理学教授海斯(Steven C. Hayes)及其同事于20世纪80年代末至90年代初创立的一种新的行为治疗方法。ACT 与正念认知疗法(MBCT)、正念减压(MBSR)、辩证行为疗法(DBT)推动了行为治疗第三代浪潮。在近15年,认知行为疗法的新模式已经很大程度上摒弃了"检查、挑战、辩论和改变"这样的模式,而是更倾向于探索一个鼓励觉察、接纳和对选择的价值进行深度承诺的模式。生活本来就充满挑战,许多心理痛苦是因为人们被自身的想法所困,而想法不是现实生活中客观存在的危险,越回避越控制就越痛苦。正念意味着以灵活、开放和好奇的心态去关注、去接纳,是平和心境的基石。

ACT 的最终目标不是消除症状和改变不合理的信念,而是使一个人能够更敏锐地觉察自己,接纳所有的想法、情绪,不受其困扰和影响,在行为上作出改变并持续地努力达到既定的价值目标。操作过程包括接纳、认知解离、关注当下、以己为景、明确价值和承诺行动六大方面:

1. 接纳

接纳是指对过去经历的个人事件和此时此刻经验的一种非评判性的容纳,为痛苦感受、冲动和负性情绪让出心理空间,不去抗拒、控制和逃避它们,而是将它们当作观察对象,不受其影响。很多受心理困扰所苦的人会认为只有让痛苦停止,才能开始正常的生活,但其实真实生活本就有苦有乐,接纳帮助来访者放弃原有的控制或回避策略,使之愿意面对症状、观察症状,接纳生活本来的样子,减少内耗,把更多的心理空间、精力腾出来做符合自己价值的事情。

2. 认知解离

认知解离是指与自己的各种想法、想象和记忆保持距离,将思想看作语言和文字本身,而不是陷入其中与之纠缠,我们在一旁看着它们,就像看摆在我们桌上的一个物件。

3. 关注当下

关注当下意味着有意识地与此刻发生的一切建立连接,并投入其中。这似乎没有说起来那么容易,一旦我们陷入了自己的思想,不管是对过去的回忆,还是对未来的想象,都意味着我们与当下的周围世界失去了联系。正念意味着不带评价、有意识地对此时此刻的经历保持注意,而不是被自己的想法和情绪控制去做出条件反射性的行为或者陷入其中。

4. 以己为景

平时我们谈论自己时,"自己"实际上可以分为两个部分,一个是思考的自我,一个是观察的自我。思考的自我一直在思考,产生各种想法、评判、计划。但大部分时候,你能够意识到你正在产生一些想法、评价,这部分自我一直在观察自己做什么、想什么、感受到了什么、产生了什么。在 ACT 治疗中要求来访者能够更多地去觉察,从不同的角度看待问题,穿越时间、地点和人物的观念帮助自己建立更灵活的视角。比如要求来访者作为旁观者给自己写一封信或者来访者站在将来的某个时间点看待现在的自己等。

5. 明确价值

ACT 中的价值指的是用语言建构的来访者所向往和所选择的生活方向。在你内心深处,你想要什么样的生活? 你想用这短暂的一生做什么? 价值促使人们持续地朝着自己想要的方向行动,主动选择而不是为了逃避或消除痛苦作选择。人生没有终点,只有方向,价值就像指南针,它给我们指明了方向,指引我们不断前行。

6. 承诺行动

光想不做是没有意义的,承诺行动意味着在价值的引导下采取持续行动,只有这样生活才会变得丰富、充实。我们要在选择好的方向上向前迈进,生活的旅程才会经历不同的风景,才会有意义,即便前行的道路上有风雨有彩虹。

总的来说,ACT 与其说是一种疗法,不如说是一种心理学实践,一种生活态度和行为方式。

【心灵探索】

抑郁症的 19 条报警信号

1. 人逢喜事而精神不爽。经常为了一些小事,甚至无端地感到苦闷、愁眉不展。

2. 对以往的爱好,甚至是嗜好,以及日常活动都失去兴趣,整天无精打采。

3. 生活变得懒散,不修边幅,"随遇而安",不思进取。

4. 长期失眠,尤其以早醒为特征,持续数周甚至数月。

5. 思维反应变得迟钝,遇事难以决断。

6. 总是感到自卑,经常自责,对过去总是悔恨,对未来失去自信。

7. 善感多疑,总是怀疑自己有大病,虽然不断进行各种检查,但仍难释其疑。

8. 记忆力下降,常丢三落四。

9. 脾气变坏,急躁易怒,注意力难以集中。

10. 经常莫明其妙地感到心慌,惴惴不安。

11. 经常厌食、恶心、腹胀或腹泻,或出现胃痛等症状,但是检查时又无明显的器质性改变。

12. 有的人无明显原因的食欲不振、体重下降。

13. 经常感到疲劳,精力不足,做事力不从心。

14. 精神淡漠,对周围的一切都难以发生兴趣,也不愿意说话,更不想做事。

15. 自感头痛、腰痛、身痛,而又查不出器质性的病因。

16. 社交活动明显减少,不愿与亲友来往,甚至闭门索居。

17. 对性生活失去兴趣。

18. 常常不由自主地感到空虚,自己觉得没有生存的价值和意义。

19. 常想到与死亡有关的话题。

以上19条,假若有一条特别严重,或数条同时出现,就可能有抑郁倾向了,此时建议同学们注意调节,必要时可以到心理咨询中心接受帮助。

【学以致用】

1. 通过本章的学习,当你知道身边朋友曾经去接受过心理咨询时,会如何对待他?

_____

_____

2. 如果你知道某个朋友存在心理问题,是否会建议他接受心理咨询? 为什么?

_____

_____

3. 在哪些情况下,你会考虑寻求心理咨询的帮助?

_____

_____

【瞭望窗】

行为疗法的三波浪潮

临床医师依据临床行为分析的基本原则评估来访者生活中哪些类型的事件会引发临床问题,然后通过实证支持的干预手段或原则来试着改变来访者的行为。

行为疗法的第一波浪潮源于一种将理论、行为改变技术与合乎科学的原则相联系的渴望。早期行为治疗师严格地检测着他们的理论和干预手段。第一波浪潮和传统的临床应用紧密相连,如系统脱敏法和对抗条件反射模式。经典条件反射模型向我们传授了一种自然主义方法,即对条件性情绪反应的习得加以描绘,以及某种人生经历如何直接影响如与焦虑、抑郁、愤怒、性功能障碍相关的条件性生理反应。第一波浪潮成功推进了建立在科学基础上的心理治疗技术,以循证为基础的行为主义理论使得可以对假设予以验证,并且也产生了一些可以有效治疗行为问题的技术。但是,第一波浪潮将重点放在可观察可操作的已定义的目标行为之上,不够重视人类的语言和认知。治疗中常见的临床问题是人们不仅抱怨他们的生理反应,而且抱怨说他们正在避免引起这些反应的情境,并且不停地思考和讨论问题让他们厌恶透顶。人类语言使得直接的厌恶条件反射更为复杂。

行为疗法的第二波浪潮有关认知革命。1958年,艾尔伯特·艾利斯第一次提出了认知心理疗法,建议临床治疗师以指导来访者改变思维的方式来帮助他们。如果来访者能用更为合理的信念来替代不合理信念,那么在面临逆境时可能就会对所渴望的事情采取更为合理的行为并体验到更少的消极情绪。虽然通过对改变认知图式和不合理信念进行辩论的概念化已经在许多精神障碍的治疗上前进了一大步，但"图式"和"信念"的定义或测量还未尽人意。因为认知疗法的干预手段都与思想有关，它们都属于认知范围，但这些干预手段并不根植于基本的认知科学，认知疗法中的有效成分有哪些尚不得而知。此外，实证文献提出，思维抑制不仅无效而且可能产生反弹效应，即事实上会增加不想要的思维产生的频率。如果一个人处在有某种特定的情绪时试图抑制某种既定的思维，那种思维将非常有可能在那种情绪状态重新出现时再次出现。第三波浪潮的出现受有关认知重建的有效性争论的部分影响，而且它的出现在疗法上为"注意"和"拥有"思维开辟了道路，而并非改变思维的内容。

行为疗法的第三波浪潮依然是一种行为疗法，它和临床行为分析正在逐步开始用心理发展的视角来理解并治疗生命中的问题，看重的是它们如何在来访者生命的不同阶段发挥作用，而不是将症状归入诊断的类别当中。精神病理学，治疗甚至心理疾病的定义在第三次浪潮中都需要重新思考。行为不只是简单的行为，而且是情境中的行为，评估的目标是行为与某一特定情境的搭配。把行为和环境的关系作为一个整体进行检验，而不是作为彼此分离的个体，没有情境的行为分析被认为是无意义的。关系框架理论研究提出语言和认知在促进人类成功进化和生存下来时如何导致大量人类痛苦的这一问题。ACT 是一种建立在关系框架理论研究之上的临床应用。ACT 并不强调行为的形式，而是探究心理事件的功能和情境。这意味着针对一个来访者的问题，有必要对其行为情境的变化进行讨论，而没有必要讨论行为形式的变化，即以其增加心理弹性和获得有价值的生活为目标，而并非是症状减轻的主流临床心理学治疗目标。

导读：战胜自卑的心理学家

　　阿德勒(Alfred Adler,1870—1937)，奥地利精神病学家，个体心理学的创始人，人本主义心理学先驱，现代自我心理学之父。阿德勒在家里六个孩子中排行老三，他因身体病弱，无法和其他小孩一起玩耍，童年过得很不快乐。阿德勒非常嫉妒大哥的健康、活力，他曾描述"健康的大哥就在我的面前毫不费力地跑、跳、移动，而我任何的移动都要费力、努力"。身体上的病弱，成为他自卑感最大的来源，但是他的解决方法，却是努力克服自卑感，补偿身体上的缺陷，他要求自己加入同伴的游戏，还要赢得胜利。进入学校后，刚开始他是一个很平凡的学生，数学尤其差，老师对他的评价很低，因父亲不断地支持、鼓励，他终成班上数学成绩最好的学生。后来他进入大学选读医学，他特别在意身体器官方面的自卑，认为它是驱使个人采取行动的真正动力。他刚开始选择眼科，后来专心致力于神经医学及精神医学的研究，因自己独创的见解与传统不同，脱离了弗洛伊德的精神分析学派，发展出个体心理学派，成为一代心理学宗师。阿德勒努力克服身体上的缺陷、心理上的自卑，童年及成长过程中自我超越的经验，成为他的个体心理学理论的基础。

古希腊德尔菲神庙的阿波罗神殿上镌刻了一句震撼人类灵魂的名言:"人啊,认识你自己。"千百年来,这句话激励着人们认识自我,探索自我,发现自我。自我意识水平的高低不仅是个体心理发展水平的重要标志,也是影响个体行为取向和人生选择的重要因素。大学生也渴望认识自我、超越自我。他们常常会思考这些问题:"我是谁?""我有什么优点?""我有哪些不足?""我为什么要读大学?""我要达到什么目标?"等。只有对自己有深入而明确的了解,只有积极地完善自我,才能在环境适应和个体发展上取得满意的成果。本章将引导同学们全面地认识并积极完善自我。

第一节　自我意识概述

一、什么是自我意识

(一)自我意识的概念

自我意识是一个人对自我以及自己与周围环境关系的多方面多层次的认知、体验和调控,是个体关于自我全部的思想、情感、态度和行为的总和。

自我意识的发生和发展是人类区别于动物的一个重要标志,是人类特有的心理活动。动物没有自我意识。动物的心理只能指向外在环境或者自己的局部身体状况,而人由于有高度发达的大脑以及劳动过程中产生的语言,使人不但能认识自然界,而且能认识自己的内心和行为。

但是,人的自我意识不是生来就有的,而是个体发展到一定阶段的产物,是在社会交往过程中随着语言和思维的发展,在个体社会化过程中逐步形成和发展起来的。

【我来练练】

请连续回答20次"我是谁?"

1. 我是_____

2. 我是_____

3. 我是_____

4. 我是_____

5. 我是_____

6. 我是_____

7. 我是_____

8. 我是_____

9. 我是_____

10. 我是_____

11. 我是_____

12. 我是_____

13. 我是_____

14. 我是_____

15. 我是_____

16. 我是_____

17. 我是_____

18. 我是_____

19. 我是_____

20. 我是_____

由 4~6 人组成一个小组,将自己所写的内容与小组成员分享、交流并讨论。

(1)你是从哪些方面来描写自己的?

(2)如果请你把 20 个答案分类,你会如何划分呢?

(3)你对自己的总体评价是肯定的还是否定的? 为什么?

(二)自我意识的作用

1. 自我意识对心理健康的作用

自我意识对心理健康起着极大的作用。积极的自我意识可以促进心理健康,消极的自我意识则可能导致心理问题。心理学家班杜拉认为,如果一个人对自己的前景持有乐观的看法,则有利于个体的心理健康,其情绪会变得更加坚韧不拔,焦虑感较少,不容易意志消沉,更能获得成功。相反,有些大学生会由于对自己认识不清晰、不准确,不能准确对待自我与外部世界的关系,从而导致自卑、自负、与外界敌对等心理问题。

2. 自我意识对行为的作用

自我意识能够使人们根据个体的需要确立行为目标。有了适宜的目标,行动才有明确的方向,才会调动自身的潜能,激发强大动力去克服困难、实现目标。自我意识积极的学生,其学习动机和学习投入要明显优于自我意识消极的学生。

自我意识还影响着个体对未来的期待,进而影响行为方式。这是因为,个体对自己的期待是在自我意识的基础上发展起来,并与自我意识相一致的,其后继的行为也决定于自我意识的性质。自我意识健全的个体对未来有积极、合理的期待,易表现出积极的行为,而自我意识不健全的个体往往对未来具有较低的期待,或对未来不报以期待,因此易表现出消极行为。

二、自我意识的结构

自我意识是一种多维度、多层次的复杂心理系统,是一个人对自己的心理过程和人格特征的统一。其结构可以从不同角度进行划分。

(一)根据自我意识内容划分

从自我意识内容上来看,自我意识可分为生理自我、心理自我和社会自我。

生理自我是指个人对自己的身体、生理状态(如身高、体重、容貌)的认识和体验,它是一个人在与他人交往的过程中逐渐形成的,它使个体意识到自己的生存依托于自己的躯体。生活中常常有人对生理自我不接纳,如嫌弃自己长得不好看、不够高、长得胖等,这些人容易表现出自卑心理。

心理自我是指个体对自己心理活动、人格特征、心理状态、心理过程及行为表现等方面的意识。如果一个人对自己的心理自我评价过低,如嫌弃自己能力弱、性格差、脾气暴躁、情商低等,就会否定自己,进而影响自己学习和社交。

社会自我指个体对自己在客观环境及各种社会关系中扮演的社会角色的意识,包括个人对自己在社会关系中的作用和地位的意识,对自己在社会中的权利和义务的意识等。如果一个人认为周围的人都不喜欢自己,就会怯于与人交往,很难与人建立亲密关系,进而会感到孤独、寂寞。

生理自我、心理自我和社会自我是密切联系、相互影响的。其中心理自我是自我意识的高级水平,本章涉及的自我意识主要指心理自我。

【我来练练】

我的自画像

1. 准备一张 A4 纸,用彩色水笔或铅笔、钢笔等,为现在的自己画一幅自画像,方式不限。

2.6 人一组讨论:个人把自己的画放在胸前,让小组的同学都能看到。每个人轮流讲自己的画,其他同学可以表达自己所看到的图画是什么,可以对画中不清楚的地方提问。讨论结束后,请思考下列问题:

(1)你的画反映了怎样的自我形象?

_____

(2)自画像的讨论结果和你平时的自己有区别吗?

_____

(3)你对自己有没有新的认识? 如果有,那又是什么呢?

_____

_____

(二)根据自我观念划分

从自我观念来看,自我意识又可分为现实自我、理想自我和投射自我。

现实自我是指个人对自己目前实际状况的看法,即对当前自己是什么样的人的回答。理想自我是指个人对自己希望将来成为怎样的人,具有怎样的特征和品质,对将来或者想象的自我的意识。其涉及的根本问题是"我想成为怎样的人""我应该成为怎样的人"。投射自我是指个人想象的在他人心目中自己的形象,想象的他人对自己的评价,以及由此而产生的自我感。投射自我不一定等于别人对自己真实的评价。

小雨是外语学院大三的女生,由于有点口吃,总认为同学会笑话自己,因此从入学开始就尽量让自己少说话,平时大家一起聊天,她多听少说,上课从不主动发言,也从不参加社团活动,几年来失去很多锻炼机会。还有一年就要毕业了,小雨认为自己语言表达能力不足,而且觉得口吃的表现会影响找工作,因此感到很焦虑。咨询师让小雨亲口询问同学们对自己口吃的看法,结果同学们说新生入学刚认识时,大家发现小雨有说话口吃的情况,但后来习惯了,就没感觉太异常。小雨这才发现同学们根本没笑话自己口吃,于是放下了心里的包袱。

投射自我和现实自我之间往往有距离,当距离加大时,个体便会感到自己不为别人所了解。理想自我与现实自我也不一定是一致的,理想自我虽非现实自我,但它对个人的认识、情绪和行为的影响很大,是个人行为的动力和参考系。当现实自我、理想自我和投射自我三者出现较大距离和冲突时,个体就会产生某些心理问题。

【我来练练】

请你完成以下句子:(第一次请凭你的想象来完成;第二次请通过询问相关人员来完成)

自己想象的   相关人员的回答

父亲眼中的我＿＿＿＿＿＿＿＿＿＿   ＿＿＿＿＿＿＿＿＿＿

母亲眼中的我＿＿＿＿＿＿＿＿＿＿   ＿＿＿＿＿＿＿＿＿＿

老师眼中的我＿＿＿＿＿＿＿＿＿＿   ＿＿＿＿＿＿＿＿＿＿

朋友眼中的我＿＿＿＿＿＿＿＿＿＿   ＿＿＿＿＿＿＿＿＿＿

同学眼中的我＿＿＿＿＿＿＿＿＿＿   ＿＿＿＿＿＿＿＿＿＿

两种看法有区别吗? 如果存在区别,你的感觉是怎么样的? 为什么会存在这种区别?

三、自我意识的心理成分

自我意识的心理成分表现在认识过程的自我认识、情感过程的自我体验和意志过程的自我调控三方面。这三种心理成分相互联系、相互制约,统一于个体的自我意识之中。

(一)自我认识

自我认识是指主观我对客体我的认知和评价,即自我认知和自我评价,是自我意识的首要成分,也是自我体验和自我调控的基础。自我认识主要解决"我是一个什么样的人"的问题,如:"我是一个善良的人""我是一个相貌平平的人""我是一个爱好运动的人"等等。

自我认知是自己对自己身心特征的认识。一个人会有这样的想法:我有什么优缺点? 我将来会成为什么样的人? 别人是如何看我的? 这些都属于自我认知。

自我评价则是在自我认知的基础上对自己的某种判断。自我评价的基本情况有自我评价适当、自我评价过低和自我评价过高三种。在客观的自我认知基础上作出正确的自我评价,对个人的心理生活、行为表现及协调个人的行为、关系都具有重大的影响。自我评价适当会让人乐观自信、积极进取、富有朝气;而自我评价过低,会让人产生自卑感,做事胆小退缩、谨小慎微;自我评价过高则会让人变得盲目乐观、自以为是,难以与人合作。可见,对自我的客观认知和评价,对于个人的健康发展的影响不可忽视。

（二）自我体验

自我体验是个体对自己怀有的一种情绪体验,反映了个体对自己接纳、肯定、喜爱、尊重、满意的程度。自我体验可以表现为自怜、自卑、自信、自豪、自尊、成功感等情绪状态。自我体验主要解决"我是否接受自己"的问题,如:我是一个自信的人,我是一个值得他人尊重的人,我是一个成功的人,我喜欢我自己,等等。自我体验的内容是十分丰富的,比如自尊心与自信心、成功感与失败感、自豪感与羞耻感等,都是自我体验的一部分。在工作中我们发现,大学生的自尊心、自信心和成功感都大大影响他们的自我认知和行为,因此,下面对这三个方面进行阐述:

自尊是指社会评价能够满足主体的自尊需要时产生的自我体验。当社会评价较好,自己在群体中有一定地位、享有一定的声誉、得到良好的评价,个体就会产生自尊心。自尊心可以激励个体尽可能地努力获得别人的尊重,尽可能地维护自己的荣誉和社会地位。个体要形成高自尊需要从小获得积极的评价。有些孩子从小得到的负面评价过多,长大后自尊感较低,总不能用积极的情绪评价自己,做事时也总认为自己达不到目标。

自信心是指自己的能力能够适合所承担的任务而满足信心需要产生的自我体验。自信心是和自我评价紧密联系在一起的。良好的自信心是建立在正确的自我评价基础上的。具有自信心的人在完成任务过程中,能面对各种可能遭遇的困难,充分挖掘自己的潜能,让自己逐步取得成功。具有自信心的大学生敢于接受新任务,参与新活动,挑战自我。

但是,如果自尊心和自信心过高,就会自视甚高,稍有点成绩就趾高气扬,瞧不起他人;反之也可能会自惭自卑,一旦遇到点挫折,就自暴自弃,一蹶不振。

成功感是实现目标过程中取得的成就能够满足自己的成就需要时产生的自我体验。相反,如果在实现目标过程中遭遇挫折、没有取得成就或取得的成就没有满足自己的成就需要就会产生失败感。成功感和失败感是根据个体的自我认知与自我期望水平确定的,决定于个体的内部标准,具有很大的主观性。同样的结果,有人认为是成功,而有人可能认为是失败。比如两个大学生高等数学都考了60分,一人认为成功了,产生了积极的自我肯定,向更高的目标进取;而另一人认为失败了,可能产生消极的自我否定,闷闷不乐,这是因为两人的自我期待水平不同,所以自我体验不同。

【我来练练】

罗森伯格的自尊量表

自尊量表由罗森伯格于1965年编制,用以评定青少年关于自我价值和自我接纳的总体感受。该量表共10题,请在每题后面的括号里填上:(1)非常同意,(2)同意,(3)不同意,(4)非常不同意。

1.我认为自己是个有价值的人,至少与别人不相上下。　　　　　　　　　　　[　　]

2. 我觉得我有许多优点。　　　　　　　　　　　　　　　　　　[　　]

3. 总的来说,我倾向于认为自己是一个失败者。　　　　　　　　[　　]

4. 我做事可以做得和大多数人一样好。　　　　　　　　　　　　[　　]

5. 我觉得自己没有什么值得自豪的地方。　　　　　　　　　　　[　　]

6. 我对自己持有一种肯定的态度。　　　　　　　　　　　　　　[　　]

7. 整体而言,我对自己很满意。　　　　　　　　　　　　　　　[　　]

8. 我要是能更看得起自己就好了。　　　　　　　　　　　　　　[　　]

9. 有时我的确感到自己很没用。　　　　　　　　　　　　　　　[　　]

10. 有时我觉得自己一无是处。　　　　　　　　　　　　　　　　[　　]

量表分四级评分,"非常同意"计4分,"同意"计3分,"不同意"计2分,"非常不同意"计1分,1、2、4、6、7正向记分,3、5、8、9、10反向记分,总分范围是10~40分,分值越高,自尊程度越高。如果你上述测验分值较低,就意味着存在一定的自卑感了。

（三）自我调控

自我调控是指一个人对自己的行为和心理活动的调节与控制。自我意识健全的人都是凭着自我调控在调节自己的思想和行为,使之与当时当地的场景协调恰当。自我调控能力强的人能自我设计、自我监控、自我教育,不断促进自我发展。比如有些大学生上课控制不住想看手机,当他们认识到上课玩手机的危害后,就将手机放在寝室里,让自己上课学习更专注;有些大学生认识到自己的人际交往能力较差,就积极参加学校社团,锻炼自己的能力。当然,仍然有不少的大学生自我调控能力较弱,他们虽然认识到自己的不足,自我评价也较低,但却没有在现实生活中采取有效的措施促进自我发展。

四、自我意识的发展

自我意识是人类特有的一种心理现象,但它不是与生俱来的,而是个体社会化的结果。关于自我意识发展的理论很多,其中埃里克森(Erik H. Erikson, 1902—1994)的人生八阶段论是被心理学界广泛接受的理论。

埃里克森认为,人的一生既是连续性的,又是阶段性的,每一阶段各有独特的发展课题。他提出了"人生历程八阶段",并详细论述了每一阶段特定的心理与社会发展课题,称为"心理社会危机"。他认为,如果一个人每个阶段的发展课题得以顺利完成,危机得以解决,就会产生积极的品质;反之,就会产生消极的品质。这八个阶段如下:

1. 婴儿时期:信任—不信任(0~1岁)

这是获得信任感,克服不信任感的阶段。所谓信任,是指婴儿的需要与外界对他需要的满足保持一致。在这一阶段,母亲或其他养育者对婴儿的需求给予满足,婴儿会感到所处的环境是安全的,周围的人是可以信任的,进而扩展为对一般人的信任。反之,婴儿如果得不到关心与照顾,就会对外界,特别是对周围的人产生害怕与怀疑的心理,以致会影响下一阶段的发展。

2. 婴儿后期:自主—羞怯、怀疑(2~3岁)

这是获得自主感,避免怀疑感与羞耻感的阶段。个体在第一阶段处于依赖性较强的状态,什么都由成人照顾。到了第二阶段,儿童开始有了独立自主的要求,如想要自己穿衣、吃饭、走路、拿玩具等,他们开始去探索周围的世界。这时候,如果父母及其他照顾者允许他们独立干一些力所能及的事情,并且表扬他们完成的工作,就能培养他们的意志力,使他们获得一种自主感,感到他们能够自己控制自己。相反,如果成人过分爱护他们,什么也不需要他们动手,或过分严厉,这也不准那也不许,稍有差错就粗暴地斥责甚至体罚,就会使孩子产生自我怀疑与羞耻之感。

3. 幼儿期:自信—退缩、内疚(4~5岁)

这是获得主动感受,克服内疚感的阶段。在这一阶段,个体的肌肉运动与言语能力发展很快,能参加跑、跳、骑小车等运动,能说一些连贯的话,还能把自己的活动范围扩大到家庭之外。除了模仿行为外,个体对周围环境充满了好奇心,知道了自己的性别,也知道动物分雌雄,常常主动询问和探索。这时候,如果成人接受并鼓励孩子的好奇心和探索行为,让他们有更多机会去自由参加各种活动,耐心地解答他们提出的各种问题,那么孩子的主动性就会得到进一步发展,表现出很大的积极性与进取心。反之,如果父母对儿童采取否定与压制的态度,就会使孩子认为自己的游戏是不好的,自己提出的问题是愚笨的,自己是让父母讨厌的,致使孩子产生内疚感与挫败感。这种内疚感与挫败感还会影响下一阶段的发展。

4. 儿童期:勤奋—自卑(6~11岁)

这是获得勤奋感,避免自卑感的阶段。这一阶段,儿童的智力不断发展,特别是逻辑思维能力发展迅速。他们提出的问题更为广泛,且有一定的深度,能力也日益发展,参加的活动已经扩展到学校以外的社会范围。这时候,对他们影响最大的已经不是父母,而是同伴或邻居,尤其是学校的老师。他们很关心物品的构造、用途与性质,对工具技术也很感兴趣。但这一阶段他们的勤奋也常常带来一些不当的后果。如果这一阶段他们能得到成人的支持、帮助与赞扬,则能进一步加强他们的勤奋感,使之进一步对学习知识和认识世界发生兴趣,反之则会让孩子感到自卑。

5. 青年期:同一性—同一性混乱(12~20岁)

埃里克森认为青年期的发展课题是自我同一性的确立,这一阶段的核心问题是自我意识的确立和自我角色的形成。青少年对周围世界有了新的观察与思考方法,他们经常考虑自己到底是怎样一个人,并从别人对自己的态度及自己扮演的各种社会角色中,逐渐认识和了解自己。此时,他们逐渐摆脱对父母的依赖,开始更加重视与同伴建立亲密的友谊。在与同伴的交往中,他们进一步认识自己,对自己的过去、现在、将来产生一种内在的连续之感,也认识到自己与他人在外表、性格、能力等方面的相似及差异,认识到在社会生活中自己的现在与未来的关系,即心理学上的自我同一性。

6. 成人前期:亲密—孤独(20~24岁)

这是建立家庭生活的阶段,是获得亲密感、避免孤独感的阶段。亲密感是人与人之间的亲密关系,包括友谊和爱情。亲密的社会意义,是个人能与他人同甘共苦、相互关怀。亲密感在危急情况下往往会发展为一种互相承担义务的感情,它是在共同完成任务的过程中建立起来的。如果一个人不能与他人分享快乐与痛苦,不能与他人进行思想情感的交流,不相互关心与帮助,就会陷入孤独寂寞的苦恼情境之中。

7.成人中期:创造—停滞(25～65岁)

这是获得创造力,避免自私专注的阶段。这一阶段有两种发展的可能,一种可能是向积极方面发展,个人除关怀家庭成员外,还会扩展到关心社会上的其他人。他们在工作上勇于创造,追求事业的成功,而不仅是满足个人需要。另一种可能是向消极方面发展,即只顾自己以及自己家庭的幸福,而不顾他人的困难与痛苦,即使有所创造,其目的也完全是为了自己的利益。

8.成人后期:自我完善—悲观失望(65岁—生命结束)

这是获得完美感,避免失望感的阶段。如果前面七个阶段积极成分多于消极成分,就会在老年期汇集成完善感和充实感,觉得这一辈子过得很有价值,生活得很有意义,不惧死亡,并将死亡看作人生必然的一个部分。相反,如果消极成分多于积极成分,就会产生失望感,感到自己的一生失去了许多机会,走错了方向,想要重新开始又感到为时已晚,非常痛苦,非常绝望。

第二节　大学生自我意识的偏差及调适

在心理咨询中我们发现,部分大学生的自我意识存在偏差,他们不能正确看待自我,以致不能正确处理人际关系中的矛盾,不能正确对待学习、生活中遇到的问题。下面我们将对大学生常见的自我意识偏差进行分析,并提出自我意识的调适方法。

一、大学生自我意识的偏差

(一)过度自卑

心理学家阿德勒认为,自卑指以一个人认为自己或自己的环境不如别人的自卑观念为核心的潜意识欲望、情感所组成的一种复杂心理。许多大学生都有一定的自卑心理,轻度自卑没有什么太大负面影响,反而有助于化自卑为动力,促进自己战胜自卑,自我成长;过度自卑则对大学生的学习、生活都有负面影响。

过度自卑的人自我认识不客观,他们往往只看到自己的缺点而看不到自己的优点,常常感觉什么都不如别人,做事情没有信心,害怕失败,很多事情不敢尝试。一般来讲,自卑的产生与主客观因素及自我评价因素有密切的关系。令大学生自卑的原因可能包括家庭贫困、对自身外貌不满意、能力缺乏、学习困难、人际关系不好,等等。

过度自卑的人往往过分敏感,自尊心强。他们过分看重别人对自己的评价,任何负面的评价都会导致内心的激烈冲突,甚至扭曲别人的评价,他人真诚的夸赞也会被认为是挖苦。他们也非常敏感,别人不经意的一句话,都会在其内心引起波澜,胡乱猜疑。

过度自卑的人容易产生过大的心理压力和情绪问题,严重时还可能会产生过激行为。在大学校园里,也发生过因为过度自卑而产生过激行为的案例。

2010年3月底,成都某高校发生一起震惊国内的命案,曾经的县高考状元曾某持刀杀死一名女生、刺伤两名男生。成都市中级人民法院一审以故意杀人罪判处其死刑,剥夺政治权利终身。

曾某杀人的原因是因为自认被人嫌弃样貌丑,产生了自我厌弃和怨恨心理。他曾在日记中写道:"我觉得自己的经历和马加爵很像,从读大一的时候开始,就觉得被周围同学看不起,当时就曾想过效仿马加爵的做法。"他渐渐从原来每次听课坐在前排、争取奖学金的"好学生",变得不敢面对同学、不敢上课,甚至连最爱的篮球场也不敢去了。因为他觉得身边的人都对自己指指点点,"都在笑我丑,活着没意思"。在大学同学的记忆中,曾某与"丑"沾不上边。他只是太敏感,对自己严重不自信。

（二）过度自我接受

自我接受是指一个人尊重自己,对自己持肯定态度的情感体验。自我接受的人能够认可自己、肯定自己的价值,对自己的才能和局限、长处和短处都能客观评价、坦然接受,不会过多地抱怨和谴责自己。自我接受是心理健康的表现。而过度自我接受是指过高地估计自我,对自己的肯定评价超越自身的实际,是一种心理不健康的表现。

过度自我接受的人缺乏自知之明。他们常常用放大镜来看自己的长处,甚至把缺点也视为长处;却拿显微镜看他人的短处,认为别人这也不好,那也不好。他们认识问题常常带有一定的偏激和固执,对自己易提出过高的要求,承担无法完成的任务,当任务失败后,又容易引起情绪问题。

在人际交往方面,过度自我接受的人往往自以为是,唯我独尊,听不进别人的意见和建议,更不用说批评。他们无法真诚地与人交往,常常把自己的意志强加在别人身上,不能与人和睦相处。他们的人际交往模式是"我好,你不好""我行,你不行"。因此,他们不容易处理好人际关系,常常容易造成人际关系紧张。小晴就是这样一个女生。

小晴在新生刚入学不久就不喜欢同寝室另外三个同学。她认为其中一个同学花钱太抠,买东西五毛钱一元钱都要讲价,看着都让人讨厌;另一个同学太内向,几次想和她聊聊天她都不吱声;还有一个同学做什么事都不听自己的,让她陪自己取快递不去,让她陪自己逛街也不去,不够义气。小晴觉得没办法和她们长期相处,因此提出换寝室。

小晴的过度自我接受已经影响了她的人际交往,她总认为自己是对的,别人的做法都不对,即使换了寝室,她也难以和新室友建立好关系。

（三）以自我为中心

以自我为中心是大学生自我意识发展中常见的问题。大学阶段是自我意识发展最强烈的时期,大学生往往从自我的角度、标准去认识、评价和行动,容易出现自我中心的倾向。

以自我为中心的人常常具有以下表现:

（1）看问题只从自己的角度出发，不会换位思考，看问题比较主观，认为自己是这样别人也应该是这样。他们常采取这样的表达方式："我认为……""你们应该……""你这样做没尊重我"。

（2）很少主动关心别人，与他人关系疏远，时时事事都从自己的利益出发，不顾别人。有事则登三宝殿，而不求于人时，则对人缺乏热情，似乎人人都得为他服务。

（3）固执己见，唯我独尊，总是以自己的态度作为别人态度的"向导"，认为别人都应该与自己的态度一样。有时在明知别人正确时，也不愿意改变自己的态度或接受别人的态度，把自己的意志观点强加于人。他们对别人缺乏尊重，因此也难以与人平等交往。

在下面这个案例中，大学生小丹就是一名自我中心的受害者：

小丹觉得周围的同学都不理解自己，常常感到委屈。有次班上组织集体活动，大家建议到郊区骑游，但小丹觉得阳光强烈，不适合骑游，还不如在室内活动，如唱唱歌，结果不欢而散。此外，小丹还认为寝室条件太差，没有空调晚上睡不好，学校食堂饭菜也太难吃。她想就这些问题联系其他同学向学校反映，但别人都不予理会，她因此常在同学们面前抱怨。同学们越来越疏远她。小丹感到很委屈，她认为自己提的要求都合理，为什么大家不能理解自己呢？

（四）过分追求完美

追求完美是人类健康向上的本能，但过分追求完美则容易引起自我的适应障碍。美国著名精神病学家杰维·伯恩斯曾说过："过分追求完美，是取得成功的拦路虎，是自拆台脚的坏习惯。"

英属哥伦比亚大学的心理学家 Hewitt 将完美者的性格分为三种。第一种是"要求自我"型，这类人所追求完美的动力完全出于自己；第二种是"要求他人"型，即为别人设下高标准，不允许他人犯错误；第三种是"被人要求"型，他们总是感觉自己被期待着，所追求完美的动力是为了满足他人的期望。

根据加拿大心理学家丹妮尔·莫尔纳博士等进行的研究，追求完美也是一把双刃剑，会带来一系列危害。研究发现，完美主义者除了要承受心理压力外，身体也会遭受不利影响，与其他人相比更容易患上肠易激综合征、失眠症和心脏病，甚至可能早逝。

我们可以适度地追求完美，但不要过度追求完美。过分追求完美的人常有以下表现：

第一，对自己期望过高，期望自己完美无缺，不顾自己的实际状况，不肯接纳现实中平凡的或有缺点的自我。

第二，不能容忍自己"不完美"的表现，对自己不完美的地方过分看重，甚至把人人都会出现、都会遇到的问题看成是自己不完美的表现。

曾经有一个圆，因为缺了一角，所以很不快乐，于是，他动身去找所缺的一角，他一路向前滚动，一路唱"我要去寻找失落的一角"。他忍受着日晒，经受着寒冷，被冰雪冻僵，又被太阳温暖。由于缺了一角，他没法滚得太快。他有时候会停下来和小虫说说话，或者闻闻花的芳香；有时候他超甲虫的车，有时候甲虫超他的车；最愉快的是他和蝴蝶一起嬉戏的时光。

他渡过海洋和湖泊,穿过沼泽和丛林,翻越丘陵和高山。

终于有一天,他遇上了最合适的一角,总算找到了,他感觉真好。他把一角装上,成了一个完美的圆。他一路高兴地唱"我找到了我失落的一角"。因为不再缺少什么,他越滚越快,快得停不下来和小虫说说话,停不下来闻闻花香,停不下来和蝴蝶嬉戏,最后他再也不能歌唱了。他开始明白了点什么,停了下来,把那一角轻轻放下,从容地走开,又开始了一路歌唱"我要去寻找失落的一角"。

这个故事告诉我们,在追求完美的过程中,我们会在不知不觉中失去很多的东西,比如快乐。(出自谢尔·希尔弗斯坦绘本作品《失落的一角》)。

在下面这个案例中,大二女生小宁正是因为过分追求完美,而产生了沉重的心理负担。

小宁是一个追求完美的人,她任何事情都想做好。她很在意自己的穿着打扮,每一件衣服都精心挑选,每次外出都会精心打扮。作为学生会干部,她想把分配给自己的每一件事都做好,往往在别人懈怠时,她还在加班加点地工作,为此,她常常抱怨其他人不尽心。她又希望学习上取得优异的成绩,还想拿奖学金,因此常常深夜还在看书。她感到非常累却又任何一方面都不愿放弃。

二、大学生自我意识的完善

大学生要减少自我意识的偏差,不断完善自我意识,达到自我意识的和谐统一,才能得到有益的成长和发展。那么,大学生应该如何形成完善的自我意识呢?

(一)正确地认识自我

"人贵有自知之明",全面、正确地认识自我是培养健全自我意识的基础。大学生在认识自我的过程中,可以从以下几个方面入手:

1. 客观的自我观察

曾子说,"吾日三省吾身",这里的"省"就是自我观察的意思。大学生可以通过观察自己的心理活动来了解自己的内心世界,包括情绪波动、思想观念、心理冲突、内心需求等。长期的自我观察可以增强自我觉察能力,有助于形成更好的自我认识。

2. 科学的自我分析

大学生通过对自己的思想、性格、行为、能力等多方面进行客观的心理分析,概括出自己的心理品质,找出有别于他人的主要特点。可以常常问问自己:我是一个什么样的人? 我有什么优缺点? 我有哪些地方需要改进? 我将会成为一个什么样的人? 我应该怎样努力才能赶上和超过别人? 这些都是自我分析的过程。

3. 恰当的自我评价

大学生需要在自我观察和自我分析的基础上,对自己的各方面进行评价。一般来说,人们作出对自我的正确认识和恰如其分的评价是比较困难的。评价自己是比评价客观世界更复杂的过程,除了认识因素外,还会受到个体的需要、动机、观念等其他心理因素的影响,因此往往容易过高或过低评价自己。

大学生可以通过几种方式进行自我评价:一是通过他人对自己的评价来评价自我;二是通过与他人比较来评价自我;三是通过自己的活动表现和成果来评价自我。

【我来练练】

寻找自己的优点

1.6～8人一组,围成一个圆圈坐下。

2.写出自己的优点,越多越好。

_____

_____

3.小组同学再帮你补充。看看哪些优点被自己忽略了或者自己不知道。

4.向大家介绍自己的优点(3～5个),并举例说明自己的优点。

_____

_____

(二)积极地悦纳自我

悦纳自己,就是以接纳和喜欢的态度面对自己,不论是优点还是缺点,都无条件地接受它们是自己的一部分。虽然每个人都知道自我是最重要的,可总难免有人不能真正地尊重自己、爱惜自己。他们可以喜欢朋友,喜欢知识,喜欢自然,却不喜欢自己。能否悦纳自己是能否发展健康的自我体验的关键和核心。它关系到一个人是以积极的态度认可自我,形成自尊,还是以消极的态度拒绝自我,形成自卑。自尊者对自我充满信心,乐于接受对自我的教育和要求,从而有利于促进正确自我意识的形成;自卑者片面夸大自身的缺点短处,对自己持悲观态度,甚至否认自我存在的价值,从而会极大地阻碍正确自我意识的形成。

要学会悦纳自我,应注意以下几点:

1.无条件自我接纳

对自己身上发生的一切,无论是好的或坏的,有价值或无价值的,成功的或失败的,都要学会接纳。成功的、有价值的经历固然让我们欣喜,但痛苦的、失败的经历往往也能让人增长智慧,我们也要学会接纳它,并从中受到启发,为今后的生活提供养分。以下的案例可以让我们有所启发:

小罗失恋了,是他女朋友提出的分手。小罗很爱她,每天都要打电话或微信留言关心她,至少隔一天就要见面一起吃饭。如果哪天打电话对方没接,小罗就很担心她,会打电话向她的同学询问。小罗的女友感觉谈恋爱受拘束、很累,因此提出分手。小罗很痛苦,一度不能接受分手的现实,经常去找她,反而引起女方更大的厌烦。她打电话给小罗父母,让他们管管自己的儿子,让他不要再骚扰自己。之后,小罗虽然很痛苦,但也慢慢开始自我反省,他认识到自己内心没有安全感,对女友自我照顾的能力也不信任,因此出现了这种交往模式。后来,在咨询师的帮助下,小罗实现了自我成长,并迎来了新的爱情。

当然,大学生还需要接纳自己的缺点、不足等,比如接纳自己的外貌。事实上,许多缺点或不足并不会对一个人的学习、生活、工作产生太大的负面影响,就算有一些,影响往往也不大,比如外貌,就对人长远的社交和学业成长并没有太大影响。因此,我们要学会接纳这些缺点、不足,把它当作我们自己的一部分。

2. 建立和巩固良好的自我感觉

有些大学生常常忽略自己做得好的事情,却牢牢记住自己做得不好的事情,认为做得好的事情都微不足道,做得不好的事情都影响深远。长此以往,自我评价越来越低,自我感觉也越来越不好。大学生要学会巩固良好的自我感觉。经常想想成功的事和成功的原因,体会成功的喜悦;想想自己的进步,取得进步的理由,进步后给自己带来什么情绪体验;想想别人对自己好的评价和态度,以及自己得到肯定之后的感受——这就是"积极关注,关注积极"。这有助于建立和巩固良好的自我感觉,悦纳自己,提升自己的生命价值。

英国心理学家克列尔·拉依涅尔提出了10条帮助你增强自信心的规则:

(1)每天只照三遍镜子。清晨走出宿舍之前,对着镜子修饰仪表,整理着装,务必使自己的外表处于最佳状态。午饭后,再照一遍镜子,修饰一下自己,保持整洁。晚上就寝前洗脸时再照照镜子,消除对自己仪表的不必要担心,更有利于你将注意力集中到工作、学习上。

(2)不要总想着自己的身体缺陷。每个人都有各自的身体缺陷,完美无缺的人是不存在的,对自身的缺陷不要念念不忘,其实,人们往往并没有那么在意你的缺陷。只要少想这些,自我感觉就会更好。

(3)你感觉明显的事情,其他人不一定注意得到。当你在众人面前讲话感到面红耳赤时,你的听众可能只是看到你两腮红润,令人愉快而已。事实上你的窘态并没有那么容易被其他人发现。

(4)不要过多地指责别人。如果你常在心里指责别人,这种毛病就可能成为习惯。应逐渐地克服这种缺点,总爱批评别人是缺乏自信的表现。

(5)多数人喜欢的是听众。因此,当别人讲话时,不用急于用机智幽默的插话来博得别人对你的好感。你只要认真地倾听别人的讲话,他们就一定会喜欢你。

(6)为人坦诚,不要不懂装懂。对不懂的东西要坦白地承认,这不仅不会损害你的形象,还会给人以诚实可信的感觉。对别人的魅力和取得的成就也要勇于承认,并致以钦佩和赞赏。

(7)在自己的身边找一个患难相助、荣辱与共的朋友。这样在任何情况下你都不会感到孤独。

(8)不要试图用酒来壮胆提神。如果你害羞腼腆,那么就是喝干了酒瓶也无济于事。只要你潇洒大方,滴酒不沾也会受到大家的欢迎。

(9)拘谨可能使某些人对你含有敌意。如果某人不爱理你,不要总觉得自己有错。对于有敌意的人,不讲话虽不是最好的方法,但却是一种可以尝试的方法。

(10)一定要避免使自己处于一种不利的环境中。否则,当你处于这种不利情况时,虽然人们会对你表示同情,但他们同时也会感到比你地位优越而在心里轻视你。

【我来练练】

头脑风暴:战胜自卑的方法

1.4～6人为一个小组。

2.分组讨论:(1)如何帮助有自卑心理的朋友? (2)如果自己有自卑心理,可以采取什么方法战胜自卑?

3.每小组选一位代表发言,分享讨论成果。

(三)有效地控制自我

有效地控制自我是健全自我意识、完善自我的根本途径。大学生要提高自我控制的能力,合理安排自己的时间,树立适宜的目标,在追求目标的过程中不断信任自己、激励自己,哪怕遭遇挫折也不要轻易放弃。在实现目标的过程中不断完善自己。有些大学生对目标的认识缺乏自觉性和主动性,对目标的实现缺乏恒心和毅力,这将影响大学生的自我发展。

人本主义心理学家马斯洛研究人的自我实现时,有针对性地提出了完善自我的七点建议:

(1)把自己的感情出口放宽,莫使心胸像个瓶颈。

(2)在任何情境中,都尝试从积极乐观的角度看问题,从长远的利害作决定。

(3)对生活环境中的一切,多欣赏,少抱怨;有不如意之处设法改善,坐而空谈不如起而实行。

(4)设定积极而有可行性的生活目标,然后全力以赴求其实现,但不能期望未来的结果一定不会失败。

(5)对是非之争辩,只要自己认清真理正义之所在,纵使违反众议,也应挺身而出,站在正义一边,坚持到底。

(6)莫使自己的生活僵化,为自己在思想与行动上留一点弹性空间,偶尔放松一下身心,将有助于自己潜力的发挥。

(7)与人坦率相处,让别人看见你的长处和缺点,也让别人分享你的快乐与痛苦。

【心灵探索】

自我和谐量表

下面是一些有关个人对自己的看法的陈述。选择时,请你看清楚每一句话的意思,然后圈选一个数字来表示这句话与你现在对自己的看法的符合程度(从1到5依次为完全不符合、比较不符合、不确定、比较符合、完全符合)。每个人对自己的看法都有所不同,因而没有对错可言,请你如实回答。

1.我周围的人往往觉得我对自己的看法有些矛盾   1 2 3 4 5

2. 有时我会对自己在某些方面的表现不满意　　　　　　1　2　3　4　5

3. 每当遇到困难,我总是先分析造成困难的原因　　　　1　2　3　4　5

4. 我很难恰当地表达我对别人的情感反应　　　　　　　1　2　3　4　5

5. 我对很多事情都有自己的观点,但我并不要求别人也和我一样　　1　2　3　4　5

6. 我一旦形成对事物的看法就不会再改变　　　　　　　1　2　3　4　5

7. 我经常对自己的行为不满意　　　　　　　　　　　　1　2　3　4　5

8. 尽管有些时候得做一些不愿意的事,但我基本上是按自己的意愿办事的

　　　　　　　　　　　　　　　　　　　　　　　　　1　2　3　4　5

9. 一件事好就是好,不好就是不好,没什么可以含糊的　　1　2　3　4　5

10. 如果我在某件事上不顺利,就往往会怀疑自己的能力　　1　2　3　4　5

11. 我至少有几个知心的朋友　　　　　　　　　　　　　1　2　3　4　5

12. 我觉得我所做的很多事情都是并不应该的　　　　　　1　2　3　4　5

13. 不论别人怎么说,我的观点绝不改变　　　　　　　　1　2　3　4　5

14. 别人常常误解我对他们的好恶　　　　　　　　　　　1　2　3　4　5

15. 很多情况下我不得不对自己的能力表示怀疑　　　　　1　2　3　4　5

16. 我的朋友中有与我截然不同的人,但这并不影响我们的友谊　　1　2　3　4　5

17. 与别人交往过多,容易暴露自己的隐私　　　　　　　1　2　3　4　5

18. 我很了解自己对周围人的情感　　　　　　　　　　　1　2　3　4　5

19. 我觉得自己的目前处境与我的要求相距甚远　　　　　1　2　3　4　5

20. 我很少去想自己所做的事是否应该　　　　　　　　　1　2　3　4　5

21. 我所遇到的很多问题都无法自己解决　　　　　　　　1　2　3　4　5

22. 我很清楚自己是什么样的人　　　　　　　　　　　　1　2　3　4　5

23. 我能够很自如地表达我要表达的意思　　　　　　　　1　2　3　4　5

24. 有了足够的证据,我也可以改变自己的观点　　　　　1　2　3　4　5

25. 我很少考虑自己是什么样的人　　　　　　　　　　　1　2　3　4　5

26. 把心里话告诉别人不仅得不到帮助,还可能招致麻烦　　1　2　3　4　5

27. 在遇到问题时,我觉得别人总离我很远　　　　　　　1　2　3　4　5

28. 我觉得很难发挥出自己应有的水平　　　　　　　　　1　2　3　4　5

29. 我很担心自己的所作所为会引起周围人的误解　　　　1　2　3　4　5

30. 如果我发现自己在某些方面表现不佳,总希望尽快弥补　　1　2　3　4　5

31. 每个人都在忙自己的事情,很难与他们沟通　　　　　1　2　3　4　5

32. 我认为能力再强的人也会遇到难题　　　　　　　　　1　2　3　4　5

33. 我经常感觉到自己是孤立无援的　　　　　　　　　　1　2　3　4　5

34. 一旦遇到麻烦,无论怎样做都无济于事　　　　　　　1　2　3　4　5

35. 我总能清楚地了解自己的感受　　　　　　　　　　　1　2　3　4　5

计分方法及结果解释:

2、3、5、8、11、16、18、22、24、30、32、35 共 12 题为反向计分题,即选 1 得 5 分,选 2 得

4分,以此类推。其余题目为正向计分题,选几就计几分。

将所有题目的得分相加。得分越高,自我和谐程度越高。大学生中,低于74分为低分组,75～102分为中间组,103分以上为高分组。

【学以致用】

1. 我最欣赏的是……

每位同学按照下表写出未完成的语句:

我最欣赏自己的外表是:＿＿＿＿＿＿＿＿＿＿＿＿＿＿＿＿＿＿＿＿＿＿

我最欣赏自己对朋友的态度是:＿＿＿＿＿＿＿＿＿＿＿＿＿＿＿＿＿＿＿＿

我最欣赏自己对学习的态度是:＿＿＿＿＿＿＿＿＿＿＿＿＿＿＿＿＿＿＿＿

我最欣赏自己的第一次成功是:＿＿＿＿＿＿＿＿＿＿＿＿＿＿＿＿＿＿＿＿

我最欣赏自己的性格是:＿＿＿＿＿＿＿＿＿＿＿＿＿＿＿＿＿＿＿＿＿＿＿

我最欣赏自己对家人的态度是:＿＿＿＿＿＿＿＿＿＿＿＿＿＿＿＿＿＿＿＿

我最欣赏自己做事的态度是:＿＿＿＿＿＿＿＿＿＿＿＿＿＿＿＿＿＿＿＿＿

①请同学自愿到讲台对着全班同学大声读出自己所写的内容。

②有同学在分享时,请认真聆听,思考哪些与自己写的相同,哪些不同?

③通过自我欣赏和聆听他人的自我欣赏,发掘自我与他人的优点,增强自信和对人的信任。

2. 探索自我

(1)认识理想的我

我理想的身高:＿＿＿＿＿＿＿＿＿＿＿＿＿＿＿＿＿＿＿＿＿＿＿＿＿＿＿

我理想的体重:＿＿＿＿＿＿＿＿＿＿＿＿＿＿＿＿＿＿＿＿＿＿＿＿＿＿＿

我理想的相貌:＿＿＿＿＿＿＿＿＿＿＿＿＿＿＿＿＿＿＿＿＿＿＿＿＿＿＿

我理想的家庭状况:＿＿＿＿＿＿＿＿＿＿＿＿＿＿＿＿＿＿＿＿＿＿＿＿＿

我理想的文化程度:＿＿＿＿＿＿＿＿＿＿＿＿＿＿＿＿＿＿＿＿＿＿＿＿＿

我理想的经济状况:＿＿＿＿＿＿＿＿＿＿＿＿＿＿＿＿＿＿＿＿＿＿＿＿＿

我理想的人际关系:＿＿＿＿＿＿＿＿＿＿＿＿＿＿＿＿＿＿＿＿＿＿＿＿＿

我理想的个性特点:＿＿＿＿＿＿＿＿＿＿＿＿＿＿＿＿＿＿＿＿＿＿＿＿＿

我理想的兴趣爱好:＿＿＿＿＿＿＿＿＿＿＿＿＿＿＿＿＿＿＿＿＿＿＿＿＿

我理想的……:＿＿＿＿＿＿＿＿＿＿＿＿＿＿＿＿＿＿＿＿＿＿＿＿＿＿＿

(2)认识你自己

假如我是一种动物,我希望是因为＿＿＿＿＿＿＿＿＿＿＿＿＿＿＿＿＿＿

假如我是一朵花,我希望是因为＿＿＿＿＿＿＿＿＿＿＿＿＿＿＿＿＿＿＿

假如我是一棵树,我希望是因为＿＿＿＿＿＿＿＿＿＿＿＿＿＿＿＿＿＿＿

假如我是一种食物,我希望是因为＿＿＿＿＿＿＿＿＿＿＿＿＿＿＿＿＿＿

假如我是一种交通工具,我希望是因为＿＿＿＿＿＿＿＿＿＿＿＿＿＿＿＿

假如我是一部电影,我希望是因为＿＿＿＿＿＿＿＿＿＿＿＿＿＿＿＿＿＿

假如我是一种乐器,我希望是因为 _____

假如我是一种颜色,我希望是因为 _____

假如我有一种特异功能,我希望是因为 _____

①请同学们用 5 分钟时间填写上面的"投射活动表"。

②4~6 人一小组,小组成员根据各自填写的活动单的内容自由交谈 5 分钟。

③分享:对自我有什么新看法?

_____

_____

【身边的故事】

小李,男,21 岁,大二,因为经常感到焦虑而求助,自诉学习成绩无法提高,上课注意力不集中,有时感到悲观,不能进一步发展人际关系。

小李成长于一个大家族,整个家族虽然人口众多,但是晚辈中只有他一个男孩。从他记事的时候起,他就觉得自己受到了大家的宠爱。随着年龄增长,他时常会听到家族里面的叔伯姑婶夸他,说他是家族的继承人,希望他长大以后为家族争光。他也渐渐地把继承家族的责任视为自己人生的目标,至于争什么光,怎么争光,争光到什么程度,长辈并没有告诉他,在小李的心中从来也没有具体的概念。他也觉得自己在同辈中要高人一等,别人看他的眼光都带着艳美。当所有人都围着自己转的时候,小李心中也会产生一些愧疚,此时也愈发觉得自己的责任重大了。

但是,在成长的过程中,除了当家族的继承人之外,小李也不断地产生出自己的理想。进入大学以来,他希望在毕业后当个登山运动员的愿望越来越强烈。但他也知道自己没有当登山运动员的条件,于是退而求其次,希望能够经营一家登山运动用品店,在业余的时候可以到适合自己的地方登山。他设想自己虽然不富裕,但是经营赚的钱足够自己开销。如果自己愿意,就可以远离喧嚣的城市和激烈的竞争,到大自然中体会悠闲和舒适的心情。至于怎样成为一个这样的老板,现在还说不上。

小李虽然有理想和目标,但现实却是高考成绩并不理想,学的课程也不是自己喜欢的,和实现自己理想所需要的知识相差甚远。他希望各门功课都优秀,可却总是学不进去,上课和自学时经常走神,看到班上其他同学取得的优秀成绩,小李产生了紧迫感和自卑感。他觉得学习成绩都提不上去,要实现自己的理想就很难,更不用说继承家族的责任了。和同学及朋友的交往一般,不算好也不算差,没有可以相互支持的铁哥们儿。当看到那些成天吃喝玩乐的同学时,他又觉得他们是一群堕落的人,在从心里就瞧不起他们的同时,也害怕自己会成为和他们一样的人。

课堂讨论:

1. 小李的心理困扰有哪些?

_____

_____

_____

2. 这些困扰为何出现?

_____

_____

_____

个案点评:

小李的问题在于自我同一性的混乱。在他成长的过程中,产生了一个投射的自我,这个自我承担了继承和发扬家族的责任,而这个责任是他没有能力承担的。这个责任并没有具体的目标,我们可以认为长辈们并没有真的要小李承担家族的责任。这个自我形象的形成,只是小李在大家对他的评价中产生的。他的理想自我是做一个登山运动用品店的老板,现实中的自我是学习成绩并不好、处理人际关系的能力也很一般。这三个自我的差距是如此之大,当它们同时出现在小李身上时,就产生了自我的冲突。投射的自我产生了自傲的心理,现实的自我产生了自卑的心理,自傲和自卑使他无所适从,从而造成上述症状。

处理建议:

多角度认识自我:尽可能全面地认清自己的优点和缺点、特点和弱点。要认识到不管优点还是缺点,它们都是自己的一部分,没有这些优缺点就不成其为自己了。认清现在自己是一个什么样的人,希望以后自己是个什么样的人。根据对自己的认识,来评价是否有能力达到自己的目标,在此过程中,自己需要作些什么样的改变,同时,要避免投射的自我对成长过程的干扰。

【瞭望窗】

"周哈里窗"理论

心理学家鲁夫特与英格汉提出了"周哈里窗(Johari Window)"模式,"窗"是指一个人的心就像一扇窗(见表3-1),周哈里窗展示了关于自我认知、行为举止和他人对自我的认知之间在有意识或无意识的前提下形成的差异,由此分成四个部分,人的心理也是如此。

表3-1　周哈里窗

	自己知道	自己不知道
别人知道	1. 自由活动领域(公众我)	2. 盲目领域(背脊我)
别人不知道	3. 逃避或隐藏领域(隐私我)	4. 处女领域(潜在我)

1. 第一部分称为"公众我",属于自由活动领域。这是自己清楚别人也知道的部分,比如年龄、性别、外貌、婚否、职业、能力、爱好、特长、成就等。"公众我"的大小取决于自我心灵开放的程度、人际交往的广度、他人的关注度等。"公众我"是自我最基本的信息,也是了解自我、评价自我的基本依据。

2. 第二部分称为"背脊我",属于盲目领域。这是自己不知道而别人却知道的部分。可以是一些很突出的心理特征,比如有人看不到自己的某些能力,而别人发现了;也可以是不经意的一些小动作或行为习惯,比如一种得意的或者不耐烦的神态和情绪流露,除非别人告诉你,否则本人不会觉察。"背脊我"的大小与自我观察、自我反省的能力有关,通常内省特质比较强的人,"背脊我"比较小。而熟悉并指出"背脊我"的他者,往往也是关爱你的人,欣赏你的人,信任你的人(虽然也可能是最挑剔你的人)。所以,我们要学会用心聆听,重视他人的回馈,不固执,不过早下结论;学会感恩,是他们帮助自己拨开迷雾见青天。

3.第三部分称为"隐私我",属于逃避或隐藏领域。这是自己知道而别人不知道的部分。就是我们留在心底,不愿意或不能让别人知道的事实或心理。身份、缺点、往事、疾患、痛苦、窃喜、愧疚、尴尬、欲望、意念等,都可能成为"隐私我"的内容。适度的内敛和自我隐藏,给自我保留一个私密的心灵空间,避免外界的干扰,是正常的心理需要。没有任何隐私的人,就像住在透明房间里,缺乏自在感与安全感。但是"隐私我"太多,"公众我"就太少,如同筑起一座封闭的心灵城堡,无法与外界进行真实有效的交流与融合,既压抑了自我,也令周围的人感到压抑,容易导致误解和曲解,造成他评和自评的巨大反差,成为人际交往的迷雾与障碍,甚至错失机会。勇于探索自我者,不能只停留在"公众我"的层面,还应敢于直面"隐私我"的秘密和实质。

4.第四部分称为"潜在我",属于处女领域,这是自己和别人都不知道的部分,有待挖掘和发现。通常是指一些潜在能力或特性,比如一个人经过训练或学习后,可能获得的知识与技能,或者在特定的机会里展示出来的才干;这也包含弗洛伊德提出的潜意识层面,仿佛隐藏在海水下的冰山,力量巨大却又容易被忽视。对"潜在我"的探索和开发,才能更全面而深入地认识自我、激励自我、发展自我、超越自我。学着尝试一些全新的领域,挖掘潜力,会收获惊喜。勇于自我探索者,要善于开发"潜在我"。

第四章　大学生人格发展

导读：24 个比利

1977 年 10 月,美国俄亥俄州连续强暴案嫌犯、22 岁的比利·密里根(Billy Milligan)被警方逮捕,他被控抢劫并绑架强奸了 3 名妇女。但在案件的审理和调查过程中,他对自己犯下的罪行毫无记忆。接受法庭的精神心理评估后,比利被诊断为多重人格分裂症患者,被判无罪释放。

比利的母亲私生活比较混乱,父亲有严重的抑郁症,后自杀死亡,母亲多次改嫁,继父长期虐待他,除了殴打,还包括活埋、拔指甲等。在这样的环境里,比利一方面多次自杀企图逃避这个世界,另一方面他求生的本能又来保护自己,这两种力量扭结在一起,将比利撕成碎片……在比利体内总共有 24 个人格存在,这些人格不仅在性格上,甚至连智商、年龄、国籍、语言、性别等也都大相径庭。其中,有在他 3 岁的时候就分裂出的第一个人格小女孩克里斯汀,有 8 岁的承受者戴维、女同性恋阿达拉娜、流氓菲利普、职业骗子凯文、小丑利伊、工作狂马克、善脱逃的汤姆、胆小的丹尼、痛苦的大卫、聪明但傲慢的亚瑟、负责维护安全但暴躁的里根……每个人承担不同任务,他们轮流出现,不断地制造混乱。

经过将近 10 年的治疗,最后,一个融合了所有 23 个人格的完整比利——"老师"出现了,他成了第 24 个人格。1996 年,比利发表声明,称自己仍然为多重人格疾患所困扰,他希望把自己的故事拍成电影,得到的钱可以用来帮助那些受到虐待的孩子。2014 年 12 月 12 日,他在一家养老院去世,死于癌症,享年 59 岁。

无论是在小说、戏剧里,还是在现实生活中,处处可以看到形形色色、各具特色的人格,这是人格的特性。那么,什么是人格? 比利的人格是否健全? 健全的人格有哪些特征? 我们又该如何完善人格? 这就是本章要介绍的内容。

生活赋予了每个人独有的特质,造就了亿万个不同的个体。"人心不同,各如其面",每个人都有自己的人格,就像人的面孔一样千差万别、千姿百态。不同的人格影响和制约着不同的人生发展与成就。健全的人格能带给人们美好的生活体验和幸福的心灵,引导人们过适合自己个性的生活。大学时光是个体人格塑造的重要时期。大学生思维敏捷,勤于探索,这些特点为他们的人格塑造提供了良好条件。但由于年龄和阅历的限制,大学生有着意志较薄弱,情绪易波动,认知易歪曲等特点,这些特点又会阻碍大学生人格的完善。由此可见,大学生的人格并未真正定型,具有较强的可塑性。本章将引导同学们认识自己的人格,努力完善自己的人格,"种下行为,收获习惯;种下习惯,收获性格;种下性格,收获命运"。

第一节　人格概述

一、什么是人格

(一)人格的概念

"人格"在日常生活中有多种用法,这也反映出"人格"一词有不同的含义。当人们需要对某件事情表明立场和观点时总爱说"用我的人格担保",这里所说的人格,属于社会道德层面的解释,强调人品;当人们的人身权利受到侵害的时候会气愤地说"侵犯了我的人格!"这里所说的人格,属于法律意义上的概念,强调主体资格;而心理学上的解释,则是指人的个性,是一个人一切特性和行为方式的总和。

人格(personality)一词,最初源于拉丁文"persona",意指面具、脸谱,原指古希腊时期的演员为扮演角色而带上的面具,类似于中国的京剧脸谱,每一种图案和色彩通常对应一个特殊的性格角色。面具随人物角色的不同而变换,体现了角色的特点和人物性格。心理学沿用面具的含义,将其转义为人格。

虽然心理学家对人格的定义也是不统一的,但一般认为,人格是构成一个人的思想、情感和行为的特有统合模式,该模式包含了一个人区别于他人的稳定而统一的心理品质。这些稳定而异于他人的特质模式,给人的行为以一定的倾向性,它表现了一个由表及里的真实的个人。其中包含了两层意思:一是指一个人在人生舞台上所表现出来的种种言行,是人格所具有的"外壳",即人按照社会规则作出社会所要求的反应,表现出社会自我的外在人格品质。二是指一个人由于某种原因不愿展现的人格成分,即"面具"后不为人知甚至不为己知的内在人格特征。人格是个体在遗传基础上和社会生活实践的相互作用过程中所表现出来的独特的行为模式、思维方式和情绪反应。所以,如果个体能与社会环境相适应,就被视为正常人格;反之,如果个体的情绪反应、言行举止、态度、信仰体系和道德价值特征等都与周围环境格格不入,人际关系紧张,就会产生不正常行为,乃至出现各种人格障碍。

(二)人格的特点

心理学意义上的人格是一个含义丰富的概念,它包含如下几个特点:

1. 独特性

现实生活中我们常常发现,有的人思维敏捷,有的人木讷迟缓;有的人豪爽大气,有的人小气吝啬;有的人温和内敛,有的人粗犷豪迈;有的人懦弱退缩,有的人勇敢激进。不同的人具有不同的人格特征,这就是人格的独特性。每个人的遗传素质不同,生活环境不同,因而每个人都有自己独特的心理特点,他们在形体面貌、思维方式、语言表达方式、说话的声音特点、社会观念及处世态度、气质表现及情绪状态、性格表现及行为特征等方面存在着一定的差异。虽然人与人之间在某些心理或行为特征上有共同性,但从整体上来讲,每个人的人格都是独一无二的。

【我来练练】

下面有很多描述人格特点的词汇,找出你认为和你很接近的词汇。

友好的　可爱的　机智的　有益的　敏感的　讥讽的　轻率的　古怪的　热情的
迟钝的　快乐的　恶毒的　刻板的　冷漠的　平和的　细心的　坦白的　能干的
诚实的　狡猾的　忧虑的　可靠的　自私的　善良的　准时的　坚强的　冷僻的
幽默的　无情的　通情达理的　脾气急躁的

除了上面的词汇之外,你认为评价自己还可以加上哪些词汇?

_____

你和其他同学所选择的词汇一样吗?是什么造成了你们的不同?

_____

2. 稳定性

人格是在个人成长过程中逐渐形成的,某种人格特征一旦形成就具有相对的稳定性。人格的稳定性是指个体经常表现出来的心理和行为特点,它在不同的时空下都会表现出一致性。比如一个性格内向的大学生会在各种不同的场合下都表现出其内向的特点;一个在工作中喜欢竞争的人,在体育活动和休闲娱乐中也喜欢竞争。"江山易改,禀性难移"是这一特征的最好说明。但个人的行为中偶然表现出来的心理特征和心理倾向不能表征一个人的人格。比如一个处事总是很小心谨慎、循规蹈矩的人,偶然间表现出轻率马虎的举动。在这里,谨慎稳重是他的人格特征,而冲动轻率则不是。当然,人格的稳定性并不意味着人格是一成不变的,人格特征也可能会受到多种因素的影响而发生不同程度的变化,比如移民异地、严重疾病、巨大挫折等都有可能影响某些人格特征。

3. 统合性

人格虽然有多种成分和特质,如能力、气质、性格、需要、动机、态度、价值观等,但这些成分并不是孤立存在的,而是相互联系、交互作用,组成了一个有机的整体。人格的统合性体现在两个方面:首先,人格具有内在的一致性,受自我意识的调控。其次,个体的心理特征只有在人格的整体中,与其他人格心理特征的联系中才有确定的意义。当一个人的人格结构各方面彼此和谐一致时,其心理健康水平就相对较高;反之,如果他的行为经常由几种相互抵触的动机支配,就会出现适应困难,甚至出现"分裂人格",造成主人格与副人格之间缺乏同一感。

单身母亲金·诺布尔生活在英国伦敦南部克罗伊登市,47 岁的她患有一种罕见的多重人格分裂症。由于小时候受到过虐待,为了逃避现实,诺布尔从小就发展出了 20 个不同的"人格",后来稳定在 12 个左右,这使得她在现实生活中经常饱受"一人分饰多角"的折磨。为了减轻精神压力,她在一些医学志愿者的帮助下开始学习绘画。她体内每个"人格"的绘画风格都毫不相同,有的画风忧郁,有的画风明朗,有的爱画抽象画,还有的喜欢雕刻。由于诺布尔身上每个"人格"的绘画风格都如此不同,诺布尔曾一人代表"5"名参赛者报名参加英国奇切斯特市的一场艺术竞赛。她的画作屡屡在欧洲各地的艺术馆中展出,并被越来越多的艺术鉴赏家购买收藏。

4.功能性

人格的功能性是指其在一定程度上会影响个体的生活方式,进而影响个人事业成败和生活的质量。人格是一个人生活成败、喜怒哀乐的根源,比如面对压力与失败,意志品质坚定的人会迎难而上、坚持不懈;意志缺乏的人则会懦弱逃避、一蹶不振。古希腊哲人赫拉克利特曾说:"一个人的性格就是他的命运。"这就体现了人格的功能性。这并不是说,不同的性格决定了不同的命运,而是说一个人应该认清自己的个性,知道自己究竟是什么样的人,也就知道了自己究竟要什么。过最适合他个性的生活,就是最好地生活。

二、人格的心理结构

人格是由不同成分构成的一个结构系统,它包括许多成分,主要有气质、性格、认知风格、自我意识等,不同成分从不同侧面反映个体的差异。

(一)气质

在日常生活中,人们一提到气质,就和风度、气度联系起来。在评价某人的言谈举止时,都会自然用到"气质"。这里所说的气质,准确地说是气度。而心理学上谈气质,更多的是一种人格状态,是表现在心理活动的强度、速度、灵活性与指向性等方面的一种稳定的心理特征,即我们平时所说的脾气秉性,包括一个人言谈举止的敏捷性、注意力集中和转移的速度、思维活动的灵活性、稳定性和倾向性等。这些特征来自遗传因素,是先天形成的,它受个体生理基础的制约,是人格中最稳定的成分。孩子刚一出生,最先表现出来的差异就是气质差异,有的孩子好动活泼,有的孩子安静稳定。气质使个体的整个心理活动表现带上了个人色彩,如有的人待人热情,善于交际,情感丰富,富于同情;有的则待人冷淡,不苟言笑,行动迟缓。

气质是一个古老的概念。最早提出气质学说的是古希腊医生希波克拉底(Hippocrates,公元前 460—前 377)。他根据长期的医学实践提出了著名的"体液说",即认为人体内有血液、黏液、黄胆汁、黑胆汁四种液体,这些液体混合比例是不同的。他由此把人分为四种类型:血液占优势属于多血质,黄胆汁占优势属于胆汁质,黏液占优势属于黏液质,黑胆汁占优势属于抑郁质。约 500 年后,罗马医生盖伦(Galen,约 130—200 年)将体液的混合比例用拉丁语 temperameteun 表示,此即近代气质一词 temperament 的词源。纵然后来的研究发现,他们根据人体体液所提出的气质学说并不合乎现代医学的认识,但这种象征性的分类有其合理性,因而他们关于气质的命名一直被沿用至今。"体液说"所提出的四种气质类型具体表现如下:

1.胆汁质

此类气质表现为精力旺盛,性情急躁,易于冲动。这种人情绪体验深刻,爆发迅猛,平息快速;反应迅速,思维敏捷,但抑制能力差,准确性差;争强好斗,遇事欠考虑,较鲁莽;有时感情用事,刚愎自用,傲慢不恭。这种人的心理活动,其显著特点是兴奋性高,不均衡,带有快速而突发的色彩。

2.多血质

此类气质表现为情感丰富、活泼开朗。这种人亲切热情,富于同情心;情绪反应快并明显外露,但体验不深刻;思维敏捷,反应速度快而灵活,适应性强,但不求甚解;活泼好动,但注意力容易转移,兴趣易变,缺乏耐力和毅力,稳定性差;语言的表达力与感染力强,善于交际,但深交不多。这种人的心理活动,其显著特点是有很高的灵活性,容易适应变化的生活环境。

3.黏液质

此类气质表现为情绪平稳。这种人情绪平淡,不易激动,而一旦被激起,就极其强烈、深刻而稳固;喜欢沉思,考虑周到,沉着稳重,善于自制,耐受力高,内刚外柔,交往适度;但主动性较差,反应缓慢,注意力稳定且难转移,思维灵活性差。这种人的心理活动,其显著特点是安静、均衡。

4.抑郁质

此类气质表现为多愁善感。这种人情绪体验深刻、细腻持久、内向;观察细微,思维敏锐,想象丰富;踏实稳重,自制力强;但言行缓慢,软弱胆小,优柔寡断,不善交际,孤僻离群。这种人的心理活动,其显著特点是迟缓、内向。

在现实生活中,单纯属于某一种气质类型的人数量极少,绝大多数人是以一种气质类型为主,兼有其他一种或两种气质类型。

气质是人的天性,无好坏之分,各类气质各有其利弊。气质不能决定一个人的社会价值,也不具有任何道德评价含义。换一句话说,一个人的热情好动或者冷淡沉静,并不影响他成为一个道德高尚,有益于他人和社会的人。但是,不同的气质类型对心理健康水平却是有影响的。在环境不良的情况下,那些典型的胆汁质或抑郁质,尤其是胆汁质—抑郁质混合型的人,遇到挫折后往往不能很好地处理压力与情绪,长期下去会影响心理健康水平。

苏联心理学家维达多夫曾用一个故事形象地描述了四种基本气质类型的人在同一情境中的不同表现:四种气质类型的人去剧院看戏,但同时迟到了。胆汁质的人和检票员大吵,企图闯入剧院;多血质的人明白检票员不会放他进入剧场,但他会绕过检票员从其他的通道入场;黏液质的人会等待一会儿,等到幕间休息时再进去;抑郁质的人会觉得自己的运气不好,很倒霉,接着就回家去了。

【我来练练】

气质类型测试

下面60道题大致可确定你的气质类型。若与你的情况"很符合"计2分,"较符合"计1分,"一般"计0分,"较不符合"计-1分,"很不符合"计-2分。

1.做事力求稳妥,一般不做无把握的事。

2. 遇到可气的事就怒不可遏,想把心里话全说出来才痛快。

3. 宁可一个人干事,不愿很多人在一起。

4. 到一个新环境很快就能适应。

5. 厌恶那些强烈的刺激现象,如尖叫、噪声、危险镜头等。

6. 和别人争吵时,总是先发制人,喜欢挑衅别人。

7. 喜欢安静的环境。

8. 善于和人交往。

9. 羡慕那种善于克制自己感情的人。

10. 生活有规律,很少违反作息制度。

11. 在大多数情况下情绪是乐观的。

12. 碰到陌生人觉得很拘束。

13. 遇到令人气愤的事,能很好地自我克制。

14. 做事总是有旺盛的精力。

15. 遇到问题总是举棋不定,优柔寡断。

16. 在人群中从不觉得过分拘束。

17. 情绪高昂时,觉得干什么都有趣;情绪低落时,又觉得什么都没有意思。

18. 当注意力集中于一事物时,别的事很难使我分心。

19. 理解问题总比别人快。

20. 碰到危险情景,常有一种极度恐怖感。

21. 对学习和工作,怀有很高的热情。

22. 能够长时间做枯燥单调的工作。

23. 符合兴趣的事情,干起来劲头十足,否则就不想干。

24. 一点小事就能引起情绪波动。

25. 讨厌做那些需要耐心、细致的工作。

26. 与人交往不卑不亢。

27. 喜欢参加热烈的活动。

28. 爱看感情细腻、描写人物内心活动的文艺作品。

29. 工作学习时间长了,常感到厌倦。

30. 不喜欢长时间谈论一个问题,愿意实际动手干。

31. 宁愿侃侃而谈,不愿窃窃私语。

32. 别人总是说我闷闷不乐。

33. 理解问题常比别人慢些。

34. 疲倦时只要短暂休息就能精神抖擞,重新投入工作。

35. 心里有事宁愿自己想,不愿说出来。

36. 认准一个目标就希望尽快实现,不达目的,誓不罢休。

37. 与别人工作学习同样一段时间后,常比别人疲倦。

38. 做事有些莽撞,常常不考虑后果。

39. 老师或他人讲授新知识或者技术时,总希望他讲得慢些,多重复几遍。

40. 能够很快地忘记那些不愉快的事情。

41. 做作业或完成一项工作总比别人花的时间多。

42. 喜欢运动量大的剧烈体育运动,或者参加各种文艺活动。

43. 不能很快地把注意力从一件事情转移到另一件事情上去。

44. 接受一个任务后,就希望把它迅速解决。

45. 认为墨守成规比冒风险强些。

46. 能够同时注意几件事情。

47. 我烦闷的时候,别人很难使我高兴起来。

48. 爱看情节起伏跌宕、激动人心的小说。

49. 对工作抱认真严谨、始终一贯的态度。

50. 和周围人的关系总是相处不好。

51. 喜欢复习学过的知识,重复做能熟练做的工作。

52. 希望做变化大、内容多的工作。

53. 小时候会背的诗歌,我似乎比别人记得清楚。

54. 别人说我"出语伤人",可我并不觉得这样。

55. 在体育活动中,常因反应慢而落后。

56. 反应敏捷,头脑机智。

57. 喜欢有条理而不甚麻烦的工作。

58. 兴奋的事常使我失眠。

59. 老师讲新概念,常常听不懂,但是弄懂了以后很难忘记。

60. 假如工作枯燥无味,马上就会情绪低落。

计分说明:

胆汁质题号:2、6、9、14、17、21、27、31、36、38、42、48、50、54、58

得分:_____

多血质题号:4、8、11、16、19、23、25、29、34、40、44、46、52、56、60

得分:_____

黏液质题号:1、7、10、13、18、22、26、30、33、39、43、45、49、55、57

得分:_____

抑郁质题号:3、5、12、15、20、24、28、32、35、37、41、47、51、53、59

得分:_____

①如果某一项或两项的得分超过20分,则为该项典型气质。

②如果某一项或两项以上得分在10~20分,其他各项得分较低,则为该项一般气质。

③若各项得分在10分以下,但某项或几项得分较其余项高(相差5分以上),则为略倾向于该项气质(或几项的混合)。

④一般来说,正分值越高,表明该项气质特征越明显;反之,正分值越低或得负分值,表明越不具备该项气质特征。

思考:

①你认为测验是否符合你的实际情况?_____

②气质具有与生俱来的特点,不分好坏,它的改变需要一个缓慢的过程。你可以尝试接纳自己的哪些气质特点？＿＿＿＿＿＿＿＿＿＿＿＿＿＿＿＿＿＿＿＿＿＿＿＿＿＿＿

③你将如何根据自己的气质特点开展学习和活动？＿＿＿＿＿＿＿＿＿＿＿＿＿＿

＿＿＿

(二)性格

在日常生活中人们常常将"人格"与"性格"混为一谈。在心理学上一般将性格看作人格的组成部分。性格是人对现实的较稳固的态度和与之相适应的习惯化行为方式,表现了人们对现实与周围世界的态度,包括对自己、对别人、对事物的态度。性格是由先天遗传因素为基础,在后天特定环境、条件长期刺激下而形成的。人与人之间,气质可能相同或相近,而性格却不可能相同,生活环境和生活条件的纷繁复杂,导致了人们性格的多样性。

性格受个体生物学因素和后天社会环境共同影响,既有一定的稳定性,又会在社会生活中逐渐变化。一般情况下,性格是可以改变的,所谓"近朱者赤,近墨者黑"就是这个道理。性格是与社会联系最密切的人格特征,它表现了个体对客观现实的态度,并从其言谈举止中体现出来。性格也有好坏之分,它直接反映了一个人的道德风貌,受人的价值观、世界观和人生观影响,如有的人自私自利,有的人厚道宽容。但有些性格中习惯化的行为方式就与道德评价无关,如迟钝与敏捷、外向与内向、沉默与健谈。

性格的结构很复杂,由多成分、多侧面交织在一起构成,包括态度特征、意志特征、情绪特征和理智特征。性格的各种特征不是简单的堆积,而是有机的结合,它们相互联系又相互制约,表现为一个完整的整体。

正是因为性格的整体性,我们常常通过一个人的某个性格特点来推测他性格的其他特点,比如一个认真诚实、刻苦奋斗的人,通常也会在意志特征方面表现为有毅力,不畏惧困难。但同时,性格也具有一定的多面性,一个人的性格会随着个人角色的转变、环境和情境的变化以及自我要求的不同而呈现出不同的侧面。可以根据不同的性格分类,从不同角度来反映人们的性格特点。

1. 外向—内向型

按照个体的心理倾向,性格可分为外倾型和内倾型。外倾型的人心理活动倾向于外部,总是关注外界所发生的事情,追求刺激,喜欢变化与挑战,敢于冒险;性格活泼开朗,随和乐观,对人热情,善于交际,感情易于外露,处事不拘小节,独立性较强;但有时冲动、粗心,自制力和坚持性不足。内倾型的人心理活动倾向于内部,做事计划性强,感情含蓄,处事谨慎,自制力强;富于想象,情绪体验深刻;但性情安静、内省,生活有规律,不善交际,显得孤僻、拘谨、优柔寡断。

有三分之一到二分之一的人是内向的。很多人觉得外向比内向好,外向的人具有更好的人际关系、领导能力、创造力,甚至是成就。但事实上,内向者一样拥有自己的力量。内向和害羞是不同的,内向的人不是害怕社会评论,相反,他们很渴求大量的鼓舞和激励,只是当他们在更安静、更低调的环境中时,能够更好地发挥自己的长处。宾夕法尼亚大学沃顿商学院的亚当·格兰特教授作了一项很有意思的研究:这项研究表明,内向的领导相对外向的领导会产生更大的效益,因为当他们管理主动积极的雇员的时候,他们更倾向于让有主见的雇员去自由发挥。反之,外向的领导就可能在处事时较激动,在事务上有自己的想法,这使得其他人的想法不容易被采纳。历史上一些有改革能力的领袖也都是内向的人,比如埃莉诺·罗斯福、罗沙·帕克斯、甘地,这些人都把自己描述成内向、说话温柔甚至是害羞的人。事实上,没有绝对的内向或外向的人,也没有所谓更好的性格。卡尔·荣格也认为,世上绝没有一个纯粹的内向的人或者一个纯粹的外向的人,这样的人会在精神病院里,大多数人都是处在中间的状态。在内向与外向之间,我们称这些人为"中向性格者",这些人反而拥有更多美好的品质。我们的性格需要一种更好的平衡,然后帮助我们找到适合自己的位置,把我们的天赋发挥到最大化。

2.理智—情绪—意志型

性格按照情绪的控制程度可分为理智型、情绪型和意志型。理智型的人善于以理智支配自己的行动,处事谨慎,但容易瞻前顾后,不够果断;情绪型的人情绪体验深刻,待人热情,做事大胆,但举止容易受情绪左右,情绪容易起伏,有时比较冲动;意志型的人具有较明确的目标,行为积极主动,自制力强。

3.独立—顺从型

按照个体独立性程度,性格可分为独立型和顺从型。独立型的人不易受外来事物的干扰,有坚定的信念,善于独立地判断事物、发现问题和解决问题,自信果断,敢于坚持自己的意见,但有时会把自己的意志强加于人,显得固执己见、不够合群;顺从型的人服从性好,随和谦虚、易与人合作,但独立性较差,缺乏主见,易受暗示,容易接受别人的意见,在紧急情况下易失去掌控、惊惶失措。

4.A、B、C型

按照人的行为方式,可分为A、B、C型性格。A型性格的人个性强,追求成就,有很强的事业心,做事积极主动、勇于进取;时间观念强,行动匆忙,总想一心二用;事无巨细,必要躬亲;情绪容易急躁易怒、缺乏耐心。B型性格的人情绪稳定,性情随和,不喜欢与人争斗;不争名利,对成败得失看得较淡,不太在意成就的大小;生活从容不迫,对工作生活较容易满足。C型性格的人感情内向,勤于思索,注重人际和谐,忍让自律,不爱招惹是非,但不善于表达,过分压抑自己的情感,尤其是焦虑、抑郁等负性情绪;害怕竞争,逆来顺受,爱生闷气。通过大量实验和调查表明,A型性格是发生冠心病、高血压的重要因素,A型性格的人容易激动、紧张、气愤,这成为心血管疾病的重要诱因。国内外的研究还发现,C型性格过度压抑会严重妨碍人体的免疫机能,使这种机能不能充分发挥抗癌作用,因此易患癌症。

一般来说,典型性格类型的人并不多,多数人处于两极之间,或偏向某一种类型。人们都有好的性格特征,也有不好的性格特征,每个人都可以积极面对自己的性格,对其进行优化和改造。

【我来练练】

A型性格测试

这是美国心理学家编制的A型性格测量问卷。根据你的实际情况,对所提问题回答

"是"或"否"。

1. 你说话时会刻意加重关键字的语气吗?

2. 你吃饭和走路时都很急促吗?

3. 你认为孩子自幼就该养成与人竞争的习惯吗?

4. 当别人慢条斯理做事时你会感到不耐烦吗?

5. 当别人向你解说事情时你会催促他赶快说完吗?

6. 挤车或在餐馆排队你会感到生气吗?

7. 聆听别人谈话时你会一直想你自己的问题吗?

8. 你会一边吃饭一边写笔记吗?

9. 你会在休假之前先赶完预定的一切工作吗?

10. 与别人闲谈时你总是提到自己关心的事吗?

11. 让你停下工作休息一会儿时,你会觉得是浪费时间吗?

12. 你是否全心投入工作而无暇欣赏周围的美景?

13. 你是否觉得宁可务实而不愿创新或改革?

14. 你是否尝试在限制时间内做出更多的事?

15. 与别人有约时你是否绝对遵守时间?

16. 表达意见时你是否握紧拳头以加强语气?

17. 你是否有信心再提升你的工作业绩?

18. 你是否觉得有些事情等着你立刻去完成?

19. 你是否觉得对自己工作效率一直不满意?

20. 你是否觉得与人竞争时非赢不可?

21. 你是否经常打断别人的讲话?

22. 看见别人迟到时你是否会生气?

23. 用餐时你是否一吃完就立刻离席?

24. 你是否经常有匆匆忙忙的感觉?

25. 你是否对自己近来的表现不满意?

回答"是"的题目超过半数,为 A 型;否则为 B 型。如果你回答"是"的题目超过半数,你就应该改变生活习惯,放慢生活节奏,改善你的性格。

(三)认知风格

认知风格又称认知模式、认知方式,是指个体在认知过程中所表现出来的习惯化的行为模式,即个人所偏爱使用的信息加工方式。比如有的人喜欢通过分析现状、寻找线索来解决问题,有的人则喜欢通过直觉感受来解决问题。认知风格具有一定的稳定性,有的认知风格甚至从儿童时期就开始形成,并保留至成年阶段。

认知风格有许多种,主要包括场独立性和场依存性、冲动和沉思、整体和分析、同时性和继时性等。下面我们将对与个体心理健康有着密切关系的场独立性和场依存性作介绍。

美国心理学家赫尔曼·威特金(Herman Witkin)等从 1940 年开始研究认知风格,发现了认知风格的个体差异,即场独立性和场依存性的差异,这种差异主要表现在个体对外部环境的不同依赖程度上。"场"就是外界环境,它包含事物或人。场独立性的人主要依据内在标准来加工信息,有很强的个人定向,且比较自信,自尊心较强,但与人交往时缺乏敏感的感受;而场依存性的人在信息加工时依赖于"场",主要依靠外在参照来处理信息,与人交往时对他人的感受敏感,较易于接受别人的暗示,他们往往力图使自己与社会环境相协调,因而在形成自己的观点与态度时会更多地考虑所处的社会环境。

整体来说,场独立性和场依存性并无好坏之分,但二者的差异会表现在心理活动的很多方面。通常场独立性的人在认知活动中表现出比较明显的优势,他们善于抓住问题的关键,能灵活运用已学知识来解决新的问题,在学习兴趣方面更倾向于理论原理、数理知识。场依存性的人则在人际交往中表现得较好,他们喜欢学习一些具体的知识,更倾向于从事文学社会类职业。

1949年,心理学家威特金等人在为美国空军服务时发现了一种非常独特的心理差异。在实验室里,有一个可以旋转的大房子,称为斜屋,房子中有可以旋转的椅子,称为斜椅。受测者坐在椅子上,实验开始时,房子和椅子都是倾斜的,要求受测者调整自己,与水平线保持垂直。结果发现,有些被试在离垂直度差35度的情况下,仍然坚持认为自己是完全坐直的;而有些人则在椅子与倾斜的房间看上去角度明显不正的情况下,能使椅子非常接近于垂直状态。经过深入研究后,心理学家们发现,导致差异的根本原因是人们的判断依据不同。有的人是依靠外在线索——房子来进行判断,有的人则是依靠内在线索——平衡视觉来进行判断,不同的线索导致了不同的判断差异。威特金认为,这种差异是一种人格差异,命名为"场依存性-场独立性"。

心理学家现在采取的实验方法,更多的是"镶嵌图形测验"(见图4-1)。图片右上角是一个简单的几何图形,被试要从其他复杂图形中辨认出这一简单图形。有些人能够快速指出简单图形,不会为周围的线条而分散精力;而有些人则需花费较长的时间才能辨别出来。这说明,人们在知觉过程中确实具有场依存性与场独立性的差异。

简单图形

图4-1　镶嵌图形测验的例子

(四)自我意识

自我意识是人格中的内控系统或自控系统,具有自我认知、自我体验、自我控制三个子系统,能够对人格的各种成分进行调控,保证人格的完整、统一及和谐。个体的兴趣、能力、性格、情感、意志、道德和行为等,无一不受到它的影响。相关详细内容请见第三章《大学生自我意识》。

第二节 大学生人格的完善

一、健康人格的理论及模式

早在 20 世纪 20 年代,人格心理学家奥尔波特就提出了"成熟人格"的概念,自此很多心理学家涉足健康人格的研究,并认为健康人格者能有意识地控制自己的生活,具有自我同一性,能正视现实,具备情绪调节能力,有责任感,有目的性,有创新和开拓精神等。但不同的人格心理学家理解人格的视角、思路和框架并不相同。在此介绍三种基本的健康人格理论。

(一)弗洛伊德的健康人格观——正视并建设性满足自己愿望的人

精神分析学派是现代心理学的重要流派之一,该学派的创始人和代表人物是奥地利精神病学医生弗洛伊德(Sigmund Freud, 1856—1939)。弗洛伊德的理论主要来源于对精神病人的临床治疗经验,他重视异常行为的分析,强调心理学应该研究潜意识现象。主要理论包括人格动力——生本能和死本能,人格结构——本我、自我和超我,影响人格的因素——创伤与潜意识等。

1. 人格结构

弗洛伊德认为人格由三层结构组成:本我、自我、超我。

(1)本我:位于人格结构的最低层,是由先天的本能、欲望组成的能量系统,包括各种生理需要,如饥、渴、性。本我是无意识的,非理性的,遵循快乐原则行事。例如婴儿感到饥饿时即要求立刻喂奶,决不考虑母亲有无困难。日常生活中,那些特别容易冲动、以自我为中心的人,那些不懂得调和个人需要与社会规则间关系的人,都是本我没有得到适当控制的人。

(2)自我:位于人格结构的中间层,是个体出生后,在现实环境中,从本我中分化发展而产生的。由本我而来的各种需求,如果不能在现实中立即获得满足,它就必须接受现实的限制,学习如何在现实中获得需求的满足。自我介于本我与超我之间,对本我的冲动与超我的管制具有缓冲与调节的功能,遵循现实原则行事,通过理智的判断,自我设法延迟满足本我的欲望,直到能够安全和成功地得到满足。

(3)超我:位于人格结构的最高层。超我不是与生俱来的,而是个体在生活中接受社会文化道德规范的教养而逐渐形成的,是道德化的自我。超我有两个重要部分:一为自我理想,是要求自己的行为符合自己理想的标准;二为良心,是规定自己行为免于犯错的限制。

超我的作用是:抑制本我的冲动;对自我进行监控;追求完善的境界。超我遵循道德原则行事,一个受严厉超我支配的母亲可能会对自己提出很高的要求,希望自己成为完美的母亲,结果常常对自己和孩子感到失望。

人格结构中的三个层次相互交织,形成一个有机的整体。它们各尽其责,分别代表着人格的某一方面:本我反映人的生物本能,是"原始的人";自我寻求在环境允许的条件下让本能冲动能够得到满足,是人格的执行者,是"现实的人";超我追求完美,代表了人的社会性,是"道德的人"。在通常情况下,自我在本我、现实和超我三个"主人"之间斡旋。自我要努力调节本我与现实的关系,力求使本我以现实社会能接受的方式得到满足,同时又要应付按道德和规则行事的超我,如果自我没有按照它的要求做,它就会惩罚自我,使自我产生道德焦虑。成熟的自我能够使本我、现实和超我处于协调和平衡状态,保证人格的正常发展。如果三者失调乃至被破坏,就会危及人格的发展。

【我来练练】

中国古典名著《西游记》中,唐僧、孙悟空、猪八戒、沙僧师徒四人各有特点。如果用弗洛伊德人格结构的本我、自我、超我来描述,你觉得他们更像哪一种"我"的外化形象呢?

_____

_____

_____

_____

师徒四人中,唐僧的超我最强,沙僧的自我最成熟,猪八戒的本我很突出,孙悟空最初具有极强的自我,但是在五行山下被唐僧救下后陪唐僧西行取经,这就是一个被唐僧(超我)不断约束的过程,也使孙悟空最终发展出更加成熟的自我。

2. 弗洛伊德的健康人格特征

弗洛伊德创立的精神分析学派是第一个真正意义上的人格心理学理论体系,但其并没有对健康人格者的特征进行具体罗列,此处引用杨眉的整理。

健康人格者具有成熟的自我,能正视而非压抑自己本我中的冲动,尽可能地用理性的眼光去看待无意识中被压抑的东西,然后以社会和个人都能接受的方式恰当地表达并满足内心的愿望。健康人格者的特质可以归纳为以下三点。

第一,认识自己。健康人格者能够认识到自己内在的冲突,了解冲突产生的意义。这是预防并治疗心理问题的基础,也是人格成长的前提。

第二,接纳自己。如果我们过分压抑自我,强加给自己很多责任和义务,时间久了,就会出现不良症状。弗洛伊德曾说:"我们知道,人们的禀赋各异,承受应付文化要求的能力各有其不同的限度。苛求于己,超过其本性所能承担,则将为心理症所苦。如果人们多容忍些自己的不完美,日子就会好过得多。"健康人格者不过度自我压抑,他们更能接纳自己的局限和不足,在追求卓越的过程中懂得接纳并容忍自身的不完美。

第三,能对自身的能量作建设性分配。健康人格者会以建设性的方式处理自己的内在心理冲突并分配自己的能量。面对冲突,他们会分配一部分能量到自我压抑上,但也会将一部分能量分配到爱世界、爱身边的人以及工作甚至创造上,将能量升华。

(二)奥尔波特的健康人格观——成熟的人

奥尔波特(G. W. Allport,1897—1967)于 1937 年首次提出了人格特质理论,认为特质是决定个体行为的基本特性,是人格的有效组成元素,也是测评人格所常用的基本单位。

1. 人格特质

奥尔波特把人格特质分为两类:一类是共同特质,指在某一社会文化形态下,大多数人或一个群体所共有的、相同的特质,比如蒙古族的豪放、维吾尔族的活泼等。另一类是个人特质,指个体身上所独具的特质。个人特质依其在生活中的作用又可分为三种:首要特质、中心特质、次要特质。首要特质是一个人最典型、最有概括性的特质;中心特质是构成一个人独特性的几个重要特质,在一个人身上有 5 ~ 10 个中心特质;次要特质是个体不太重要的特质,只在少数特殊情况之下才表现出来。以《红楼梦》中的林黛玉为例,在她身上有许多的人格特质,多愁善感就是她的首要特质,而清高、率直、聪慧、孤僻、内向、抑郁、敏感等则是她的中心特质,冷漠是她的次要特质。

塔佩斯(Tupes,1961)发现人格有 5 个相对稳定的特质因素,被称为"大五因素模型"。该人格模型被众多心理学家认为是目前人格结构最好的模式。这五个因素如下:

①开放性:具有想象、审美、情感丰富、求异、创造、智能等特质;

②责任心:显示了胜任、公正、有条理、尽职、成就、自律、谨慎、克制等特质;

③外倾性:表现出热情、社交、果断、活跃、冒险、乐观等特质;

④宜人性:具有信任、直率、利他、依从、谦虚、移情等特质;

⑤神经质或情绪稳定性:具有焦虑、敌对、压抑、自我意识、冲动、脆弱等特质。

我国心理学家王登峰等人对中国人人格结构进行了深入研讨,得出了"大七"人格结构。其中的七个特质是:外向性、善良、行事风格、才干、情绪性、人际关系和处世态度。"大七结构"更加符合中国人的实际情况,更加接近中国人人格的真实状态。

2. 奥尔波特的健康人格特征

奥尔波特毕生致力于研究健康的人,他在哈佛大学长期研究高心理健康水平的人,把他们称作"成熟者",并从他们身上归纳出六个特征:

(1)具有持续扩展自我的能力。成熟者喜欢接受新事物,拥有许多朋友,把自己投入多种爱好和活动当中,通过这些活动不断地发展自我。

(2)具有爱与同情的能力。成熟者能以健康的方式与他人建立亲密而深刻的关系,他们富有同情心,对他人没有占有感,能容忍自己与别人在价值和信念上的不一致。

(3)具备安全感并能自我认可。成熟者接纳自我,因此具有情绪上的安全感,能忍受生活中不可避免的冲突和挫折,并能采取建设性方式去积极处理。

(4)具有客观感知现实的能力。成熟者看待事物客观、准确,能按照世界的本来面目而非自己希望的那样来认识世界。

(5)有客观认识自我的能力。成熟者对自己的所有和所缺都十分清楚,懂得真正的自我与理想自我之间的差别,也能区分出自己看待自己与别人看待自己之间的差别。他们在客观认识自己的同时,也能准确评价他人,并被他人友好接纳。

(6)以问题为中心。成熟者能全身心地投入自己的生活工作中,即使面对问题,也能排除情绪的干扰,聚焦于问题的解决,并积极采取策略处理问题。

(7)具备统一的人生观。成熟者具有明确的价值观和有意义的人生目标,并具有实现目标的使命感和责任感。所以,奥尔波特认为,了解一个人人格结构最好的办法就是问他,"你在5年内想做什么"。

(三)人本主义的健康人格观——自我实现的人

人本主义理论对人性的本质持有乐观的看法。对人本主义学者而言,人格并不是由潜意识冲突或针对焦虑的防御所驱动的,而是由适应、学习、成长和超越的需要所驱动的。人本主义学者强调积极的动机,他们认为精神障碍不是自发产生的,而是由不健康的情境所造成的。这些不健康的情境会造成自尊低下,或导致需要没有被满足。所以,一旦人们摆脱了消极的情境(如被虐待)或消极的自我评价(如"我糟糕透顶"),那么,健康生活的倾向就会引导人们作出有利于提高生活质量的选择。

1.需要层次理论

需要是指个体在适应社会生活的过程中,当出现某种生理或心理不平衡时,为了恢复平衡或达到某种新的平衡而产生的一种心理状态或倾向,它同时也是有机体活动的源泉。马斯洛(Abraham H. Maslow,1908—1970)认为,需要的满足是人的本性,是人类发展的一个最基本的原则。他把人类的主要需要按照发展顺序及层次高低分为五个层次,层次越低,需要的强度越大;层次越高,需要的强度越小;在高层次的需要充分出现之前,低层次的需要必须得到适当的满足(见图4-2)。

```
        /\
       /自我实\
      /现的需要\
     /----------\
    / 尊重的需要 \
   /--------------\
  / 归属与爱的需要 \
 /------------------\
/    安全的需要     \
/----------------------\
/     生理的需要       \
------------------------
```

图4-2 需要层次理论示意图

(1)生理的需要。即生存的需要,指对阳光、水、空气、食物、睡眠和性的需要等,是人类最原始、最基本的需要,具有自我和种族保存的意义,是个体为生存而必不可少的需要,是一切其他需要的基础。在人类的各种需要中,生理需要占据着最强的优势。

(2)安全的需要。安全的需要是指对物质安全和精神安全的需要,人内心深处一种对秩序、常规、稳定、可确定性和可预见性的需要,包括生命安全、财产安全、职业安全和心理安全等。这种需要的满足使人产生安全感。

(3)归属与爱的需要。人需要加入某种团体,以产生有所归属的联系感,人还需要通过与其他人建立尊重、温暖、分享和关怀的关系来满足自己爱人与被爱的需要,包括被承认、接纳、爱护、关注、欣赏、鼓励、支持等需求。归属与爱的需要，表明个体渴望亲密的感情关系，不甘被孤立或疏远。

（4）尊重的需要。尊重的需要是一种对自尊、自重和来自他人的尊重的需要和欲望，包括自己尊重自己的需要和被别人尊重的需要。

（5）自我实现的需要。自我实现的需要是指实现自我理想、充分发挥个人才能和潜力的需要，是需要的最高层次，是一种创造的需要。这一需要就是个体对在社会上发挥自己的最大潜能的渴望，比如实现自己的理想，追求较高的名誉、地位和权力，对社会作出较大贡献，从而体现出自身的价值和意义。

马斯洛的需要层次理论反映了生物进化的过程。处于最下层的两种需要充分体现了人类和动物所共有的生物属性，而需要层次越高，越体现出人类的心理特征。马斯洛指出，人都潜藏着这五种不同层次的需要，但在不同的时期表现出来的各种需要的迫切程度是不同的。各个需要层次的衍生和个体的发展有着密切联系，例如，婴儿的主要需要是生理需要，而后产生安全的需要；儿童在发展过程中出现归属与爱的需要；随着青少年的成长与走向社会，尊重的需要也发展了，自我实现的需要也日趋明显。个体最迫切的需要是激励其行动的主要原因和动力。需要没有好坏之分，所有的需要都应该得到正视和满足，一个人越具备满足自身需要的能力，就越能降低环境对自身的控制。

小李是一名大四的毕业生，近日在一家公司实习文职工作。虽然基本能够完成分内工作，但小李感到非常不开心，对工作也提不起兴趣，始终不能集中注意力。小李感到苦恼，每天犹豫着是否要在这个岗位上继续干下去，寝食难安，便来到咨询室求助。原来小李的理想是成为一名优秀的城市规划设计师，因此在找工作时，小李坚持要到最能够发展自己的岗位工作，放弃了很多求职机会。她当时一心想考上公务员到规划局工作，无奈两次公务员考试都失败了。小李的家庭经济情况不是很好，全家人都希望小李毕业后尽快找到工作，减轻家庭经济负担。小李也明白全家的希望就在自己身上，没有办法再继续等下去，因此接受了现在的工作。小李觉得，现在的工作岗位没有发展前途，但自己即将毕业，不找工作家里经济压力太大，而且现在找工作也非常不容易，不能轻易放弃，因此心情低落，觉得生活没有希望。

此例中小李有自我实现的愿望，想辞职按自己希望的方向发展，但家庭的经济情况让她缺乏安全感。与自我实现的需要相比，安全的需要是更基本的需求。当小李的安全需要得不到满足的时候，更高层次的自我实现的需要就更加无法满足了。

2. 马斯洛的健康人格特征

马斯洛认为，对人格而言最重要的特质是自我实现，"自我实现者"是具有健康人格的人。所谓自我实现是指个体在成长中，其身心各方面的潜能获得充分发展的历程与结果，即充分展现个体本身具有而潜藏未露的良好品质。因此，个体发展的过程就是自我实现的过程，自我实现就是个体发展的最高境界。

通过多年对世界著名成功人士的研究，马斯洛发现这些人富于创造力，充满幽默感，行事不受拘束，同时又能接纳自己和他人的局限。简言之，自我实现的人是那些能够自由实现自己潜能的人。他归纳出自我实现者的16种人格特征：

（1）能准确地认识现实，拥有较为实际的人生观。自我实现者能够采用客观的态度，去认识自己、他人和周围世界。他们看待现实不带任何主观偏见，尽量不受主观需要的干扰，因而更能够认识事物的本来面目，更能够发现事实的真相。

（2）宽容和悦纳自己、他人和周围世界。自我实现者能够坦然接受自己的现状，知道自己的长处，也承认自己的不足，因而能够悦纳自己。同样，他们承认和接受事物具有积极与消极的两面性，他们不否认任何人和任何事物的消极面，并对此有较大的宽容性，也能宽容地对待他人的弱点或问题。

（3）在情绪与思想的表达上较为自然。自我实现者单纯、坦率、自然，倾向于真实地对待自己的情感，坦诚地说出自己的感受，不掩饰自己，并按照自己的本性去行动。他们同样真诚地对待他人。

（4）以问题为中心，就事论事，较少考虑个人利害。自我实现者具有宽广的视野，他们不以自我为中心，而以问题为中心。他们一般不太关注个人利害，而是以工作、事业为重，能够全力以赴解决问题，实现自己的目标。自我实现者之所以会以"问题"而非"自我"为中心，是因为他们常常带着一种使命感，对他们来说工作本身就是享受，能够激发自己的潜能。

（5）能享受自己的私人空间。自我实现者不依赖他人获得安全感和满足感，具有更多的自由意志，能作出自己的决定并自我负责，具有独处的需要和超脱的品质。他们不害怕孤独，懂得享受人生中的孤独与退隐时刻，但也并非回避别人，因为他们更关注问题，更愿意自我管理。

（6）有独立自主的性格。自我实现者更多地受成长动机（如自我实现）驱动，其满足更多地来自自身内部，而非受匮乏动机驱动（如生理的、安全的需求），因而能够摆脱对外界环境和他人的依赖，独立自主地选择自己的目标并实现。

（7）具有永不衰退的欣赏力。自我实现者具有欣赏的能力，他们对事件的美好更敏感、更感兴趣，总能以新鲜的愉快感、敬畏感和天真无邪的心理，去欣赏和体验那些平凡的东西，不会对日复一日的生活感到厌烦。日出日落、星星、月亮、孩子、一日三餐等，这些最基本的日常生活经历都可以使他们产生永不衰退的美感。

（8）有高峰体验。高峰体验指的是在个体追求自我实现的历程中，历经基本需要的追求和满足后，所体验到的一种臻于顶峰而又超越时空与自我的心灵满足感与完美感。高峰体验是对人的最佳时刻的概括，是对生活最愉快时，入迷、狂喜、幸福、最大快乐体验的概括。当发明家重复成千上万次实验后终于成功，当艺术家在一次灵感火花中完成一件作品，欣赏天籁之音，迷恋自然美景时，都可能会出现高峰体验。马斯洛曾经用很多大学生做被试，他们报告说在高峰体验中有两种生理反应：一种是激动和高度紧张，如发狂，幸福地跑上跑下，手舞足蹈，不能入睡，甚至没有食欲；一种是感到放松、心如止水，甚至进入深度睡眠状态。

一位心理学家分享说："有一段时间，我特别地忙碌，生活像乱了套似的，一切都不顺，心身憔悴。丈夫和孩子拉我去风景区游玩，我去了。当他们兴致勃勃地爬山的时候，我就坐在山脚下一片树林中等待。我放松自己，躺在草地上，初秋的阳光从林间叶缝里洒下来，我长久地凝视着身边的一草一木，突然我有了一种很不一样的感觉，身体变得很轻，像浮在空气中,内心深处有一种涌动,我开始分不清它是一种喜悦还是一种痛苦,但后来,我有了一种很强的满足感,内心似乎听到一种召唤,有了一种使命感,生命的意义一下变得清晰可见,疲惫和烦恼一刹那间蒸发了,我又变得生气勃勃。"这就是一种高峰体验,是一种和谐的领悟,是一种对存在的认知。

(9)爱人类并认同自己为人类的一员。自我实现者对所有人都有强烈而深刻的认同感、同情心和慈爱心,他们以"天下一家"的胸怀热爱世界,关心所有的人,有强烈的社会兴趣,为社会健康发展努力。

(10)能建立并发展亲密关系。自我实现者具有很强的人际交往能力,但他们只和少数人建立很深的关系,而且他们比一般人具有更融洽和更深厚的人际关系,既有知己,又有爱人。由于交往需要占用时间精力,他们的亲密朋友比一般人少,而且他们对所爱的人没有高度的依赖性,也不会常常感到担心和怀疑,他们既给予爱,又收获爱,互相在亲密的人际关系中促进、成长和发展。

(11)民主的性格特征。自我实现者具有民主的思想和行为风格,他们尊重一切人,不会因为种族、地位、宗教、阶级和所受教育而歧视他人。他们能平等待人,极少有偏见,尊重别人的意见,愿意向任何值得学习的人学习。

(12)能分辨目的与手段的区别。自我实现者有明确的伦理和道德标准,他们善于区分目的和手段,绝不做为达目的不择手段的事情,坚持"只做正确的而不是错误的事"。

(13)有幽默感。自我实现者具有很强的幽默感,他们常常会开一些有哲理的玩笑,他们可以取笑自己,甚至取笑人类的愚蠢,但不愿意开一些庸俗和伤害他人的玩笑。

(14)有创造性。自我实现者具有很强的创造性。他们的创造性与儿童天真的、直接的创造潜力一脉相承。一般人在社会适应过程中逐渐丧失了这种与生俱来的潜力,而自我实现者却较少依附社会且相对独立,因此能够保持以开放、新鲜、纯粹和直率的眼光来看待生活和世界,能够破除陈规,使自己在生活、工作各个方面显示出创意性和独特性。

(15)具有抵制和批判现存社会文化的精神。自我实现者自主独立,能够抵制批判现存的不合理和不完善的社会文化,突破这些社会文化的限制,使思想和行为遵循自己内心的价值观与规范。

(16)对生活环境有时时改进的愿望与能力。自我实现者承认自己、他人与生活环境的不完美,并对此有不断改进和发展的愿望和能力。

【我来练练】

根据自我实现者的16种人格特征,联系自己的实际情况回答以下问题:

这16种人格特征中我已经具备的是＿＿＿＿＿＿＿＿＿＿＿＿＿＿＿＿＿＿＿＿＿＿＿

＿＿＿＿＿＿＿＿＿＿＿＿＿＿＿＿＿＿＿＿＿＿＿＿＿＿＿＿＿＿＿＿＿＿＿＿＿＿＿

我通过学习和努力可以具备的特质是＿＿＿＿＿＿＿＿＿＿＿＿＿＿＿＿＿＿＿＿＿

＿＿＿＿＿＿＿＿＿＿＿＿＿＿＿＿＿＿＿＿＿＿＿＿＿＿＿＿＿＿＿＿＿＿＿＿＿＿＿

二、健康人格的实现途径

拥有健康人格是个体心理健康的最终目标,也是个人幸福的基石。那么,人格能改变吗? 怎么改变? 大学阶段是人格塑造的关键时期,大学生应该有意识地进行人格的自我修炼,促进人格完善,保持心理健康。可以从以下几方面入手:

(一)建立人生目标,树立积极向上的价值观

人格健全的人能够树立积极进取的价值观,对自己作出客观的评价,找到适合自己的追求目标,并以一种乐观的姿态来面对生活。一个人若能够找到人生目标,积极向上地生活,个人需要得到满足,个人价值得到体现,生活就会充满意义感和价值感;反之,就会陷入无聊和空虚中,生活浑浑噩噩。正如尼采所言:"那些知道为什么而活的人,可以承受任何如何活的问题。"而人们也正是在这一系列的探索行为中使人格得以不断整合与发展,最终形成了完整、健康的人格。

【我来练练】

活动:价值观探索

你最重要的价值观有哪些? 请用量表所列出的价值观,来确定它们对你的重要性:3 = 对我非常重要;2 = 对我比较重要;1 = 对我不重要。

_____爱他人和被爱

_____享受亲密的关系

_____参加娱乐活动

_____家庭生活

_____安全感

_____勇气

_____工作和事业

_____开心和幽默感

_____智慧和好奇心

_____对待不同文化和体验的开放态度

_____愿意为改变而冒险

_____乐于帮助他人

_____影响他人的生活

_____欣赏自然

_____独立和自主

_____相互依靠和合作

_____对生活的控制感

_____经济上的成功

_____有时间独处和反思

_____作出贡献和有进取心

_____被他人称赞

_____面对挑战

_____热情和富有爱心

_____参与竞争

1. 看看那些你评为 3 分的价值观(非常重要的)。如果你需要挑选最重要的 3 个价值观,你会选择什么? _____

_____

2. 这 3 个价值观是你生活的一部分吗? _____

_____

3. 在上面列出的价值观里,你曾经体验过多少? 为什么你无法按你希望的那样做你重视的事情? 是什么阻止了你? _____

_____

4. 为了让生活更加有意义,你采取了哪些具体行动? _____

_____

(二)悦纳自我,形成乐观的认知风格

健康的人格建立在自我内在和谐与统一的基础之上。认识自我、悦纳自我、延伸自我和创造自我,是健康人格的四部曲。我们每个人的人格总是多方面的,完善人格需要对自己进行客观、全面的评价。不为自己的缺点和不足而沮丧,学会从积极乐观的角度看待自己人格特质上的弱点,充分发挥其积极作用,学会接受自己、肯定自己。同时,大学生应该从实际出发,抓住闪光之处,有效地利用个人资源,发展自己的优势、潜能,对自己的人格品质进行优化组合。

乐观的思维方式能促成人格的健康发展。马丁·塞利格曼(Martin E. P. Seligman)认为:"乐观的人在生活中所遭受的挫折和悲剧并不比悲观的人少,乐观的人能更好地应对生活中的困难。"总体而言,乐观的人与悲观的人相比更不容易得病,也能从疾病中更快地恢复过来,而且更加健康长寿。塞利格曼所进行的一系列研究显示,乐观的思维方式有三大特点:

第一,乐观的思维方式会将不愉快的经历归因为具体的原因,而不是盲目地扩大归因范围。比如,"我虽然数学不好,但其他各科都不错"。

第二,乐观的思维方式倾向于将问题归因为外部原因,而不是内部原因。比如,"我数学不好,很可能是因为没有掌握好学习数学的方法,我会找老师和数学好的同学好好请教一下"。

第三,乐观的思维方式会假设导致失败或不利的原因是暂时的。比如,"我相信一旦掌握了学习数学的方法,我的数学成绩将会有很大的提高"。

当然,人的自我塑造伴随人的一生,需要不懈地为之而努力,人格品质与结构的全面优化组合、协调发展才是完善人格的重要目标。

【我来练练】

积极赋义

第一步:小组成员(6~8人)围成圈坐好,每个学生在一张A4纸上写下自己认为不好的性格。

第二步:每种性格都有积极作用,也有其消极影响。小组成员相互讨论,对每个学生写下的不好的性格特征进行积极赋义,找出其积极作用。如:多疑——积极赋义就是自我保护意识强;竞争意识不强——积极赋义就是不争强好胜;畏首畏尾——积极赋义就是小心谨慎。

第三步:讨论某些性格特征在什么情况下具有积极作用,什么情况下具有消极作用,如何避免其消极作用。

(三)自觉调控,培养良好的情绪

情绪作为一种基本的心理过程,对个体的生活、学习、工作有着很大的影响。良好情绪有利于乐观、亲和、宽容等良好人格品质的形成,对健康人格的形成起着至关重要的作用。大学生要保持积极的、健康的情绪,就要学会疏导不良情绪。如何有效进行情绪的管理,在本书第六章有详尽的阐述。大学生应该做情绪的主人,自觉调控,根据不同的情境,采取不同的方法来疏导和宣泄。

(四)完善自我意志,提高挫折承受力

意志在人格特征中占有非常重要的地位,坚强或软弱等人格特征主要是以意志的发展水平为标志的,因此,完善意志是人格塑造的重要内容和途径。

要培养一个人的坚定意志,首先要树立正确而高尚的行动目标。有了理想的人才能克服行动中的重重困难,不屈不挠。如果能正确树立合理目标,将远期目标与近期目标有机结合,通过顽强努力达成预定目的,个体的意志品质就能在实现目标的过程中得到极大锻炼。

其次要坚持不懈,提高抗挫折能力。任何成功的路都不是一帆风顺的,人在作决定、完成理想的过程中,总会遇到来自内部和外部的阻挠,不要被眼前的困难所吓倒,作好面对挫折的心理准备,提高抗挫折能力,也是对意志品质进行磨炼和检验。

最后要注意加强意志的自我锻炼。一方面可以通过参与各种社会实践,在实践活动中取得锻炼意志品质的直接经验,锻炼和检验自己的意志品质,从中获得自我肯定和成就感的体验,增强自我锻炼的决心;另一方面,也可以通过名人名言、榜样人物、道德纪律的要求来激励自己。

尼克·武伊契奇(Nick Vujicic)生于澳大利亚,天生没有四肢,只在左侧臀部以下的位置有一个带着两个脚指头的小"脚"。这种罕见的现象在医学上被命名为"海豹肢症"。当尼克出生时,他的父亲看到儿子这个样子,吓了一大跳,甚至忍不住跑到医院产房外呕吐;母亲直到他4个月大时才敢抱他。在残酷的命运挑战面前,尼克·武伊契奇没有沮丧和沉沦,他以顽强的毅力和恒心与命运作斗争,对人生充满了信心。现在,让人不可思议的是:骑马、打鼓、游泳、足球,尼克样样皆能,在他看来没有难成的事。后来,他拥有两个大学学位,是企业总监,为人乐观幽默、坚毅不屈,热爱鼓励身边的人。年仅25岁,他已踏遍世界各地,接触逾百万人,激励和启发他们的人生。由于武伊契奇的勇敢和坚忍,2005年他被授予"澳大利亚年度青年"称号。

【我来练练】

21天效应

一个人的新习惯或理念形成并得以巩固至少需要21天,在行为心理学上,这一现象称为21天效应。这是说,一个人的动作或想法如果重复21天,就会变成一个习惯性的动作或想法。习惯的形成大致会经历三个阶段:第一阶段,1~7天,此阶段表现为"刻意,不自然",需要十分刻意地提醒自己;第二阶段,7~21天,此阶段表现为"刻意,自然",但还需要意识控制;第三阶段,21~90天,此阶段表现为"不经意,自然",无须意识控制。那么,我们就来练一练吧:

1.思考一下自己最近非常想要做的事情或者要训练的行为,选出1个作为近期目标写在横线上。_____

2.坚持每天为目标作实践,并记录目标完成情况。

	完成目标情况	需要提醒自己注意的方面
第1天		
第2天		
第3天		
第4天		
第5天		
第6天		
第7天		
第8天		
第9天		
第10天		
第11天		
第12天		
第13天		
第14天		
第15天		

续表

	完成目标情况	需要提醒自己注意的方面
第 16 天		
第 17 天		
第 18 天		
第 19 天		
第 20 天		
第 21 天		

（五）融入集体，建立和谐的人际关系

人格发展的过程也是个人社会化的过程，离不开与他人的互动。人格在集体中形成，也在集体中体现。我们可以通过与他人互动，更全面地了解和调节自己的人格特质。和谐的人际关系是人格完善的重要途径，因此，大学生要积极融入集体，主动接近他人、关心他人，真诚、友好地与人沟通，与他人建立良好的人际关系。如何有效进行人际沟通，在本书第七章有详尽的阐述。

第三节　常见的人格障碍及调适

17—18 世纪，在小说、戏剧等艺术作品中，出现了对非常典型的"守财奴"葛朗台、"厌世者"阿尔采斯特等性格突出的主人公的刻画，这些人物所具有的讽刺性人格特征引起了现代医学和心理学的重视。研究者们渐渐提出了人格障碍这一概念。

人格障碍是指明显偏离正常且根深蒂固的行为方式，具有适应不良的性质，其人格在内容上、性质上或整个人格方面异常，甚至达到害人害己的程度。人格障碍常开始于幼年，青年期定型，持续至成年期或者终生。由于人格障碍的成因与遗传和后天环境因素均有关，是在人长期生活中缓慢形成的，具有较强的稳定性和顽固性，所以人格障碍的矫正过程十分缓慢。

每个人都有人格特质，这些特质中有一部分不可避免地类似于人格障碍的某些特征，据此就认为自己或他人具有某种人格障碍是不可靠的。只是在极少数情况下，这些特征适应不良、使人苦恼和僵化的水平才会达到可以确诊为人格障碍的程度。目前国外的调查结果显示，人格障碍的患病率大部分在 2% ~ 10%，国内的调查结果则显示人格障碍的发病率较国外更低。

美国的《精神障碍和统计手册》第 4 版（DSM-Ⅳ）将人格障碍分为 10 种类别，并在相似的症状描述基础上将它们分为三大类群：

A 类群：以行为古怪、奇异为特点，包括偏执型、分裂样、分裂型人格障碍；

B 类群：以戏剧化、情感强烈、不稳定为特点，包括表演型、自恋型、反社会型、边缘型人

格障碍;

C类群:以行为紧张、焦虑为特点,包括回避型、依赖型、强迫型人格障碍。

一、偏执型人格障碍及调适

(一)临床表现

偏执型人格障碍的表现特征是对他人普遍不信任和猜疑,常将他人的动机解释为恶意,通常这种不信任和猜疑是没有基础的。对大学生而言,具体表现包括:

(1)没有足够依据地猜疑他人在剥削、伤害或欺骗自己。

(2)沉溺于不公正地怀疑朋友、同学对自己的忠诚和信任。

(3)勉强地信任他人,因为担心一些资料信息会被恶意地用来对付自己。

(4)从常见的线索事件中误解出隐含的贬低或威胁性意义。

(5)持久地认为他人对自己有恶意,对他人的侮辱或伤害一直耿耿于怀,不予宽容。

(6)觉得自己的名誉或者人格遭受他人攻击,虽然他人并不这样认为;对其迅速作出愤怒反应,甚至作出反击。

(7)虽然没有证据,但还是对恋人的忠贞反复地表示猜疑。

电视剧《不要和陌生人说话》中的医院外科专家安嘉和是众人眼中一等一的好男人,然而他有家庭暴力倾向。安嘉和多疑、敏感,缺乏安全感,怀疑妻子与他人有染,怀疑妻子的忠贞,不准妻子和其他异性说话,经常因为自己的疑心控制不住而殴打妻子。他把妻子视为个人物品,过分强调对妻子的占有权,有病理性的嫉妒和强烈的支配欲,并把一切责任推到别人身上,认为自己受到了极大的伤害,从不反省自己。安嘉和的状况就是典型的偏执型人格障碍。

【我来练练】

偏执度测试

现实生活中有许多固执的人,需要注意的是,固执不同于偏执。下面是一个检查偏执程度的小测试,快来检查一下你的情绪是否过了度。

测试评分:没有(1分),很轻(2分),中等(3分),偏重(4分),严重(5分)。

1.对别人是否求全责备?

2.老是责怪别人制造麻烦。

3.感到大多数人不可信。

4.会有一些别人没有的想法和念头。

5.自己不能控制发脾气。

6.感到别人不理解你,不同情你。

7.认为别人对你的成绩没有作出恰当的评价。

8.老是感到别人想占你的便宜。

总分 10 分以下不存在偏执情况，恭喜你，你是个心平气和的可爱的人；15 ~ 24 分可能存在一定程度的偏执，如果总觉得环境不顺心，要注意警惕，原因可能是在自己哦! 25 分以上，你有偏执的症状，要学会控制情绪，不要过度。

（二）调适方法

首先，纠正信念。偏执型人格障碍者常常具备一些不合理信念，如"这个世界上谁也靠不住，我只相信自己"，"我不能容忍他人一丝一毫的欺骗……"要相应调整这些不合理信念，避免极端化，如"世界上有好人也有坏人，我可以相信好人"，"没有完美的人，别人偶尔的错误我可以理解并宽容"……每当自己出现不合理信念时要提醒自己，也许偏执心理在作怪，把调整过的信念在心里默念几遍，提醒自己不要陷入敌对状态。

其次，训练交友。偏执者要积极主动地恢复交友活动，主动交往，不要轻易就认为别人有意在伤害自己，要学会信任他人、原谅别人，相信多数人是友善可信的，在交往中尽量给予朋友帮助，消除紧张不安。尊重朋友与自己不一致的观念和言行，学会克制与忍让，多留心观察怀疑的人和事，不要让敌对的怒火伤害自己和他人。

偏执型人格障碍者不信任他人，敏感多疑，固执己见。要与他们建立关系，先得从建立互相信任的关系开始，然后在互相信任的基础上交流情感。对偏执型人格障碍者莫须有的怀疑和指责，同伴必须循序渐进地指出现实是怎样的，而且不能使他感到受了羞辱。有时候，偏执型病人的行为会很危险，有必要进行适当的行为控制。

二、自恋型人格障碍及调适

自恋型人格障碍是以伴随着自卑感的过度自负为特征的心理障碍。他们幻想自己很有成就，但在实际生活中稍有不如意就感到自己没有价值，遇到比自己强的人就产生嫉妒心，非常关心他人的评价，不能理解他人的细微情感，对他人缺乏同理心。有研究表明自恋型人格障碍正在日益流行。当然也有学者认为这种增长是对这种障碍的兴趣和研究增多而造成的，所谓流行很可能是一种虚假现象。

（一）临床表现

持续地表现出浮夸（无论幻想或行为的）和需要他人赞扬，具体表现包括：

（1）对自我重要性有一种夸大的感受，如过分夸大成就和才能，在没有相应的成就时，盼望自己被认为是高人一等的；

（2）沉溺于无限成功、权利、光辉、美丽或理想爱情的幻想；

（3）认为自己是"特殊"的、独一无二的，只能被其他特殊的或高地位的人（或机构）所了解，或与之共事；

（4）要求赞扬；

（5）不合理地期望特殊的优厚待遇或别人的自动顺从；

（6）在人际关系上是剥削性的，即为了达到自己的目的而占有他人的利益；

（7）缺乏同情感，不愿设身处地地了解或认同他人的情感和需要；

（8）往往妒忌他人，或认为他人都在妒忌自己；

（9）在行为或态度上显得傲慢。

（二）调适方法

自恋型人格障碍者具有无边无际地幻想个人成功的倾向，相信自己是非凡的，需要他人持久的关注、倾慕与赞扬，容易嫉妒他人，缺乏关心他人的能力，容易处于严重的抑郁状态。

在治疗上，一般从处理抑郁情绪入手，同时矫正自我夸大感，解除自我中心观。自恋型人格障碍者应常常提醒自己："我不是孩子了，很多事情我应当自己动手做""我要以努力学习和真诚关心朋友的表现来得到他人的尊重和赞美""每个人都有属于自己的好东西，我争取我的，别人也争取他的，我不嫉妒。"利用放松训练来帮助自己面对他人的批评，训练自己在人际交往中真诚地关心他人，体会他人的情感，为他人服务，学会爱别人。

三、依赖型人格障碍及调适

依赖型人格障碍起源于个体发展早期。童年时孩子离开父母就不能生存，父母是孩子的保护者，此阶段如果父母溺爱孩子，不给他们充分成长和独立的机会，孩子就容易产生对父母或他人的依赖心理，缺乏自信心，总是想依靠他人作决定，不能对自己的选择和言行负责。这种类型的人缺乏自信，存在顺从和依附行为，过分需要被人照顾；害怕离别；遇到轻微刺激即退却；缺乏亲密朋友；性关系多不成熟；同时伴有焦虑、抑郁症状，也可继发酒精和药物依赖方面的问题。

（一）临床表现

依赖型人格障碍的临床表现具体包括：

（1）如果没有他人的大量劝告或保证，便难以作出日常决定；

（2）需要他人为自己生活的大多数方面承担责任；

（3）难以表达对他人意见的不同看法，害怕因此失去支持（但不包括有现实依据的恐惧）；

（4）对自己的判断缺乏信心，而不是缺乏动机或精力，因此难以开始一项事业，或单独完成一件事情；

（5）愿意不遗余力地争取他人的照料和支持，甚至会为此主动去做令自己不愉快的事情；

（6）独处时感到不舒服，因为十分害怕不会照料自己；

（7）一个亲密关系终结后，迫切地寻求另一个作为支持和依靠；

（8）不现实地沉溺于被他人遗弃以致不得不自己照料自己的恐惧。

（二）调适方法

首先，克服依赖思想。尝试着自己的事情自己做，自己作决定，自己作计划，自己承担责任。可以回忆以前由自己独立完成的事件，不论大小都可以用来鼓励自己；也可以做一些没有做过的事情，增加勇气。检查一下生活中的事情，逐渐将过去需要依赖他人的事务由自己来完成。从最小的事情做起，坚持下去，如自己决定要穿什么吃什么。其次，相信自己的力量。相信自己能够为自己做主，相信自己有能力做自己的事情，不畏惧，尽力尝试。在整个过程中，找一个自己信任的人监督自己。

依赖型人格障碍者的家人可能正是其障碍发生发展的促进因素。依赖型人格障碍者在进行自我调适时，其依赖性的减少、独立性的增加是必然的，这对他的家人而言也意味着一种分离。在这个过程中，他的家人需要给予配合，接受相关知识的教育，合理地处理对他的支配性影响，锻炼其自主决定和行动的能力，给他以正面鼓励和支持。

四、反社会型人格障碍及调适

反社会型人格障碍者共同的心理特征是：情绪的爆发性，行为的冲动性，对社会和他人冷酷、仇视、缺乏好感、缺乏同情心、缺乏责任感、缺乏羞愧悔改之心，不顾社会道德法律准则和一般公认的行为规范，经常存在反社会言行、不能从挫折与惩罚中吸取教训。

（一）临床表现

对大学生而言，反社会型人格障碍的临床表现具体包括：

（1）早年开始显露人格异常，小时候多不遵循一般道德规范与社会准则，表现为逃课、不尊重老师，经常撒谎等；

（2）社会和人际关系适应不良，屡屡发生违反规定的行为，并且常常以损人不利己的结局告终，严重不负责任；

（3）到青年期时，这种违规行为呈现明朗化，这类人常常过早吸烟、饮酒甚至于吸毒，经常发生离家出走、在外过夜、过早发生性关系的行为；

（4）人格偏异非常顽固难移，药物治疗和一般教育矫正困难；

（5）对他人漠不关心，如经常不承担经济义务、不赡养父母，不能维持与他人的长久关系；

（6）情感呈爆发性，在遭遇强烈情感时不能自控，找不到合适的发泄方法，常常做出冲动暴力行为；

（7）行为无计划或有冲动性，严重者不顾法律规范，会做出偷盗、伤人等违法犯罪行为；

（8）追求新奇和心理刺激，做事不顾后果，很容易责怪他人，或对其与社会相冲突的行为进行无理辩解，危害别人，缺少内疚感。

简而言之，反社会型人格障碍的人有"七无"特征：①无社会责任感；②无道德观念；③无恐惧心理；④无罪恶感；⑤无自控自制的心理能力；⑥无真实或真正感情；⑦无悔改之心。

曾引发舆论哗然的复旦大学投毒案案犯林森浩就是比较典型的反社会型人格障碍。林森浩在整个作案过程中，蓄意谋划、执行谋杀室友，甚至还与受害人父亲同居一室而不露丝毫马脚。受害人毒发在痛苦中挣扎的十几天时间里他都表现得冷眼旁观，没有痛苦、焦虑、紧张，没有同情和内疚。这些都反映出他缺乏起码的同理心，对他人的感受和痛苦无动于衷。在对他的访谈中，林森浩所表达的中心主旨是要求人们不要怎样，要求舆论媒体应该怎样，甚至要求受害人家属应该怎样，超然于案犯身份和身陷囹圄的受困处境。这种夸夸其谈也反映了他毫无悔改之意,是自我膨胀、自大的表现。

(二)调适方法

对有反社会人格障碍的人,应该提高其自我认识,使其了解自己的行为对社会的危害,培养责任感,担负起对家庭、对社会的责任;提高道德意识和法律意识,明白什么事可以做,什么事不能做,努力增强控制自己行为的能力。对于家庭关系极为恶劣而与社会相处尚可的人,可以住在学校、集体宿舍或到亲友家寄宿,以减少家庭环境的负面影响,同时培养独立生活的能力。

人格是心理健康的基石,当代大学生要实现自身价值,获得幸福生活,必须具备健康的人格。拥有健康人格的人才可以正视自己,面对现实,适应社会,迎接挑战并掌握自己的命运,充分发挥自己的潜能。

【心灵探索】

艾森克人格问卷(简版)

下面共48个问题,请你依次回答这些问题。如果符合你的情况则计为"是",如果不符合你的情况则计为"否"。按自己的实际情况回答即可,不要去猜测怎样才是正确的回答,因为这里不存在正确或错误的答案。

1. 你的情绪是否时起时落?

2. 当你看到小孩(或动物)受折磨时是否感到难受?

3. 你是个健谈的人吗?

4. 如果你说了要做什么事,无论此事是否顺利,总能遵守诺言?

5. 你是否会无缘无故地感到"很惨"?

6. 欠债会使你感到忧虑吗?

7. 你是个生气勃勃的人吗?

8. 你是否曾贪图超过你应得的分外之物?

9. 你是个容易被激怒的人吗?

10. 你会服用能产生奇异或危险效果的药物吗?

11. 你愿意认识陌生人吗?

12. 你是否曾经有过明知自己做错了事却责备别人的情况?

13. 你的感情容易受伤害吗?

14. 你是否愿意按照自己的方式行事,而不愿意按照规则办事?

15. 在热闹的聚会中你能使自己放得开,使自己玩得开心吗?

16. 你所有的习惯是否都是好的?

17. 你是否时常感到"极其厌倦"?

18. 良好的举止和整洁对你来说很重要吗?

19. 在结交新朋友时,你经常是积极主动的吗?

20. 你是否有随口骂人的时候?

21. 你认为自己是一个胆怯不安的人吗？

22. 你是否认为婚姻是不合时宜的，应该废除？

23. 你能否很容易地给一个沉闷的聚会注入活力？

24. 你曾毁坏或丢失过别人的东西吗？

25. 你是个忧心忡忡的人吗？

26. 你爱和别人合作吗？

27. 在社交场合你是否倾向于待在不显眼的地方？

28. 如果在你的工作中出现了错误，你知道后会感到忧虑吗？

29. 你讲过别人的坏话或脏话吗？

30. 你认为自己是个神经紧张或"弦绷得过紧"的人吗？

31. 你是否觉得人们为了未来有保障而在储蓄和保险方面花费的时间太多了？

32. 你是否喜欢和人们相处在一起？

33. 当你还是个小孩子的时候，你是否有对父母耍赖或不听话的行为？

34. 在经历了一次令人难堪的事件之后，你是否会为此烦恼很长时间？

35. 你是否努力使自己对人不粗鲁？

36. 你是否喜欢在自己周围有许多热闹和令人兴奋的事情？

37. 你曾在玩游戏时作弊吗？

38. 你是否因自己的"神经过敏"而感到痛苦？

39. 你愿意别人怕你吗？

40. 你曾利用过别人吗？

41. 你是否喜欢说笑话和谈论有趣的事？

42. 你是否时常感到孤独？

43. 你是否认为遵循社会规范比按照个人方式行事更好一些？

44. 在别人眼里你总是充满活力吗？

45. 你总能做到言行一致吗？

46. 你是否时常被负疲感所困扰？

47. 你有时将今天该做的事情拖到明天去做吗？

48. 你能使一个聚会顺利进行下去吗？

题目计分及解释：

（1）P 精神质量表（psychoticism，P）

正向计分题目：10、14、22、31、39

反向计分题目：2、6、18、26、28、35、43

P 分高的人表现为不关心人，常有麻烦，在哪里都感觉不合适，有的可能残忍、缺乏同情心、感觉迟钝，常带有敌意、进攻倾向，对同伴和动物缺乏人类感情。P 分低的人无上述情况。

（2）E 外向（extroversion，E，或称外倾）和 E 内向

正向计分题目：3、7、11、15、19、23、32、36、41、44、48

反向计分题目:27

E分高为外向:爱社交,广交朋友,渴望兴奋,喜欢冒险,行动常受冲动性影响,反应快,乐观,喜好谈笑,情绪倾向失控,做事欠踏实。E分低为内向:安静、离群、保守,交友不广但有挚友,喜瞻前顾后,行为不易受冲动影响,不爱兴奋的事,做事有计划,生活有规律,做事严谨,倾向悲观,踏实可靠。

(3)N神经质(neuroticism,N)

正向计分题目:1、5、9、13、17、21、25、30、34、38、42、46

反向计分题目:无

N分高,情绪不稳定,焦虑、紧张、易怒,往往还有抑郁;睡眠不好,有几种心身障碍;情绪过分,对各种刺激的反应都过于强烈,情绪激动后难以平复。概括地说,是一种紧张感较强的人,常带有偏见,以致错误。N分低,情绪过于稳定,反应很缓慢,很弱,又容易平复,通常是平静的,很难生气,在一般人难以忍耐的刺激下也有所反应,但不强烈。

计分方式:(1)原始分:正向计分题答"是"得1分,反向计分题答"否"得1分,各量表题目分数加总为该量表原始分。

(2)T分转化:P量表男生T分=50+10×(原始分−3)/2;女生T分=50+10×(原始分−2.68)/1.82。

E量表男生T分=50+10×(原始分−8.05)/2.67;女生T分=50+10×(原始分−7.44)/2.79。

N量表男生T分=50+10×(原始分−4.57)/3.06;女生T分=50+10×(原始分−4.81)/2.95。

(3)分值界定:T分高于61.5分属于高分特征,T分低于38.5分属于低分特征。

【学以致用】

1.挖掘我的人格优势

与传统人格特质理论不同,积极心理学关心人类的积极人格优势,并形成了24项优势分类。请仔细对照下面的描述,看看自己具备哪一种性格优势呢?

创造性或灵活性	好奇心或兴趣	开放、虚心	爱学习
远见或智慧	勇敢和勇气	坚定不移和持之以恒、勤奋、刻苦	诚实或真诚
热情或激情	爱或依恋	仁慈或慷慨	社会智力或社交技巧
忠诚和协作	公平、正直	领导能力	宽恕或仁慈
谦虚	谨慎、判断力	自制或自我调节	对美的欣赏或敬慕
感恩	希望或乐观	有趣或幽默	信念或精神

(1)在上述24种性格优势中,你认为自己排在前五位的积极人格品质是(按顺序填写):

① ② ③ ④ ⑤

（2）在今后的学习、工作和生活中，你打算怎样善用你的优势？

_____

_____

（3）你的人格定型了吗？你打算如何优化发展你的人格呢？

_____

_____

2.寻找终极价值观

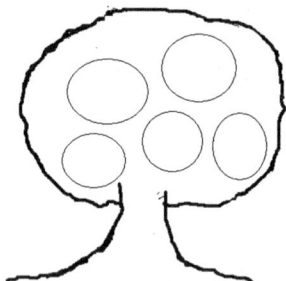

（1）分组：6～8人一组。

（2）我们每个人的生命之树都拥有许多美好、宝贵的果实。如果只允许你留下生命中最宝贵的五种果实在树上，你会如何回答呢？请大家沉思并写下你生命中最宝贵的五种果实。这五种果实可以是具体的，如钢笔、鲜花、金钱；可以是抽象的，如友谊、爱情、健康；可以是有生命的，如家庭成员、挚友、宠物；可以是没有生命的，如阳光、空气、电脑等。排名不分先后，不必考虑他人的看法，也不必去评价旁边同学写了什么，只需认真思考，真诚地写下对自己最宝贵的五种果实即可，填在生命之树上。

思考：为什么是这五种果实？它们对你意味着什么，请在组内交流。

（3）现在，一阵狂风暴雨，生命之树承受不了负重，五种果实中的一种保不住了，你必须舍弃一种，请选择。选好了之后，用笔墨将它彻底盖住，或者挖去一个方块，总之你再也看不到它，同时，它在你的生命中，也将不复存在。请注意体会把它彻底抹去时的心理感受。

愿意的话，可以用笔记下你的感受，并说说你为什么首先去掉这一种果实。在小组内交流你的感受和理由。

（4）现在树上只剩下了四种果实。此时生命之树又经历了一次严峻的挑战，还要再舍弃一种，请选择。

（5）游戏进行到这里，同学们应该可以猜到游戏规则了。请大家不要分散注意力，而是真诚地投入情境之中，以便更好地从这个心灵游戏中获益。

（6）看着你剩余的三种果实。生活再次和你开了个不小的玩笑，你必须再放弃一次。请慎重选择。

（7）现在你面前只剩下宝贵的两种果实了。我们来作最后的、最艰难的选择。请大家保留其中的一种。

（8）好了，现在生命之树上只剩下了宝贵的一种果实。这就是你的终极价值观！请写下最终留下这种果实后的感受和理由，思考你已经为它做了些什么，还可以为它做些什么，并在小组内交流。

相信经过刚才痛苦而艰难的选择，同学们生命中最初的重中之重已凸现出来了。请记住：人生不能拥有世上的一切，在有限的珍藏中，你的选择就是你生命意志的支点。

【身边的故事】

小东，男，22岁，大二学生。因恋爱问题到心理咨询中心求助，自诉失眠、情绪低落、自卑，有腹泻症状，偶尔会产生自杀想法。

小东出生于一个小县城，家庭经济条件不好。自幼时起少有父母的关爱，行为受到严厉的管教。母亲各方面都比父亲强，是家里绝对的权威。因为工作关系，父亲常年居住在外。有一次，父亲回到家里，父子俩一起正玩得高兴，妈妈叫他写小字。小东求妈妈让他把游戏做完，可是妈妈坚决不同意。父亲刚帮小东说了两句，就被妈妈训斥了一顿。父亲一下就蔫了，小东还被妈妈狠狠地打了几下。类似的事情不断发生，小东觉得在这个世界上没人爱他。

初中时，小东离开家乡，到父亲工作的城市读书。由于家庭经济条件依旧没有得到大的改善，再加上自己的生活习惯、为人处事方式、口音等同当地人存在明显差异，让小东感到自己和同班同学之间格格不入，有时候还会受到嘲笑。小东为此感到自卑，极力避免参加集体活动，也不主动与他人交往。他把大量的时间和精力放在了阅读书籍、看电影等事情上，整天沉浸在自己的想象世界里。如看电影时，他会把自己放在主角位置，想象着自己锄强扶弱、深受众人爱戴。

进入大学以后，小东追到了高他两个年级的女友。女友被大家称为"系花"，小东和她走在一起也觉得高人一等。为了在女友面前显示自己有才干，他积极参加学校的演讲、情景剧创作和表演等活动。但是，女友对小东的表现并不感兴趣，她经常忙于学习、做兼职工作，这使小东感到很失落。他们有时也会为一些小事而争吵，每次都是以他道歉结束，小东对此感到非常苦恼。他希望女友能够迁就他、体贴他，把他作为生活的中心。

小东的身体从小就不是很好，这使得他很关注自己的身体。高考前，有一次他生病住院，住院了十天后，母亲认为他的病情已无大碍，嫌住院花费太高，要他回家养病；小东认为自己没有痊愈，需要继续住院医治。母子二人为此发生争执，各不相让，大吵了起来。在这件事情上，小东认为母亲过分看重钱财，对儿子的病情毫不在意，他感到十分痛苦。谈了恋爱之后，小东多次要求和女友发生性关系，遭到女友拒绝。即使以割腕相威胁，女友也没答应他的要求。小东开始怀疑女友对他的爱，常常担心没有性生活会使他的性功能受到影响。长期对自己的身体有着担忧，造成小东出现了严重的焦虑情绪。

课堂讨论：

1. 小东目前有哪些心理困扰？

_____

_____

_____

2. 小东可以采取哪些方式消解自己的困扰?

_____

_____

_____

个案点评:

小东的情况,表现为自恋型人格障碍的倾向。随着年龄的增长,我们会把自己的注意力转向自身以外的人和事物,对他们表现出爱戴和关注,从而形成爱情、友情、道德感、审美感等。小东的成长环境不佳,粗暴的母亲、懦弱的父亲、歧视小东的中学同学以及和熟悉生活环境的分离,不断地对他予以打击,使得小东把本该投向外部世界的注意力收缩回来,转而投向对自身的关注。当这种关注超出正常范围的时候,就成了不健康的自恋,即自恋型人格障碍。在小东的生活中,我们可以看到,他的整个世界都是围绕着自己在转动,只考虑自己的感受和需求;不仅如此,他还要求别人也以他为中心。当现实生活不能满足他的感受和需求时,他就情绪低落、焦虑、失眠,甚至出现自杀的念头。

处理建议:

1. 首先处理小东的抑郁焦虑情绪。在建立信任关系的前提下,鼓励小东倾诉,释放内心压抑的情绪,并设定一个中长期的咨询方案。

2. 解除小东的自我中心观,扩大其人际交往的范围,提高其人际交往能力,让小东在与他人的相处中学会关心他人的感受,用自己的真诚行为来获得成就感,获得他人的尊重和赞赏。

3. 通过家庭治疗处理小东与母亲的关系问题。

4. 鼓励小东发展稳定的恋爱关系,进行自我探索,促成其人格的完善。

【瞭望窗】

双性化人格——男女人格互补

瑞士著名心理学家荣格提出了 anima(男人自我中的女性化部分)和 animus(女人自我中的男性化部分)这两个概念。他认为,每一个人都应该有这两者的结合,自我才是完善的。这种结合了男女两性优长的人格特质,被称为"双性化人格"。研究者桑德拉·贝姆(Sandra Bem)把人的性别角色分为了男性化、女性化、双性化和未分化四类。所谓双性化人格,是指一个人同时具有较多的男性气质和较多的女性气质的人格和心理特征。这是一种超越传统性别分类,更具有积极潜能的理想类型,而绝非一般带有否定和扭曲含义的所谓"不男不女"的同义语。

双性化人格,是男女人格气质的互补。荣格认为,每个人的潜意识中都存有女性意象和男性意象,这是人类进化的遗留物。前者表现了关怀性和交际性,后者表现了独立性和逻辑性。女性首先具有一定的女性特征,比如,温柔、可爱、会持家、有神秘感等。这是女性最基本的气质表现。同样,男性也需要具备一定的男性品质。如男性要有头脑,要有智慧,要有阳刚之气,还要强壮、独立、强悍、主动、不多愁善感等,这些都是对男性基本特征的描述。除了这些特征,另外,还要注意一些相补的性别品质。如魅力女性也需要有一定的头脑、要坚强、要主动,而魅力男性也需要细腻,也要偶尔能操持家务。

众多研究表明,双性化者兼有男性和女性较为优良的品质,往往具有更强的社会适应能力。所以,一个人要有气质,就需要练就一些异性品质。刚柔相济正是气质养成的最佳手段。具有双性化特质的人,其人格同时具有男性与女性气质的优点,既独立又合作,既果断又沉稳,既敏感又豁达,既自信又谨慎,既热情又成熟。他们往往思维敏捷,有一定的专业研究能力,乐于助人,适应能力强,行动充满魄力,沉着,言行一致,独立积极,是一种健康的心理模式。

第二篇

自我调适，积极成长

导读:"农村英语"变为纯正美语没有捷径

2016年5月26日,中国小伙何江站在哈佛大学毕业典礼的讲台上,作为哈佛研究生优秀毕业生代表发言——他是第一位享此殊荣的中国内地学生,此后他还将到麻省理工学院继续博士后的学习。此前他在湖南农村长大,上大学才第一次进省城。

哈佛大学的毕业典礼演讲申请对一个以英语为母语的人来说都有极大的难度,更何况何江初中才开始接触英语。他操着一口"农村英语"上了县城的高中,那是他第一次走进县城。在宁乡县城,他第一次感受到自己的英语水平与城里孩子的巨大差距。"第一学期很受打击,考试没问题,就是开口说英语很困难"。不怕"使苦劲"的何江,买了一本英文版的《乱世佳人》回宿舍"啃",遇到读不懂的地方,就在书上进行大段大段的标注。到了哈佛大学,中国学生大多喜欢跟中国学生聚集在一起,很难找到机会练习英语。何江硬着头皮去申请给哈佛的本科生当辅导员,做辅导员的经历让他的英语表达很快从"中式"转到了纯正的"美式"。到读博士期间,何江已经可以给哈佛的本科学生上课了。

从何江的经历可以看到,明确目标、坚持努力学习能够改变一个人的生活轨迹,能够把人带到一个全新的世界。本章将介绍学习策略的内涵、学习动机的激发、学习能力的培养等,以供大学生们参考。

迈过了高考这座"独木桥",满怀激情与梦想来到了大学校园,大学生们开始了一段新的人生历程。他们中的绝大部分有明确的学习目标,有强烈的成才愿望和进取心,能够在实践中锻炼自己的能力,提高自己的学识。然而,有些大学生却失去了明确的目标,缺少学习动机,对学习感到迷茫,还有些则缺乏正确的学习方法,仍然只靠死记硬背。

因此,大学生掌握有效的学习策略,培养学习能力及潜能,有益于更高效地学习,更好地为自己的目标达成而努力。

第一节　学习概述

一、什么是学习

学习是一种极其普遍而又重要的现象,是人类生存的基础,从个体孕育于母腹中开始,贯穿人类生命的全过程。婴儿牙牙学语,是学习;学生听课之后知道怎么解答问题,是学习;孩子在电视节目里看到小偷被惩罚,知道偷窃是不道德行为,也是学习……学习在不同的场合、以不同的方式影响着人们的行为。

广义的学习是指个体在一定情境下由于反复的经验而产生的行为或行为潜能的比较持久的变化。这说明:第一,学习的结果是可以通过行为或行为潜能的变化体现出来的,比如让学生学习10个单词,10分钟后测查,学生可以正确背出7个,这种变化是可测量的、外显的。且当学生在以后再次学习其余3个单词时,也许还会学得更快、更好,这种变化就是一种内隐的潜能变化。第二,学习是相对持久的行为变化,假如行为的改变是暂时的,当引起变化的因素消失后,行为的改变也会消失,这样的行为并不是学习。第三,学习由经验而引起,既有由有计划的练习或训练而产生的正规学习,如学生在大学中的学习,也有由偶然的生活经历而产生的随机学习,如路遇交通事故而体会到遵守交通法规的重要性。

狭义的学习专指学生的学习,是在教师的指导下,有目的、有计划、有组织、有系统地进行的,在较短的时间内接受前人所积累的文化科学知识,并以此来充实自己的过程。对大学生而言,不仅要学习知识与技能,还要学习如何发展智能、培养良好的行为习惯。因此,学习内容大致可分为三方面:一是知识的掌握和技能的形成;二是智能的开发和非智力因素的发展;三是行为规范的学习和道德品质的培养。

二、常见的学习策略

古语早有言在先:工欲善其事,必先利其器。对大学生而言,重要的是怎样学习。在学习中,学习策略是我们进行有效学习的工具。只是苦读而没有巧学,结果也只能是事倍功半。只有掌握一些有效的学习策略,才能提高学习效能。

(一)认知策略

认知策略是加工信息的一些方法和技术,有助于有效地从记忆中提取信息,具体包括复述策略、精加工策略、组织策略。

1. 复述策略

复述策略即主动地对所学的内容进行适当的重复学习,在遗忘发生以前,通过复习来避免遗忘。

德国心理学家艾宾浩斯(Hermann Ebbinghaus)是发现记忆遗忘规律的第一人。他以自己为被试,以自编的无意义音节作为识记和回忆的材料,以再学习所节省的时间作为指标,描绘了遗忘曲线(见图5-1)。遗忘曲线说明,人们在学习中的遗忘是有规律的,遗忘的进程不是均衡或固定的。在记忆的最初阶段遗忘的速度很快,后来逐渐减慢,到了相当长的时候后,几乎就不再遗忘了,这就是遗忘的发展规律,即"先快后慢"的原则。

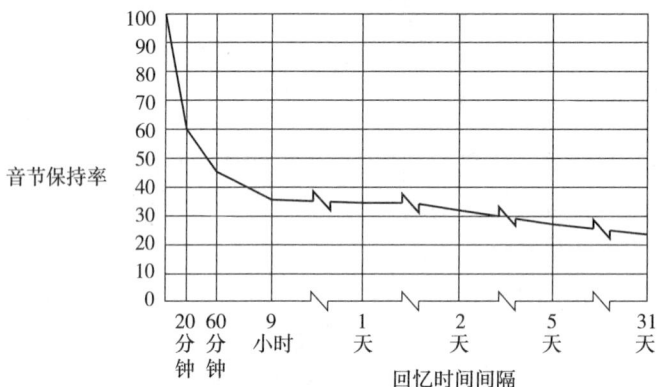

图 5-1　艾宾浩斯遗忘曲线

学习过的信息如果不经过复述就很容易被遗忘,尤其在记忆的最初阶段。就复述策略而言,可采取及时复习、集中复习和分散复习、提问或尝试背诵等。具体而言,及时复习是在学习完的短时间内及时进行,在遗忘开始的最初阶段通过复习弥补信息的遗漏,如课上跟上老师的思路、当天课下及时查漏补缺,等等。集中复习是集中一段时间重复学习许多次。分散复习则是每隔一段时间重复学习一次或几次,研究表明,对于大多数学习,分散复习更有益于保持。此外,在学习时一面阅读,一面自问自答或自己背诵,也可以检查自己的错误和薄弱环节,从而重新分配精力,提高学习效率。

【我来练练】

有很多同学认为大学的知识不需要复习。然而,艾宾浩斯的遗忘曲线提示我们,知识不经复述很容易被遗忘。请大家根据前文所介绍的复述策略,为自己制订一套复习方案。

_____

_____

2. 精加工策略

精加工策略,是在意义理解基础上的信息加工策略,是一种高水平的精细的信息加工策略。一般的精细加工的策略有许多种,也被人们称为记忆术,比如划线法、笔记法等。

划线法能使学生快速找到所复习资料中重要的信息,是学生常用的一种学习策略。有效的划线法是建立在思考之上的,划出的是重点和相关信息。记笔记也是阅读和听讲中用得较为普遍的精加工策略。学生借助笔记有助于发现新知识的内在联系,并建立新旧知识之间的联系。笔记的种类也影响着整合和组织信息的方法:逐字逐句地做笔记,可对材料逐一编码;总结性笔记,可以增进对材料的再组织和整合;用自己的话做简要笔记,组织和总结讲演中的要点,要求对信息进行高水平的心理加工,效果也很好。

3.组织策略

组织策略是将学习材料分成一些小的单元,并把这些小单元置于适当的类别中,从而使每项信息和其他信息联系在一起的一种学习策略。组织有序的材料比杂乱无章的材料更易学易记。温斯坦和梅耶提出了两种有用的组织策略:列提纲和画结构图。列提纲是以简要的词语写下主要和次要的观点,也就是以金字塔的形式组织材料的要点,每一具体的细节都包含在更高一级水平的类别之下。结构图则用于图解知识点间的联系。在作结构图时,应先识别主要知识点,然后识别其间的关系,再用适当的图解来标明这些知识点之间的内在联系。

(二)元认知策略

学习者要学会使用一些策略去评估自己的理解程度、预计学习时间、选择有效的计划来学习或解决问题。例如,读者在书中遇到读不懂的段落,或许可以慢慢地再读一遍,或许还会退回到更前面的章节,这意味着读者要学会知道自己什么地方不懂,以及如何去改正自己。这些就是元认知策略。元认知策略就是人们对自己学习过程的认知,概括起来有三种:计划策略、监控策略、调节策略。

1.计划策略

计划策略包括设置学习目标、浏览阅读材料、产生待回答的问题以及分析如何完成学习任务。给学习作计划就好比篮球教练在比赛前针对对方球队的特点与出场情况提出对策。优秀的学生不仅是被动听课、做笔记,还要主动地思考学习要达到的效果是什么,如何进行课前准备,需要获取哪些信息,如何做好复习等。

2.监控策略

监控策略包括阅读时对注意加以跟踪、对材料进行自我提问、考试时监视自己的速度和时间。这些策略使学习者警觉自己在注意和理解方面可能出现的问题,以便发现和修改。有两种具体的监控策略——领会监控和策略监控。

领会监控是指学习者头脑中有明确的领会目标,在整个学习过程中始终注重实现这个目标,根据这个目标而监控学习。如果没有找到与目标相关的内容,就会采取重新浏览材料、更仔细阅读等补救措施。策略监控是学习者对自己应用策略的情况进行监控,保证该策略有效地运用。可以采用自我提问法,询问自己"所采用的方法是否合适?""当遇到问题不容易解决时,自己归纳总结了吗?"

3.调节策略

调节策略是指在学习过程中,根据监控结果对有问题的地方进行调节修改的策略,例如,当学习者测验时跳过某个难题,先做简单的题目。调节策略能帮助学生矫正他们的学习行为,补救理解上的不足,从而更好地学习。

（三）资源管理策略

资源管理策略是辅助学生管理可用环境和资源的策略，有助于学生适应并调节环境，以适应自己的需要，包括时间管理策略、努力和心境管理策略、工具的利用策略和社会性人力资源的利用策略。

1.时间管理策略

大学的学习和娱乐生活是丰富多彩的，然而，学生能够支配的时间是有限的。因此，大学生要学会利用有限的时间资源，合理分配学习时间。

首先，大学生应该学会统筹安排学习时间，根据自己的总体目标划分阶段目标，并针对每一阶段目标制订每一学年、每学期、每个月、每周以及每天的时间表。对每天的活动，都要根据任务的轻重缓急列出优先顺序，尽量减少无计划、无节制、无意义的时间浪费。在制订学习计划时，要明确学习结束时应该有何收获，而不是仅仅要求完成任务。

其次，大学生应该根据自身的节律，高效利用最佳时间。每个人在不同的时间里，体力、情绪和智力状态是不一样的，应该根据自己的生物钟安排学习活动，比如在精力充沛的时候做最重要、最紧张的学习活动。不仅如此，大学生还应该根据学习效率的变化合理安排学习活动。其实，人的智力是存在周期的，每个人在一天当中的体内新陈代谢状况和大脑机能状况不同，智力的最佳时间也就因人而异，有的人早晨起来大脑最活跃，而有的人则晚上大脑最兴奋、状态最好。因此，要根据个人状况，确保状态最佳时学习最重要的内容。

科学家已证实，人体内存有体力、情绪和智力三种周期，每个周期控制着各自的机能水平。人的智力以33天为一个周期，人的体力大约23天为一个周期，人的情绪大约28天为一个周期。每个周期中，又分为高潮期、低潮期和临界期。在智力周期的高潮期，脑子清楚，逻辑思维能力强，工作效率高；低潮期反应较迟缓；临界期就更差。

【我来练练】

你每天什么时候精力充沛，什么时候懒怠疲倦？你了解自己每天的学习活动吗？请根据自己的生物节律，为自己的学习活动制订一份每天的时间表。

时　间	任务安排	要达到的效果	完成情况
06:00—08:00			
08:00—10:00			
10:00—12:00			
12:00—14:00			
14:00—16:00			
16:00—18:00			
18:00—20:00			
20:00—22:00			
22:00—24:00			

续表

时　　间	任务安排	要达到的效果	完成情况
24:00—02:00			
02:00—04:00			
04:00—06:00			

2. 努力和心境管理策略

任何一项学习任务的完成都需要不懈努力和坚持。如果将学习当成一件苦差事，或者仅仅为了应付考试，就很难激发起内在的动力。大学生可以尝试从学习中寻找乐趣，并给自己设立一个内在的标准，来衡量自己的学习是否成功，将学习当成是一种对自己的挑战，勇于克服障碍，从中获得快乐。对学习上取得的成功，要设法对自己进行奖励，可以赞美自己"我真行"，也可以做一些自己喜欢的活动来犒劳自己。对学习上的失败，则应该客观地认识自己失败的原因。一个人的成败主要还是取决于努力程度。因此，要调动自身的努力资源，维持自己的意志，积极地完成学习活动。

3. 工具的利用策略

学习工具是学习中所必不可少的学习资源，学会有效利用学习工具对大学生而言是非常重要的。

首先，应学会利用教材之外的参考资料，要选择与自己的学习内容相吻合，与自己的现有水平相适应，具有较强的针对性和权威性的资料。其次，大学生应该学会利用图书馆的资源，根据图书目录查阅所需要的纸版书籍，同时，也应学习利用图书馆的电子资源，检索各类期刊文献。再次，利用广播电视资源。可以有选择、有计划地连续收看一两项重要内容来学习。最后，学会利用网络上的有益资源。大学生可以有目的地在网络上搜寻对自己有用的信息，如与课程内容相关的公开课、讲座等，以更好地消化课堂上所讲的知识。网络游戏、网络电影等也可以作为对学习的一种奖励，但要注意时间的控制。

【我来练练】

大学中有很多资源是我们可以利用的，请根据工具的利用策略及自身实际，写一写自己身边可以利用的资源。

_____

_____

4. 社会性人力资源的利用策略

学习不是闭门造车，当然需要与人交流，老师和同学是学习最重要的社会性人力资源，应该学会善于利用。当遇到疑问无法解答，最好向老师请教，以获得老师在知识、解决问题以及学习方法上的启发。不仅如此，还可以尝试参与到老师的科研项目和日常教学工作当中，从中锻炼自身的能力及科研素养。此外，同学间的相互合作和讨论也有助于彼此启发、相互辅导，培养团队协作能力。

当然,由于大学生自身的差异,不同年级、不同性别、不同学科性质的学生所使用的学习策略是有差异的。研究表明,在元认知策略上,一年级学生优于其他年级;而在认知策略和资源管理策略上,三、四年级大学生的水平明显高于一年级;女大学生的认知策略和资源管理策略水平显著高于男大学生;文科大学生的认知策略和资源管理策略水平显著高于理科大学生。因此,大学生应该根据自身特点选择适宜自己的学习策略,这样才能有效利用各种资源,提高学习效率。

【我来练练】

上面几种学习策略,你常用哪些?请将它们列出来,并阐明这些学习策略适合你的原因。

_____

_____

还有哪些策略是你之前没有使用,但经过介绍后决定尝试一下的?请将它们列出来,并阐明你愿意使用它们的理由。

_____

_____

_____

_____

三、大学生学习的特点

大学生的学习要在较短时间内系统掌握科学知识和技能,开发智能,培养自己的学习能力,形成学习风格,与中小学的学习有着明显的差异。了解大学生学习的特点,有助于大学生调整自己的学习态度和学习方法,更好地适应大学的学习生活。

(一)学习的专业性

大学教育在很大程度上是一种职业教育,因此,大学生的学习实际上就是一种专业学习。各专业在课程设置、教学内容、教学安排以及培养目标上存在很大的差异。确定了自己的专业之后,大学生必须对所学专业形成正确的认识,制订学习计划,掌握专业的知识与技能,培养该专业人才所应具备的能力和品质。当然,专业学习还需要不断拓展自己的知识面,调整学习内容,形成最佳的知识结构。高年级时,许多专业课学习的内容起点较高,视野较宽,有些内容实质上已处于本学科发展的前沿,大学生可以利用这些知识拓宽专业视野,培养科研动机。此外还可以根据自己的兴趣和理想选择相应的选修课、双学位、课程辅修等。

(二)学习的自主性

进入大学后,自主学习开始占主要地位。教师不会规定学生该学什么、怎么学,大学生可以根据自己的兴趣、特点自主安排,或看书学习,或参加实践活动,或做校内外兼职等。课堂上,教师只讲授重点和难点,向学生传授学习方法,不会再像中小学那样讲授教材中全部内容,甚至反复练习和强调。大学生的学习不能完全依赖教师和家长的督促,而是需要培养自学能力,学会自己确定学习目标、安排时间,学会迅速地查找和阅读各种专业资料,独立自主地获取知识。

小波是以不错的成绩考进大学的,来大学之前,小波踌躇满志。但进入大学后,没有了父母的高压管制,没有了老师的耳提面命,小波被一下子涌来的自由打昏了。他开始没了方向,不知道自己该做什么。虽然想学习,但看着周围的同学上网聊天、打游戏,自己也心痒痒,根本学不进去。本来告诉自己一定要努力学习的,可是总感觉自己管不住自己。

(三)学习的探索性

大学生的学习具有探索性。陈兰等研究发现,现在的大学生仍是应试教育的产物,他们更关心考试,死记硬背是主要的学习心理。但是,大学的知识不再是既定结论,不能仅靠死记硬背,还需要吸收各家所长,摸索出自己的个人见解。在学好自己专业知识的同时,要了解和学习最新研究成果和发展趋势,对本学科发展前沿的一些东西,要积极去探索、去思考、大胆创新。

探索性还体现在大学生需要将所学知识在实践中加以运用。学以致用不仅能培养应用知识的能力,对更深入地认识和评价理论也非常重要。发展探索精神的途径有很多,很多本科生在大二、大三就参与自己感兴趣的实验进行实验研究,这可以加深学生对书本知识的理解,还能体验解决问题的乐趣,培养良好的科研习惯。

(四)学习的多元性

课堂学习虽然还是大学学习的主要途径,但已不是唯一的途径。除了课堂学习以外,大学生还可以通过各种渠道开展多方面的学习。比如,在图书馆或资料室查阅文献,参加或协助教师的科研活动,听各种报告和讲座,参与学生会和社团协会的工作。还可以进行社会实践,进行社会调查或开展咨询服务,从社会实践中学习。

【我来练练】

大学该怎么学习?

1. 你知道自己为什么要学习吗? 你知道学习会给你带来什么吗? 请列出自己学习的理由,并将其作为你的学习目标:

_____

_____

2. 你知道在大学里该向谁学习吗? 请列出你可以学习的对象:

_____

_____

其实,你的老师、师兄师姐、朋友、同学都是你学习的对象。

3. 你知道在大学里该从哪里学习吗? 请列出你可以学习的途径:

_____

_____

其实,课堂、图书馆、讲座、网络、社会实践等都是很好的学习途径。

4.你知道在大学该学习什么吗？请列出你可以学习的内容：

_____

_____

大学不仅是学习专业知识和职业技能的地方,还可以教导我们学会做人、学会做事、学会学习、学会生活。

大学生的学习心理特点还存在着一定的年龄差异。赵毅等研究发现,一年级大学生的学习愿望强烈但学习动机不足,学习的生理条件具备但心理条件不足,学习的自觉性较好但情绪波动大;二年级大学生的学习目标和学习态度出现了差异,学习兴趣与学习热情处于全盛时期,独立学习能力日益增强,学以致用的意识不断发展;三年级大学生的学习目标、学习态度、学习兴趣定型化,普遍存在失落感、缺憾感和紧迫感,对专业是否符合个性特征的认识明朗化。大学生可根据不同阶段的学习心理特点,调整自己的学习状态。

第二节 大学生常见学习心理问题及调适

面对复杂的学习活动,人们难免会遇到各种各样的学习心理问题,比如学习动机水平不当、考试焦虑等,这将导致学习效率降低、学习质量下降。因此,大学生了解心理困扰及调适方法,对提高学习水平具有重要的意义。

一、学习动机的调节

(一)什么是学习动机

动机是推动个体进行活动以满足其某种需要的内部动力。而学习动机,就是激发个体进行学习活动、维持已经引起的学习活动,并导致行为朝向一定的学习目标的内部驱动力。学习动机决定学习方向、学习进程和学习效果。

学习动机是在学习需要的基础上形成和发展起来的,学习需要的多样性决定了学习动机的复杂性。根据不同的标准,可将学习动机进行不同的分类。

1.外部动机和内部动机

按学习动机的来源,可分为外部动机和内部动机。外部动机是指受外部因素影响而形成的学习动机,例如父母的奖励、他人的认可、获得荣誉称号和奖学金、找到一份好工作等。外部学习动机很容易随着外部条件的变化而变化,如果得不到及时有效的调节,就会影响学习效果。内部学习动机是个体因内在需要而产生的学习动机,例如学习者对学习的兴趣、求知欲、理想、人生观及其自尊心、自信心、责任感和成就感等。一般来说,内部动机比外部动机具有更大的积极性、自觉性和主动性,对学习活动有着更大、更为持久的影响。

一位老人家附近住着一些十分顽皮的孩子,他们的吵闹声使老人每天都无法好好休息,在屡禁不止的情况下,老人把孩子们都叫到一起,告诉他们谁叫的声音越大,谁得到的奖励就越多。到孩子们已经习惯于获取奖励的时候,老人开始逐渐减少所给的奖励,最后无论孩子们怎么吵,老人一分钱也不给。结果,孩子们认为受到的待遇越来越不公正,就再也不到老人所住的房子附近大声吵闹了。这位老人就是将孩子们的内部动机"为自己快乐而玩"变成了外部动机"为得到钱而玩",而他操纵着钱这个外部因素,所以也操纵了孩子们的行为。

2. 近景动机和远景动机

根据动机行为与目标远近的关系,可划分为近景动机和远景动机。近景动机是指与近期目标相联系的动机,比如学习内容有趣,学习后感到舒心、振奋,得到理想的考试成绩等。远景动机是指与长远目标相联系的动机,比如为今后要从事的事业打基础。远景动机和近景动机在一定条件下可以相互转化,远景目标可分解为许多近景目标,近景目标要服从远景目标,所谓"千里之行,始于足下"就是这个意思。

3. 主导性学习动机和辅助性学习动机

根据学习动机动力作用强度的大小,可分为主导性学习动机和辅助性学习动机。一般来说,学生的学习动机不是单一的,总是由主导性学习动机和若干辅助性学习动机构成。主导性学习动机动力强,起着主导性作用,而辅助性学习动机动力弱,起着次要的、辅助性的作用。比如,想获得优异的考试成绩、得到赞赏、获得奖学金等,均可成为辅助性学习动机,而找到理想的工作则可能始终是其主导性学习动机。

(二)大学生学习动机与学习效率的关系

不同学习动机水平对大学生的学习效率会产生不同的影响。根据耶克斯—多德森定律:动机水平与学习效率的关系呈倒 U 形曲线,即中等程度的动机水平学习效率最佳;在未达到最佳动机水平时,学习效率随着动机水平的升高而提高,而超过最佳动机水平之后,学习效率将随动机水平升高而下降。同时,动机的最佳水平随任务的性质不同而不同,对于简单作业,要取得最佳的成绩就要求有较高的动机水平;而对于难度较大的作业,较低强度的动机水平才是最佳的(见图 5-2)。学习动机不足和学习动机过强都会影响大学生的学业效能感。

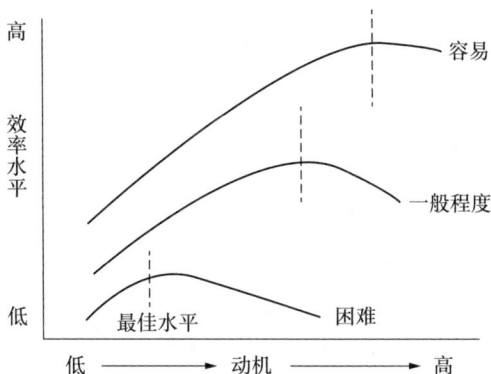

图 5-2　耶克斯—多德森定律

学习动机不足指学习上无明确的学习目标,对学习不感兴趣,不求进取。缺乏学习动机的学生把学习当成是被迫的苦差事,逃避学习,也不在乎考试成绩,把主要精力放在与学习无关的活动上,得过且过。造成大学生学习动力缺乏的原因是多方面的,但究其深层原因是他们缺乏远大理想,没有确立正确的学习目标。有的大学生是因为自我控制能力较差,容易受别人的影响,"别人玩我也玩";有的是因为上大学后产生松懈心理;有的是把过多精力放在发展自己的爱好、特长上,结果对学习失去了兴趣;还有的可能是在学习中遭遇挫折,从此一蹶不振,失去了学习的信心。

小赵是一名大一新生,他在高中时学习也非常努力,但走进大学校门的那一刻,小赵突然觉得如释重负,感觉努力终于到头了,剩下的都是享受。小赵觉得上课的内容毫无意义,不知道对自己有什么用处,老师的各种课堂要求也让小赵感到厌烦与抵触,一翻开书就感觉瞌睡。渐渐地,小赵开始频繁逃课,整天沉迷网络,学习成绩也一落千丈。

学习动机过强的学生对自己学业期望过高,有宏伟的目标和远大的抱负,但对自己的学习能力缺乏恰当的估计,导致目标过高,缺乏实现的基本条件和基础,反而造成学习压力过大,学业自我效能感下降。

小郭的父母都是高级知识分子,从小对其要求严格。在父母的言传身教下,小郭从小就努力学习,对自己要求很高。进入大学后,小郭为自己进行了认真细致的生涯设计,成绩要拔尖,二年级通过英语六级,三年级入党,还要锻炼各方面的能力……小郭每天都很刻苦地学习,却发现自己离目标越来越远,他感到自己失去了学习上的优势,怀疑自己的学习能力,甚至多年积累的自信也受到挑战。

【我来练练】

测测你的学习动机

该测验共20个题目,测验时请在与自己情况相符的题前填"√",不相符的题前填"×"。

1. 如果别人不督促你,你极少主动地学习。
2. 当你读书时,需要很长的时间才能提起精神。
3. 你一读书就觉得疲劳与厌烦,想睡觉。
4. 除了老师指定的作业外,你不想再多看书。
5. 如有不懂的,你根本不想设法弄懂它。
6. 你常想自己不用花太多的时间成绩也会超过别人。
7. 你迫切希望自己不用花太多的时间,成绩也会超过别人。
8. 你常为短时间内成绩没能提高而烦恼不已。
9. 为了及时完成某项作业,你宁愿废寝忘食,通宵达旦。
10. 为了把功课学好,你放弃了许多感兴趣的活动,如体育锻炼、看电影等。
11. 你觉得读书没意思,想去找份工作。

12. 你常认为课本上的基础知识没什么好学的,只有看高深的理论、读大部头作品才带劲。

13. 你只在喜欢的科目上狠下功夫,对不喜欢的科目放任自流。

14. 你花在课外读物上的时间比花在教科书上的时间要多得多。

15. 你把自己的时间平均分配在各科上。

16. 你给自己定下的学习目标,多数因做不到而不得不放弃。

17. 你几乎毫不费力就实现你的学习目标。

18. 你总是同时为实现几个学习目标忙得焦头烂额。

19. 为了应付每天的学习任务,你已经感到力不从心。

20. 为了实现一个大目标,你不再给自己制订循序渐进的小目标。

评价规则:

上述 20 个题目分为 4 组,它们分别测查学生在学习动机四个方面的困扰程度:

1~5 题测查学习动机是否太弱;6~10 题测查学习动机是否太强;

11~15 题测查学习兴趣是否存在困扰;16~20 题测查学习目标是否存在困扰。

假如对某组中的大多数题目持认同的态度,则一般说明在相应的学习欲望上存在一些不够正确的认识,或存在一定程度的困扰。

(三)大学生学习动机的调适

若学习动机正确、强度恰当,并且指向学习活动本身,则有利于促进学习。因此,培养良好的学习动机就显得非常重要。

1. 确立合适的目标

大学生要在了解自身的优势和不足的基础上,确立合理的学习目标,才能激发起内在的学习动机。很多学生高中时将考大学作为唯一的学习目标和动力,然而进入大学后却没有确立新的更为远大的学习目标,造成了考上大学前后的"动机落差"。这种没有目标的茫然状态或目标过低,会使大学生缺乏学习的积极性和主动性。陈兰等的研究认为,社会转型期大学生都知道学习的重要性,可是大多数学生缺乏动力。还有一些学生对自己估计过高,制订的目标过高,这会使大学生体验到达不到目标的失望和沮丧。所以,恰当的学习目标是保证动机水平适当的基础。

美国哈佛大学有一个非常著名的关于目标对人生影响的跟踪调查。对象是一群智力、学历、环境等条件差不多的年轻人,初次调查结果发现:27% 的人没有目标;60% 的人目标模糊;10% 的人有清晰但比较短期的目标;3% 的人有清晰且长期的目标,并能把目标写下来,经常对照检查。25 年的跟踪研究后,那些占 3% 的人,25 年来几乎不曾更改过自己的人生目标,并为之不懈努力,此时几乎都成了社会各界的顶尖成功人士。占 10% 的,大都生活在社会的中上层,那些短期目标不断被达成,他们的生活状态稳步上升,成为各行各业不可或缺的专业人士,如医生、律师、高级主管等。占 60% 的目标模糊的人,几乎都生活在社会的中下层,他们能安稳地生活与工作,但都没有什么特别的成绩。剩下 27% 的 25 年来都没有目标的人群,他们几乎都在社会的最底层,常常失业,依靠社会救济,并且常常都在抱怨他人,抱怨世界。有什么样的目标,就会有什么样的人生。

目标制订看似简单,但目标的设定不可过高或过低,应注意目标制订的 SMART 原则:

S——Specific 是指目标要具体、明确,要用具体的语言清楚地说明要达成的行为标准。比如,"学好英语"这种对目标的描述就很不明确,可将其具体化为"在大二下学期之前考过国家英语六级"等能够反映细化指标的目标。

M——Measurable 是指可衡量,有一组明确的数据作为衡量是否达成目标的依据。如果制订的目标不能衡量,就无法判断这个目标是否实现。比如,"期末考试取得好成绩","好成绩"既不明确又不容易衡量,可以准确地说"达到85分以上为效果理想",这样目标就变得可以衡量了。

A——Achievable 是指目标是可以达到的。设置的目标既应该有一定的挑战性和高度,又是通过努力可以实现的,就好比应该是"跳起来摘苹果",而不是"跳起来摘星星"。

R——Relevant 是指相关性,即目标与学习或工作本身有关联。若设置的目标与其他目标完全不相关,或者相关度很低,那么这个目标即使达到了,意义也不是很大。

T——Time-based 是指目标的时限性。大学生应该根据任务的权重、事情的轻重缓急,拟定出完成目标的时间要求,并根据计划的变化及时调整。

现代社会急需的是综合型人才,除了学习目标,大学生也应该为自己在个人素质、人生事业和未来生活等方面确立合理的目标。

2.激发求知兴趣

爱因斯坦说过:"兴趣是最好的老师。"若大学生喜欢自己的专业,喜欢学习,就会产生一种内在的学习驱动力。兴趣不是天生就有的,而是随着年龄的增长和实践活动的丰富培养和发展起来的。大学生可以有选择地参加各种校内文化活动,激发自己的求知欲,可以通过听讲座、看相关专业书籍、参与相关的社会实践和科学研究,进一步了解自己的专业,体会专业学习的重要性,并培养对本专业的兴趣。

小丽在考大学时被调配到学校新设的泰语专业,刚开始她对这一专业很排斥,觉得自己不喜欢语言类的学习,而且也不知道毕业以后会有什么发展。但她不断强迫自己去学习各种专业知识,学习泰国文化、泰国习俗、舞蹈等,向老师、泰国留学生了解相关知识。在持之以恒的学习中,她慢慢喜欢上了这个专业。

【我来练练】

1.你喜欢学习吗? 你从现在的学习当中找到了哪些乐趣? 请将它们写下来:

_____

_____

2.请6~8人一组,一起讨论一下现在学习的乐趣,并将交流的信息写下来:

_____

_____

_____

3. 除了上述所讨论的内容之外，我们还可以怎样激发自己的学习兴趣呢？也请你将可采取的途径写下来：

_____

_____

_____

_____

3. 进行合理归因

归因是指个体对自己成功与失败原因的看法与解释。美国心理学家伯纳德·韦纳研究了人们对成功与失败的归因倾向，指出能力、努力、任务难度和运气是人们知觉到的四种主要原因，并将其进行了系统探讨，把归因分为三个维度：内部归因和外部归因（内外源），稳定性归因和非稳定性归因（稳定性），可控制归因和不可控制归因（可控性）。韦纳等人认为，人们对成功和失败的解释会对以后的行为产生重大的影响。

内外源是指个体自认为影响其成败因素的来源，包括个人条件（内部归因）以及外在环境（外部归因），能力和努力属于内归因，其他各项则属于外归因。

稳定性是指个体自认影响其成败的因素在性质上是否稳定，能力与任务难度是不随情境改变的，其他各项则均为不稳定者。

可控性是指个体自认影响其成败的因素在性质上能否由个人意愿所决定，努力是可以凭个人意愿控制的，其他各项均非个人能力所为。

大学生应该学会积极、合理的归因。将成功归因于内在、稳定的因素，即自己成功时归因于自己的能力强而非运气好，能增强自己的自豪感和自信心，产生愉快的情绪体验，并对自己的行为结果具有较高的期望。而将失败归因于内在、可控的因素，即归因于努力不够而非能力不强，那么未来仍然会充满希望，能够避免产生沮丧、绝望的情感。反之，如果将失败归因于能力不足，则会产生失望、无奈的情绪，进而降低自我效能感，容易放弃积极的行为。

将失败归因于内部、稳定因素，会使学生产生"习得性无助"。习得性无助指人在最初的某个情境中获得无助感，在以后的情境中仍不能从这种关系中摆脱出来，从而将无助感扩散到生活中的各个领域。习得性无助的学生认为自己没有能力改变任何事情，遇到困难时往往自暴自弃，具有较低的自我效能感，对失败的恐惧远远大于对成功的希望。大学生应该对自己进行积极的成败归因，避免产生习得性无助。

1975年，塞利格曼用大学生当受试者进行了一项实验，受试者被分为三组：第一组学生要听一种噪声，但无论如何也不能使噪声停止。第二组学生也听这种噪声，不过通过努力可以使其停止。第三组是对照，受试者不必听噪声。当三组在各自的条件下进行一种实验之后，即进行另外一种实验：实验装置是一只"手指穿梭箱"，当受试者把手指放在穿梭箱的一侧时，就会听到强烈的噪声，放在另一侧则听不到。实验结果表明，原来能通过努力使噪声停止的受试者，以及未听噪声的对照组，他们在实验中学会了把手指移到箱子的另一边，使噪声停止。而在原来的实验中无论怎样努力都不能使噪声停止的受试者，任凭刺耳的噪声响下去，他们的手指仍然停留在原处。

【我来练练】

请回忆你最近经历的一些成功或失败的情境,思考:当你遇到这些情境时,你是如何进行归因的?

1. 你认为是什么因素导致你成功:

_____

_____

2. 你认为是什么原因导致你失败:

_____

_____

3. 请6~8人一组,讨论:哪些归因是积极的,哪些归因是消极的?怎样进行积极的、合理的归因?将讨论出的积极的归因方式记录在下面:

_____

_____

_____

_____

4. 提高自我效能感

自我效能感指个体对自己是否有能力完成某一行为所进行的推测与判断,是动机模式中的核心成分。要激发学习动机,就要增强自我效能感,让自己觉得有能力完成学习任务、自己的能力可以提高,这种信念将直接影响学习行为。大学生可以在学习过程中创设成功的机会,在自身的进步中体验成功的喜悦,并从自身的变化中认识自己的能力。还可以将复杂任务拆分为若干步骤,每完成一步都给予自己及时的反馈和奖励。不仅如此,还可以尝试通过观察与自己能力相近的人获得成功的行为,来激发自己的自信心,提高自我效能感。

良好的学习动机能使学生积极适应新的学习环境,自觉排除各种干扰,勤奋学习。因此,培养大学生良好的学习动机,是提高大学生学习水平的重要手段。

二、考试焦虑的调节

(一)什么是考试焦虑

考试是大学生面临的主要应激源之一。每个人都希望在考场上发挥出自己的最佳水平,但并不是每个人的努力都与考试成绩成正比,也并不是每个人都能获得理想的成绩。有的学生因为对考试过于紧张,不能正常发挥自己的水平,表现出了考试焦虑。考试焦虑是个体担心考试失败有损自尊而引发的负性情绪反应。据调查,有10%~15%的大学生对考试存在着不同程度的焦虑,特别是学习基础比较差、性格比较内向、学习方法不够灵活的大学生最容易出现考试焦虑症状。

产生考试过度焦虑的原因很多。第一,过高的期望。学业期望越高的学生,对学习投入的精力越多,越看重成绩,因而对考试失败的恐惧感越强,越容易产生考试焦虑;而那些学业期望较低的学生,则一般不会产生考试焦虑。第二,由于知识经验储备不足,考前突击,匆忙上阵,一旦遇到难题,便会产生考试焦虑。第三,身患疾病、体质虚弱、经常失眠的人,对考试也容易产生过度焦虑。

(二)考试焦虑与大学生学习的关系

现代心理学把焦虑分为低、中、高等焦虑,并且认为适当水平的焦虑可以增强学习效果,但焦虑过度会对学习起不良作用。美国心理学家考克斯(F. N. Cox)的焦虑实验表明,中等焦虑组的学生成绩显著地高于低焦虑组和高焦虑组,高焦虑组最差。适度的焦虑有助于学生实际水平的发挥和考试成功,对考生来说这是必要的。

但考试过度焦虑对个体的学习及身心健康危害甚大。考试过度焦虑具体表现为:情绪上表现出担忧、焦虑、烦躁不安,认知上表现为注意力不集中、记忆力下降、思维僵化,行为上表现为坐立不安、手足无措,身体上表现为头痛、食欲下降、恶心、心慌、睡眠不好等。严重的考试焦虑的学生在考前还会出现明显的生理心理反应,如:过分担忧、失眠健忘、食欲减退、腹泻等;在临考时心慌气短、呼吸急促、手足出汗、频频上厕所、大脑一片空白等;个别学生在考场上看不清题目、看错题目、动作僵硬、手不听使唤等。

小铃高考时发挥失常,没有考上理想的大学,但全家人对小铃寄予厚望,决定让小铃复读一年。家人很关心她,经常到学校看望她,给她带一大堆补品,叮嘱她要好好学习,为家族争光,这给她造成很大压力。想到自己比其他同学多读了一年,如果还考不上,不仅无颜见父母,还丢尽了家族的脸。于是,她整天都在考虑该怎样才能考出好成绩,除了加班加点拼命学习外,熄灯之后她还要躲在昏暗的路灯下看书。就这样,小铃睡眠不足,渐渐地白天上课注意力无法集中,头昏沉沉的,书看不下去,但又舍不得休息。特别是到了考试之前,小铃的紧张感继续加剧,致使每次考试成绩都不理想,甚至逐渐下降,这令她更加焦虑。又一次高考临近,害怕失败的阴影总困扰着她。小铃偶尔也会鼓励自己:一定要考上大学。可是一上课,精力总集中不了,总在想"要是再次考不上怎么办?"越想越紧张,怎么也没法平静下来。

(三)考试焦虑的调适

1. 正确认识自己,合理评价考试

正确认识和评价自己的能力,确立合理的考试期待,既相信自己,但也不作超出自己能力的过高期望,这样可以有效地减轻心理压力。大学生应该认识到考试固然重要,但只是检验所学知识、衡量学习好坏的手段之一,并不能全面地反映一个人的知识水准和能力高低。虽然要重视考试,但不需要给自己太大的压力。就算考试失败,也不要灰心丧气,要用理性的分析战胜自己的担忧,从失败中吸取经验和教训。

大二学生小颖从小就对自己要求很高。她认为在大学里不仅要学习成绩好,还要在各方面都表现得很优秀。于是,小颖一上大学就积极地加入各种社团和学校活动中,全面地锻炼自己;在学习方面也丝毫不落下,还选修了双学位。第一学期下来,她取得了不错的成绩,还拿到了学校的二等奖学金。但她认为还做得不够,又给自己定下了更多的计划与目标,要求自己在大二时就通过英语六级考试,已经在做的各项活动也坚决不能放弃。渐渐地,小颖感到力不从心,无论如何时间都不够,计划总会被打乱,英语六级也没有通过,其他科目的成绩也开始下滑。小颖非常苦恼与伤心,她开始怀疑自己的学习能力,对未来感到茫然,不知所措。

从小颖身上我们可以看到,对自己和考试存在的不合理期待,最终带来的是无尽的挫败感。

2.认真复习,提高应试技巧

掌握适合自己的切实有效的学习方法,是提高学习成绩、顺利通过考试的关键。大学生应该注意平时课堂的学习,认真复习,积极备考,按轻重缓急原则制订复习计划,充分掌握课程的主要内容以及重难点,以增强考试自信心。除此以外,还应该注意考试技巧,考前要用较集中的时间对所学知识进行系统复习,考试时要掌握答题技巧,这些方法都可以消除考试紧张情绪。

3.劳逸结合,轻松应考

大学生还应该学习科学用脑,劳逸结合。保证充沛的精力、清醒的头脑和良好的身心状态,是防止考试焦虑的有效途径。在考试前要劳逸结合,可以做些喜爱的运动,放松自己的身心;还要保证充足的睡眠,这不仅有助于情绪的稳定和调节,还能保证以清醒的头脑和充沛的精力面对考试。如果考试过程中"怯场",应暂时停止答题并设法让自己放松,来对抗考试的紧张,比如闭眼、深呼吸、想一件令自己高兴的事或反复地自我暗示:"我很平静,我很放松。"

【我来练练】

腹式呼吸

现在,请大家深深地吸一口气感受一下,你是胸部鼓起了还是腹部鼓起了?很多人平时会采用胸式呼吸的方法,然而这种呼吸方式并不利于我们放松。大家可以在平时或考试感到紧张时使用腹式呼吸法,放松自己的心情。

第一,呼吸要深长而缓慢。

第二,用鼻吸气,用口呼气。

第三,一呼一吸掌握在15秒钟左右。即深吸气(鼓起肚子)3～5秒,屏息1秒,然后慢呼气(回缩肚子)3～5秒,屏息1秒。

第四,每次5～15分钟。

第三节　大学生学习能力的培养及潜能激发

学历文凭仅代表一个人的静态能力,而学习能力则是动态的、永恒的。对大学生而言,重要的是在大学期间学会学习,培养学习能力。学习能力强的人能够对知识进行重组与创新,能够使学习完全融入生活和工作,不断获取新信息、创造新机会,并逐步走向成功。

一、大学生学习能力的培养

（一）什么是学习能力

学习能力是一个结构复杂、多维度、多层次的心理现象。虽然尚无统一而明确的认识,但研究者们普遍认为,学习能力是学生在已有的知识和技能的基础上、在不断获取新知识并运用这些知识的活动中,所表现出来的智力和非智力因素的本领。大学生的学习能力是指其在校期间通过对知识和技能的学习,不断深化和完善对现实世界的认识,掌握驾驭新知识,并不断创新知识。学习能力的提高过程就是学生从"不会学"到"会学"的转变过程。

然而,很多大学生的学习能力还有所欠缺。王秀平、杜智敏等通过对北京 15 所不同类型高校的本科生按专业分层整群抽样统计分析后认为,从整体而言,学生注重个人素质的提高,学习目的明确具体,但相对浅近;学习态度较端正,但部分学生的学习兴趣不足,对考试作弊等行为态度暧昧;学习策略水平不高,利用学习资源的意识不强;学生自我控制能力较差,上网对部分学生有负面影响;在学习中探索和在研究中学习的观念不强。这一调查结果说明,提高大学生的学习能力迫在眉睫。

（二）学习能力的培养

大学学习阶段与中学相比有很大差异,因此,在学习能力方面应注意培养以下几个方面。

1. 自主性学习能力

部分大学生的学习能力不强,还沿袭中学及以前的学习方法,认为学习主要靠教师的课堂教学与讲解,主动学习意识淡薄。大学生应该逐步实现由"要我学"到"我要学",培养自主学习能力。自主学习是大学生根据自己的学习能力和特点、学习任务的要求,自觉确定学习目标,制订学习计划,积极主动地调控学习过程、努力程度,并对学习结果进行评价。这就要求大学生要清楚地知晓自己为何要学习、能否学习、应该学习什么、如何学习等问题,并为此付之行动。

2. 实践性学习能力

实践能力就是运用内化了的知识,对信息进行加工、处理,从而形成分析解决问题的能力。在大学里,学生应该将每一个学科的知识、理论、方法与具体的实践、应用结合起来,做到融会贯通。还应该在课上勤于思考,课下积极进行各种实践活动,促进知识的转化。参加社团活动、社会实习工作,都能够在实习经历中锻炼自己,更好地促进自己对专业的理解和掌握,也应多选与实践相关的课程,拓宽视野。还要不断在实践中学会分析新情况,采取新策略,选择新方法,解决新问题。

小杰是电信专业大一的学生,开始学习专业课以后,他总觉得老师讲的课程内容特别深,讲课速度也特别快,课上经常不太能跟上节奏。一个学期下来,小杰的专业课成绩只是勉强及格。这一学期,小杰参加了电路设计的课外小组。在小组中,小杰常常与同伴、学长就自己不懂的知识进行交流,并积极动手设计电路,在亲自摸索和实践的过程中,小杰不仅提高了对专业知识的理解能力,增强了动手能力,还发觉自己越来越喜欢,也越来越擅长这个领域了。

3. 研究性学习能力

研究性学习是一种互动的学习方式,通过生生、师生之间的充分交流和分享,在探讨问题的过程中碰撞出思想的火花和灵感。大学生应当从各种渠道吸收知识和方法,大学中的教师、博士生、硕士生乃至自己的学长、同学都是最好的知识来源和学习伙伴,在大家互帮互学、互相钻研的过程中,有所领悟、有所创造。还可以充分利用图书馆和互联网,培养独立学习和研究的本领。只有这样,大学生潜在的思考能力、创造能力和学习能力才能被真正激发出来。

4. 创造性学习能力

创造能力是指运用一切已知的信息,产生出某种新颖而独特的具有社会价值的产品的能力。学习的创造性是指接受、加工、消化与组合已有知识,并进一步创造新知识的过程。大学生在校期间,不仅要广泛获取知识,更要着力培养创造精神和才能。

大学生要培养创造能力,需要做到以下几点:首先,需要拓宽知识视野,积累多方面的知识经验。知识经验是创新的基础,只有积累多方面的科学知识与生活经验,才能启发思路。其次,要激发求知的渴望和探索新事物的热情,发明创造常常是在人们司空见惯的现象中产生的,就如同牛顿从苹果落地发现了万有引力一般。因此,大学生要独立思考,积极对事物的内在本质和规律进行探索,尝试提出新思想、新问题、新方法等。最后,要多角度、多方法、多层次地分析和解决问题,避免思维定式,突破已有经验的框架,学会打开思路,从不同的角度思考问题。

【我来练练】

1. 请6~8人一组,根据上面所阐述的学习能力,谈一谈自己在大学期间学习能力的现状:

_____

_____

_____

2. 在大学期间,如何提高自己的学习能力呢? 请大家一起讨论一下:

_____

_____

_____

二、大学生学习潜能的激发

(一)什么是学习潜能

学习潜能是潜在的、未被开发、未被利用的学习能力和动力。每个人都蕴藏着巨大的学习潜能,但由于学习潜能的隐蔽性,很多人的潜能都未被开发。只有通过训练培养,在后天的刺激下,学习潜能才有可能被激发出来。

学习潜能一般包括:视觉潜能,这样的人往往具有敏锐的观察力,善于发现周围环境的细微变化,具有良好的方位感,对整体布局有很强的把握力;听觉潜能,这样的人听觉很灵敏,对声音,尤其是富有节奏感、韵律感的声音有高度的识别力和记忆力;创造潜能,这样的人习惯在日常生活中运用自己的智慧,发现新事物,研究新问题,解决新矛盾,开辟新道路;智力潜能,具有这类潜能的人能够很快地接受新鲜事物,有很强的词语理解能力与推理能力,对所学的知识能举一反三,最大限度地进行推广运用;模仿潜能,这样的人能够较好地仿效他人的言行举止,并引起与他人类似的行为活动。

(二)学习潜能的激发

要激发大学生的学习潜能,就要不断进行训练。只有在实践中坚持训练,巨大的学习潜能才会喷涌而出。

1. 排压放松

放松是发挥学习潜能的基础。只有在一个身心都感到轻松愉快的环境中,才能最有效地发挥出学生的学习潜能。大学生可以通过肌肉放松、思想放松、认知调节等方式从身心两个层面进行排压放松。具体的减压放松的方式将在本书第九章大学生压力管理与挫折应对中进行详细阐述。

2. 心理暗示

心理暗示是用间接、含蓄的方式影响心理和行为,自我暗示会产生强烈的心理优势,并引导潜在动机产生相应行为。大学生应该利用积极的暗示来激发潜能,将积极的学习潜能暗示运用于日常学习生活中。

心理学上有一个著名的试验:在接受试验者的皮肤上贴一片湿纸,并告之这是一种能使皮肤局部发热的纸,要求被贴纸的人用心感受那块皮肤的温度变化。十几分钟过去后,将纸片取下,被贴处的皮肤果然变红,并且摸上去有些发热。事实上,那只是一张普通的湿纸,是心理暗示使皮肤局部的温度发生了变化。可见,心理暗示有着巨大的作用。

在进行心理暗示时要注意:

第一,语句要简洁有力。"这次考试我一定会成功!""我的记忆力实在太好了!"大学生应该经常在心里默念或大声朗诵自我暗示的语句,才能达到良好的暗示效果。每天清晨走在校园里,或是睡前躺在床上默念一些带有成功意识暗示的、简单有力的句子,将会使疲劳得到疏解,为迎接进一步的挑战建立良好的自信心。

第二,暗示的内容要积极、有针对性。即使难免遇到失败和困境,也要学会用积极的语句,避免使用消极的、反面的语言。强调自己失败、负面的语句,只会留在潜意识里,而以积极的暗示来面对失败则对学习潜能有很大的帮助。

第三,要考虑执行的可行性。太过夸大的暗示往往容易和真实的心理产生矛盾,如果连自己都对暗示产生了抗拒,那么暗示也不会产生效果。

第四,充分运用想象。在默诵或朗诵心理暗示的语句时,应该在脑海里映射出同样清晰的意象。比如马上就要参加辩论赛了,可以在头脑中产生一个站在辩论台上镇定自若、口若悬河的形象,这样有助于缓解紧张,在原有水平得到充分发挥的基础上更容易激发潜能。

【我来练练】

请根据心理暗示的原则,为自己制订具体的、可执行的心理暗示口号并写在下面:

1. _____
2. _____
3. _____
4. _____
5. _____

3.制造高峰体验

高峰体验是在个体追求自我实现的历程中,历经基本需要的追求和满足后,所体验到的一种臻于顶峰而又超越时空与自我的心灵满足感与完美感。生活中最有成就感的时刻,最欣慰、最快乐的时刻,都能引发高峰体验。比如,一个学生获得比赛一等奖的时候感到无比自豪与兴奋,甚至还会流下激动的热泪,这就是高峰体验。引发高峰体验的事情因人而异,即使在别人眼里不起眼的小事,对不同的人也会产生不同的心理意义。大学生应学会制造高峰体验,进而挖掘自身的学习潜能,获得更好的学业成就。制造高峰体验可以按照以下几个步骤:

第一,发现以往的高峰经验。大学生可以先确定自己以往的优势、成功和高峰经验,回忆自己在学习生活中所经历过的印象深刻或者令人兴奋愉快的事情,体验它、分析它,探寻高峰经验。当然,如果很难找到自己的高峰体验,可以请周围的同学和比较了解自己的人帮忙,请他们说说自己有哪些成功之处,有哪些过人之处,以此作为参考。

【我来练练】

想一段生活中最奇妙的经历:最快乐的时刻,狂喜的时刻,全神贯注的时刻……可能是因为谈恋爱,或欣赏音乐,或突然被一本书或一幅画所打动,或在某方面获得成功……把这件事情记下来,然后尝试着说出在这个特殊的时刻你的感觉是怎样的,和其他时刻的感受有什么不同?你觉得自己和平时有什么不同?你觉得这个世界看起来有什么不同?

_____
_____
_____

第二,寻找高峰体验的"引发物"。回忆自己以往的高峰体验,分析是什么促使自己产生成功的喜悦与自豪感,找到高峰体验的"引发物"。它们大多是自己所喜欢的事物、一些投入心血而努力的事情或习惯爱好。其实,能引起高峰体验的事物并不见得多么高深莫测,一首喜欢的音乐、一处美景等都可能让人们产生高峰体验。

【我来练练】

根据自己的体验找一找曾经让你产生高峰体验的引发物:

_____

_____

第三,再次体验高峰状态。在寻找到高峰体验的引发物之后,就可以利用这一事物诱导自身感官,去感受那时的自豪、骄傲、喜悦等,再次体验高峰状态,进入以往高峰状态的内在世界。在这种状态中,能够使人更加肯定自己,从而增强自信,激发自身的潜能。

【心灵探索】

学习心理综合诊断量表

1. 学习态度的自我诊断

(1)是否有强烈的求知欲和努力学习的愿望?

(2)是否有主动积极的进取精神?

(3)学习是否认真?

(4)是否自觉独立地完成各科的学习任务?

2. 知识水平的自我诊断

(1)能否明确基本概念、基本知识?

(2)是否善于将新旧知识联系起来?

(3)所学的知识能否做到举一反三、触类旁通?

(4)能否运用概念正确区分事物?

(5)所学知识能否结合实际灵活运用?

(6)自己的知识结构是否合理?

3. 学习能力的自我诊断

(1)思维能力

①是否有探究与讨论问题的爱好?

②是否善于抓住两个不同事物的异同点?

③思维是否缜密?

④思维是否深刻?

⑤思维是否灵敏?

（2）理解能力

①对所学的概念、公式、定理，是否能做到不仅知其然，而且知其所以然？

②能否把握知识之间的内在联系？

③考试中的论述题（问答题）你是一字不漏地照课本回答，还是用自己的语言回答？

（3）解决问题的能力

①对自己解决问题的能力是否充满信心？

②你是否善于质疑和多发问？

③解决问题时你是否能准确果断地抓住要点？

④你是否能把注意力集中在所要解决的问题上，而较少注意那些与该问题无关的东西？

⑤解答问题的方法是搬用以前的解答模式，还是来自创新的解答方法？

⑥解答问题的思路是否有条有理？

⑦能否发挥已有知识在解答问题上的作用？

（4）自学能力

①是否善于安排和调整学习时间？

②是否具有良好的自学习惯？

③能否正确地使用工具书？

4. 学习技能的自我诊断

（1）阅读技能的自我诊断

①阅读时你是默默地读，还是有声地读？

②朗读时你是否能段句分明，节奏适中，富有感情？

③你能否边阅读边思考？阅读完后能否准确地概括出段意或中心思想？

（2）听课技能的自我诊断

①上课是否能专心地听老师讲课？

②听课时是否能紧跟老师的思路？

③能否抓住老师讲课的要点？

④是否善于发现老师讲课的错误？

（3）笔记技巧的自我诊断

①是否能记下讲课的梗概、重点、特别重要的内容、老师反复讲授的地方、开场白、结束语和章节的联系？

②能否记下系统的板书？

③能否记下老师分析问题和解决问题的思路？

④能否记下听课时的体会？

⑤是否记下了重要的图表和图解？

⑥是否记下了没有听懂的地方、疑难点或来不及思考的问题？

⑦是否能用自己的话来记笔记？

⑧笔记是否记得简明准确、一目了然？

（4）实验技能的自我诊断

①在实验之前是否有亲手去做、亲身去体验的愿望？

②是否制订了实验计划？

③是否能熟练地进行实验器械操作？

④是否能准确地记录、计算、整理实验结果？

⑤是否能准确地解释和概括实验结果？

⑥能否独立地完成实验报告？

5. 学习兴趣的自我诊断

（1）你最喜欢什么学科？

（2）你最喜欢什么课外活动？

（3）你是否有广博求知的愿望？

（4）求知的欲望是否强烈持久？

以上五个方面共53个问题，如果你有45个以上回答"是"，说明你的学习质量很高；如果有35～44个回答"是"，说明你的学习质量良好；如果有25～34个回答"是"，说明你的学习质量一般；如果回答"是"的问题在25个以下，说明你的学习质量较差。

【学以致用】

1. 拟定大学的学习计划

（1）思考：你有制订学年作息计划、学期作息计划、周学习计划、日学习计划的习惯吗？请结合本章的学习内容和自身实际，为自己制订一份具体的学习计划吧。

序　号	目　　标	实施计划和措施	实施结果
①			
②			
③			
④			
⑤			
⑥			
⑦			
⑧			
⑨			
⑩			

（2）请以6～8人为小组讨论：制订的计划和措施中，哪些有效，哪些无效？为什么成功？为什么失败？哪些需要改进？请将改进的意见写下来：

_____

_____

2.面对考试不再焦虑

(1)一想到要考试了,自己的心理状态是怎样的呢?考试前和考试过程中你的心理感受如何?请将其写在下面:

(2)为了缓解考试焦虑,你觉得考试前可以采取哪些方式减缓焦虑和紧张的情绪?

(3)考试过程中你可以采取哪些方式减缓焦虑和紧张的情绪?

(4)你是如何评价考试的?这些想法是否使你面对考试变得焦虑和紧张?下面,请在左边的横线上写上你对考试的评价和解释,在右边的横线上写上经过认知调整重新建立的对考试的评价和解释。

原来对考试的评价和解释　　　　　　　　调整后对考试新的评价和解释

(5)经过一系列的调整,你的考试焦虑是否减轻?现在感觉如何?

【身边的故事】

小祥以优异的成绩考入某名牌大学,现在已经大二了,虽然出身农村,由于是家里的独子,父母对他的期望非常高,他们希望小祥以后能光宗耀祖,帮助家里摆脱贫穷。小祥从小就心高气傲,学习也特别刻苦,上了大学后更是踌躇满志不想被"城里人"比下去。他每天很早就起床晨读,上完一天的课之后,也会继续自习复习,每天除了学习就是学习。可是,班上的同学都是来自各地的佼佼者,一年下来,小祥的成绩并不突出,也没拿到自己期待的奖学金。反而有的同学在学习上所花费的时间并没有自己多,却收获颇丰。小祥开始茫然了,他不知道自己这种学习状态是对还是错,也不知道自己的努力到底有何意义,更不知道该如何学习了。现在的小祥不再去自习了,连课都很少去上,人变得越来越沉默、封闭,也很少与同学交往。他开始怀疑自己的能力,总觉得自己就是班上最渺小的那个,与别人相比简直一无是处,每天唉声叹气,过着自怨自艾的日子,只是偶尔靠上网暂时忘掉烦恼。

课堂讨论:

1. 小祥目前有哪些需要解决的心理问题?

_____

_____

2. 这些心理问题可以通过什么方法得到改善?

_____

_____

个案点评:

小祥的问题属于学习适应不良,具体表现在:第一,学习目标不恰当,成绩只是大学目标的一部分,如果将此作为唯一的价值体现方式,一旦遇到挫折,就会挫伤自尊心;第二,小祥的学习方法不当,不能及时调整自己的学习方式,造成学习效率下降;第三,小祥的学习动机水平过强,每天除了学习就是学习,过于在意成绩反而会使自己过于焦虑,影响学业表现。

处理建议:

第一,小祥应该结合自身实际为大学生活制订切实可行的目标,可以在全面认知和评价自己的基础上制订合理的学习目标及生活目标。学习只是大学生活最重要的一部分,还可以安排各种课余活动培养自己多方面能力。

第二,小祥应学会调整自己的学习动机水平,形成对学习成绩的合理期待,客观认识自己的能力和学业失败,合理归因。

第三,小祥要理解大学学习与以往学习的差异,及时调整应试型的学习方式,学会利用各种学习策略,改善自己的学习状态。

【瞭望窗】

脑电波与学习

最新的研究认为,人脑在思考问题时,脑内不同的部分会产生强度不等的跳动,跳动的频率中 β 波频率为 13~30 Hz(有人认为可高达 500 Hz),α 波频率为 9~12 Hz,θ 波频率为 5~8 Hz,δ 波频率为 0.5~4 Hz(心跳每分钟 60 到 80 多次,就是 1~1.4 Hz)。人脑在思维时,β、α、θ、δ 波组成了复杂的脑波。

一般认为左脑皮层以 β 波为主,右脑皮层以 α、θ、δ 波为主。当人脑处于兴奋状态、积极思考时,左脑皮质具有处理时间、逻辑、语言、计算、排列、分类、书写等信息的抽象思维的功能,复杂脑波以 β 波为主,消耗脂肪与糖类,产生肾上腺素。哈佛大学的研究认为,左脑是自身脑,积累后天学习所获得的知识,个体间的差异很大。

而当人脑处于沉思状态、安详深思时,右脑皮质具有处理空间、视觉、听觉、情感、节奏、想象等信息的形象思维功能,复杂脑波以 α 波为主,消耗蛋白质,产生脑内吗啡。哈佛大学的研究认为,右脑是遗传脑,积累先天人类遗传因子,个体差异极小。

人在睡眠状态时以 δ 波为主。从 α 波降低到 θ 波，或者从 δ 波上升到 θ 波，是"视而不见，听而不闻"，是人脑产生"灵感"的波段，也就是所谓"灵光一现"、恍然大悟的过程。

由此可见，抽象思维以 β 波为主，形象思维以 α 波为主，灵感思维以 θ 波为主。β 波对我们度过白天很有好处，但抑制了我们进入大脑的更深层面。在 α、θ 波类型中可以进入更深的层面，这两种脑电波以放松、注意力集中和舒适等主观感受为特征。即在 α、θ 波状态下，非凡的记忆力、高度专注和不同寻常的创造力都可以取得。

第六章　大学生情绪管理

导读：艰苦奋斗二十年，毁于情绪失控几分钟

2003 年 1 月 23 日，浙江大学毕业生周一超报名参加浙江省嘉兴市秀洲区政府公务员招聘考试，笔试排名第三，面试后总成绩排名第五，在二百多个竞争者中脱颖而出。本来他以为自己这次一定入选了，但是没有想到体检查出了乙肝"小三阳"，随后被用人单位拒之门外。周一超无法接受这个现实，左思右想，决定"用自己的方式"来解决问题，于是举刀行刺人事干部，造成一死一伤的血案。9 月初，浙江省嘉兴市中级人民法院对这件轰动一时的大学生刺杀招考公务员一案作出一审判决，被告周一超被判处死刑，剥夺政治权利终身。周一超小时候，父亲病故，母亲没有再嫁，而是把全部希望寄托在儿子身上。好在儿子争气，顺利考上重点高中、重点大学，在学校也一直是好学生。这样艰苦奋斗二十年，却因为情绪失控毁了自己的一生，留下的是母亲和被害人家属撕心裂肺的丧亲之痛。这不由得让我们感受到情绪管理的重要性。本章将对情绪及情绪管理的方法进行详细讲解。

喜怒哀惧、七情六欲是人们生活的重要组成部分。只要稍加留意,我们会发现自己或他人每时每刻都在经历着一些情绪:或平静、或暴躁、或积极、或消极。情绪像大海的波涛有潮起潮落,通常不会长时间地处于绝对平静或狂暴状态。情绪成熟的人相对而言情绪更稳定,对生活的满意度也相对更高,在生活各方面的适应与发展也较理想。我们每个人都曾经历各种各样的情绪,而不断优化我们的情绪,不断提升情绪管理的能力,是大学生良好心理素质的重要内容。

第一节　情绪概述

一、什么是情绪

(一)情绪与情感

情绪与情感是两个联系紧密的概念,人们常常将二者放在一起进行描述和研究。日常生活中也有人将两者合并称为感情。多年来心理学家一直在不断对情绪和情感进行深入的研究,但由于其本身的复杂性,至今情绪与情感的定义仍然不统一。

在心理学研究中则分别采用情绪和情感来确切表述感情的不同方面,以更好地表达感情这个复杂概念的全部特征。情绪主要是指人们在内心活动过程中所产生的心理体验,或者说是人们在心理活动中,对客观事物是否符合自身需要的态度体验。如考上心仪的大学,高兴得手舞足蹈;被好友误解,心情郁闷得斗志全无;等等。而情感经常用来描述那些具有稳定的、深刻的社会意义的感情,比如对祖国的热爱、对美好事物的欣赏等。喜、怒、哀、乐、忧、愤、憎都是情绪和情感的不同表现形式。

(二)如何理解情绪

虽然一般谈到情绪情感都是指个体的主观体验,但实际上完整理解它们要从三个方面来考察,即主观体验、生理唤起、表情行为。

首先,情绪、情感是个体的一种主观感受,是一种内心的体验。情绪伴随着认识过程而产生,与人的需要有着直接的关系。一般而言,需要的满足会引起肯定的情绪、情感;需要的不满足则会产生否定的情绪、情感。但有时需要的满足也可能产生消极的体验,而需要的不满足,也可能产生积极的体验,这是由人的观念、信仰、世界观所决定的。由于客观事物与人的需要的复杂性,同一事物与人的需要的关系可能是多方面的。因此,人的情绪、情感极其复杂。在同一事物作用下,有时甚至会同时拥有相反或相对立的情绪、情感体验,如"喜忧参半""啼笑皆非"等。

其次,情绪和情感的产生有其生理基础。生理唤起是情绪产生的生理反应,即情绪的生理成分,它包括所有的身体变化。由于情绪体验需要有神经系统、内分泌系统的参与,所以情绪活动常常伴随如心率、血压、呼吸和血管容积上的变化。比如兴奋时,面部微血管舒张,脸部变红;紧张的时候我们会感受到"心都要跳出来了";难过的时候好像"心都碎了",这些都是随情绪而来的生理激活状态。不同情绪的生理反应模式和程度是不同的,满意、愉快时,心率、血压都是节律适中的,但暴怒时就会出现心跳加快、血压升高、汗腺分泌加速,这些变化受自主神经支配,不受人的意识控制。

最后,情绪和情感有其外部表现形式,即表情行为,包括面部表情、身段表情和言语表情。情绪的表达以面部的肌肉活动为主,如眉飞色舞、面红耳赤、愁眉苦脸等。面部表情既直接表达了个体的情绪体验,又使其他人通过表情了解了个体的情绪状态,具有双向沟通的作用。身体表情又称身段表情或体态表情,是指经由身体的各种动作,包括身体的不同姿态和手、足、躯干的动作,达到表情达意的沟通目的。例如,鼓掌表示兴奋、赞同,顿足表示生气,搓手表示焦虑,垂头表示沮丧,等等。言语表情是指通过说话的声调、节奏、音域、速度等方面以及转折、口误等表现出个人的情绪和情感。例如,一个情绪激动的人,他的声音音调会变尖,语速会加快,甚至声音颤抖。

意大利著名悲剧影星罗西应邀参加一个欢迎外宾的宴会。席间,客人们要求他即兴表演一段悲剧。于是他找来一本"剧本"用意大利语念了一段台词,声调非常凄凉悲伤,尽管客人们听不懂他的"台词",但也流下了同情的眼泪。事后罗西坦言,他读的根本不是台词,而是宴席上长长的菜单。

【我来练练】

体会我的情绪

1.回忆一件近期发生,最令你感到快乐的事情或情景,回忆得越仔细越好,然后静静地去体会自己的感受和情绪。

此时你的感受和情绪是:＿＿＿＿＿＿＿＿＿＿＿＿＿

2.回忆一件近期发生,最令自己感到伤心的事情或情景,回忆得越仔细越好,然后静静地去体会自己的感受和情绪。

此时你的感受和情绪是:＿＿＿＿＿＿＿＿＿＿＿＿＿

二、情绪的分类及状态

（一）情绪的基本类型

从生物进化的角度看,人的情绪分为原始（基本）情绪和复合情绪。快乐、愤怒、悲哀、恐惧是由遗传获得的人类最基本的四种情绪。

1.快乐

快乐是需要得到满足,愿望得以实现,心里的紧迫感和紧张感解除时的情绪体验。快乐的程度与所追求的目标对自身的意义以及实现的难易程度有关。

2.愤怒

愤怒是目的和愿望不能达成时,内心的紧张逐渐积累而出现的情绪体验。其程度可从轻微不满、生气、愠怒到大怒、暴怒。

3. 悲哀

悲哀是失去对个体自身有价值的人、事、物时出现的情绪体验。悲哀的程度取决于失去的事物在个体心目中的价值,可从遗憾、失望到难过、悲伤、哀痛、绝望。悲哀可能导致哭泣,同时也能通过哭泣使紧张得到释放。

4. 恐惧

恐惧是企图摆脱和逃避某种危险情境时产生的情绪体验。恐惧的产生不仅是由于危险情境的存在,还与个人对此环境的评价、经验和认知有关。引起恐惧的重要原因是个体缺乏处理恐惧情境或事件的能力。恐惧的等级变化从弱到强可表现为:担心、胆怯、惶恐、惊恐等。

这四种原始情绪是与生俱来的,人们往往以为只有快乐的情绪才是好的、有积极意义的,但其实每种情绪都具有独特的功能,如愤怒可以保护自我人际边界;悲哀可以释放伤痛避免抑郁;恐惧可以使人们远离危险等。随着个体的成长,还会产生由这四种基本情绪复合而成的其他复杂的情绪与情感,如厌恶、羞耻、悔恨、嫉妒、喜欢、同情等。不同的情绪时刻陪伴着人们的成长,正是因为情绪的多样性,人们才感受到了生活的复杂性和丰富多彩。

【我来练练】

请在下面四个空白的脸谱上画出不同的表情,并完成后面的句子。

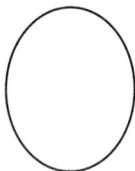

快乐的脸
在＿＿＿＿＿＿＿＿＿＿＿＿＿＿＿＿＿＿情况时,我感到快乐。

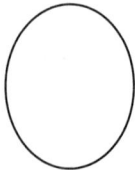

愤怒的脸
在＿＿＿＿＿＿＿＿＿＿＿＿＿＿＿＿＿＿情况下,我感到很愤怒。

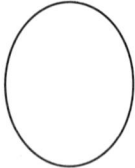

悲哀的脸
在＿＿＿＿＿＿＿＿＿＿＿＿＿＿＿＿＿＿情况下,我感到悲哀。

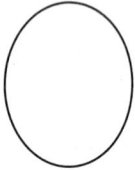

恐惧的脸
在＿＿＿＿＿＿＿＿＿＿＿＿＿＿＿＿＿＿情况下,我感到恐惧。

(二)情绪的状态

按情绪发生的速度、强度和持续时间的长短,可将情绪分为心境、激情和应激三种状态。

1. 心境

心境是一种微弱的、平静而持久的情绪状态。弥散性和长期性是心境的两个重要特征。心境的弥散性是指当人具有了某种心境时,这种心境表现出的态度体验会朝向周围的一切事物。一个有喜事的人,觉得心情愉快,与周围的人谈笑风生;而一个受到重大挫折的人,则情绪低落,甚至对周遭的人或事物视而不见。心境的长期性是指心境产生后,要在相当长的时间内主导人的情绪表现,有时甚至成为人一生的主导情绪体验。如有的人一生历尽坎坷,却总是豁达开朗,以乐观的心境去面对生活;有的人总觉得命运对自己不公,别人都对自己不好,结果总是保持抑郁愁闷的心境。

心境的持续时间可能是几小时,也可能是几周、几个月或更长时间。某种心境持续的时间依赖于引起这种心境的客观环境和个体的个性特点。心境对人的生活、工作、学习和身体健康有很大影响。因此,学会保持良好的心境,对我们的工作、学习和生活都十分有益。

由著名影星汤姆·汉克斯主演,根据真实事件改编的电影《荒岛余生》是对孤独心境的极好写照。电影里的主人公因飞机事故流落到被汪洋大海包围着的一座荒岛上,在漫长的时间里,他的内心一直都处于一种孤独状态。四年的荒岛时光,只有一只他画上了人脸的排球听他说话。当这只排球失落在茫茫大海中的时候,主人公的眼睛噙满泪水,好比失去一个多年老友那样痛彻心扉。

2. 激情

激情是一种强烈的、短暂的、爆发式的情绪状态。例如,狂悲、狂喜、暴怒等。激情通常是由个体生活中具有重大意义的事件引起,对立意向的冲突或过度的抑制也很容易引起激情。激情发生时,人的外部表现会发生明显的变化,如,暴怒时咬牙切齿,面红耳赤;狂喜时手舞足蹈,有时甚至出现痉挛性动作。另外,人处于激情状态时,内脏器官和腺体也会发生剧烈的变化。处在激情状态下的人,其意识活动范围往往会缩小,仅仅指向与体验有关的事物;自控能力减弱,不能约束自己的行为;判断能力下降,不能正确评价自己行为的意义及预见行为的后果,常常做出不顾后果的事情,例如在激情状态下自伤和伤人。但人是有可能对激情加以控制的,人在激情发生之前,要竭力把注意力转移到与此无关的事情上去;在激情状态中,在做或说某件事时,要慢慢使自己的行为平缓、情绪镇定下来。但激情也有积极和消极之分,积极的激情是动员人积极地投入行动的巨大动力,能激发人的上进心与斗志,调动个人身心的潜在能力。

2008年5月12日汶川特大地震灾害,2013年4月20日芦山大地震,2017年8月四川九寨沟地震,这些发生在四川的灾难牵动了全国人民的心,举国上下众志成城,一起投入抗震救灾中,表现出了一种无私的爱和满腔的激情。数以万计的志愿者饱含爱与激情进入灾区无私奉献……拥有积极的激情,使得我们在任何大的灾难和困难面前都不会被打倒。

3. 应激

应激是在出乎意料的紧急情况下产生的极度紧张的情绪状态。例如,突然出现危险事故时,或巨大的自然灾害发生时,个体的激活水平迅速被激发,心率、血压、肌肉紧张程度等发生显著的变化,情绪处于高度应激状态。在此状态下,人们可能作出平时不能作出的勇敢行为,也可能心绪紊乱,视野缩小,惊慌失措,难以作出适当的行为。个体在应激状态下是否会产生适宜的、积极的紧张反应,取决于个体的适应能力,尤其是个体的意识水平。长时间处于应激状态对健康是很不利的,有时甚至是危险的,将导致人体的能量资源枯竭,甚至导致个体死亡。

中等程度的应激状态会对个体的行为产生积极作用。在这种状态下,个体能更好地发挥积极性,思维清晰、灵敏、精确,反应能力增强。人们适应应激状态的能力有差异,这主要是受人们的性格、能力以及过去经验等因素的影响。

【我来练练】

2015 年 5 月 3 日,成都女司机因两次突然变道惹怒男司机,该男司机驾车逼停女司机,将女司机拖出驾驶室后实施暴打,导致女司机全身多处受伤并被打致脑震荡。请用情绪理论分析事故发生时双方处于什么情绪状态,在这样的情绪状态下通常有哪些表现?

_____

_____

三、情绪的功能

(一)情绪的适应功能

有机体的生存和发展可以看作一个不断适应的过程,情绪和情感就是促进有机体适应和发展的重要方式之一。婴儿在使用语言之前都是通过情绪表达来传递他们的需要和适应环境;动物在遭遇危险时,也会因恐惧产生呼救;大学新生也会因为孤独而积极寻求新朋友。

(二)情绪的动机功能

情绪情感是动机的源泉之一,是动机系统的一个基本成分。它能够激励人的活动,提高人的活动效率。情绪的适度兴奋,可以使身心处于活动的最佳状态,有效推动人们完成工作。

(三)情绪的组织功能

情绪作为脑内的一个检测系统,对其他心理活动具有组织的作用,其作用表现为积极情绪的协调作用和消极情绪的破坏、瓦解作用。情绪的组织功能还表现在人的行为上,当人们处在积极、乐观的情绪状态时,容易注意到事物美好的一方面,其行为比较开放,愿意接纳外界的事物。而当人们处于消极的情绪状态时,容易失望、悲观,放弃自己的愿望,有时甚至产生攻击性行为。

(四)情绪的信号功能

情绪和情感在人际间具有传递信息、沟通思想的功能。这种功能是通过情绪的外部表现——表情来实现的。面部表情、身体表情、言语表情是人们沟通交流的重要手段,也是言语交流的重要补充。

不会说话的婴儿如何表达自己的需求呢? 大量的跨文化研究表明,不同的人类文化具有相同的基本情绪与相应的面部表情。比如,笑表示幸福,皱额皱眉表示不开心;睁大双眼并张大嘴表示惊讶;皱鼻表示害怕。因此,虽然不能用语言来表达情绪,但婴儿快乐时会自然地笑,不舒服时则会哭,细心的父母甚至可以从婴儿的哭声来判断孩子到底是饿了还是尿床了。通过这样的方式,婴儿获得了周全的照顾,得以生存与成长。

四、什么是健康情绪

健康情绪是健全人格的必要条件之一。一般而言,一个人的情绪反应适当、适度,有良好的情绪自我控制能力,符合社会要求,就是具备了健康情绪。

美国心理学家马斯洛在阐述自我实现者的情绪特点时,曾经提出了健康情绪的六个特征,即①平和、稳定、愉悦和接纳自己;②有清醒的理智;③有适度的欲望;④对人类有深刻的、诚挚的感情;⑤具备富有哲理的、善意的幽默感;⑥有丰富而深刻的自我情感体验。

美国哈佛大学心理学教授丹尼尔·戈尔曼(Daniel Goleman)认为,一个情绪健康的人应该具有以下几种能力:

第一,自我觉察能力。能够觉察、认识并承认自己出现了某种情绪,即使情绪有麻烦,也不推脱。自我觉察是情绪智商的核心,没有能力认识自身的真实情绪,就只好听凭情绪的摆布;对自我情绪有更大的把握性才能更好地指导自己的人生,准确地决策婚姻、职业等。

第二,情绪控制能力。情绪管理必须建立在自我觉察的基础上。当意识到自己感到不安、恐惧、焦虑时,能调控这些情绪,通过自我安慰和运动放松等途径,使情绪适时、适度、适地表达。驾驭情感能力高的人可以从人生挫折和失败中迅速跳出,重整旗鼓,迎头赶上。

第三,自我激励能力。无论是要集中注意力、发挥创造力还是完成某件事,将情绪专注于某个目标都是非常必要的。任何方面的成功都必须有情绪的自我控制——延迟满足,控制冲动,统揽全局。能够自我激励,保持高度热情的投入,才能保证取得杰出的成就。

第四,认知他人的能力。即同理心,是在情感的自我知觉的基础上发展起来的又一种能力。拥有这种能力的人可以通过细微的信息敏锐地感受到他人的需要与欲望,能想他人之想,设身处地地理解他人,又能客观理解分析他人情感。

第五,人际关系管理的能力。领导和影响他人的能力,即管理他人情绪的艺术。个体的受欢迎程度、领导权威、人际互动效能都与这项能力有关,掌握这项能力的人通常是社会上的佼佼者。

【我来练练】

我的情绪我做主

(1)全班同学分为若干小组,每个小组6~8人。每位同学首先完成下面的填空练习。

当我……时	我的表达方式	他人了解我的情绪吗?	我接纳自己的表达方式吗?	我期望如何改变自己的表达方式?
高兴				
愤怒				
悲伤				
恐惧				

（2）发给每位同学一张小卡片,卡片上写有各种情绪,比如快乐、哀伤、痛苦、郁闷、紧张、担心、无聊、惊讶、恐惧、平和等。每位同学把自己的卡片收好,不能被其他同学看到。请每位同学按自己平时的表达方法将卡片上的情绪表达出来,其他组员仔细观察,分辨这位同学表达的是什么情绪并记录下来。全组轮流每人表达一次后,将自己手里卡片的情绪和大家猜测的表达情绪进行比较:

①你表达的情绪和他人猜测的情绪一致吗? _____

_____

②你猜测的情绪和他人表达的情绪一致吗? _____

_____

③为什么会有差异? _____

_____

④如何更恰当地表达情绪? _____

_____

⑤恰当表达自己情绪和正确识别他人情绪对我们的人际交往有何影响? 对我们的心理状况有何影响? _____

_____

第二节 大学生常见的情绪困扰与调适

一、情绪对大学生的影响

情绪对大学生的影响是全方位的。

（一）情绪对大学生健康的影响

现代心理学和医学的研究成果表明,情绪对人的身心健康具有不可忽视的直接影响。若能保持愉快的心境,开朗乐观、积极向上,则人体免疫功能活跃旺盛,可以减少患病的机会,有益健康。另外,良好的情绪还能使人对生活充满希望,对自己满怀自信,而且能够使求知欲增强、思维敏捷、富于创造力、爱好广泛、建立良好的人际关系,促进全方位发展。

与此相反,消极的情绪对人的身心健康危害极大,在压抑、紧张、焦虑、恐惧等消极情绪的长期作用下,人的意识范围狭窄、判断力减弱,理智和自制力均有减弱,同时免疫能力下降,容易患各种传染性疾病,内脏功能也会受到伤害。调查发现,常见的消化性溃疡、紧张性头痛、心律失常、月经失调、神经性皮炎等,都与消极情绪有关。

(二)情绪对大学生学习的影响

情绪不仅影响大学生的身心健康,还影响大学生的潜能开发与工作效率。良好的情绪情感往往使大学生乐于学习、工作和活动,有助于他们开阔思路、集中注意力、富有创造性。研究发现,精神愉快、心情舒畅、紧张而轻松时是一个人思考和创造的最佳状态,这时才能更有效地进行智力活动。

(三)情绪对大学生人际关系的影响

良好的情绪特征,如乐观、热情、自尊、自信等,是人际间产生相互吸引的重要条件,因此,情绪良好的人在人群中更受欢迎,容易形成良好的人际关系。而自卑、情绪压抑、爱发脾气、情绪不稳定的人,往往不能与他人和谐相处,显得难以沟通,从而使其与他人的关系疏离。因此,大学生在日常生活中,应注重提高自身修养,学会适度控制与调适自己的情绪,做情绪的主人,这样才能拥有良好的人际关系。

(四)情绪对大学生行为目标的影响

积极的情绪体验对大学生目标的达成具有促进的作用。许多心理学实验结果表明,积极的情绪体验、积极的行为改变与目标的达成具有高度的相关性。因此,在大学生要尽可能地保持稳定且良好的情绪状态,以便达成自己的奋斗目标。

二、大学生情绪、情感的特点

总体来说,大学生具有这样的情绪特征:情绪、情感的内容丰富、复杂,起伏性较大;情绪的表达强烈、率真、不够稳定。了解自身情绪特点,有助于同学们准确把握自己的心理和行为,调适不良情绪,促进良好情绪和情感的培养。

(一)稳定性和波动性并存

大学生普遍具有较高的智力水平和知识素养,加上社会和自我的高要求、高期望,因而具有一定的自我控制情绪的能力,一般能用理智约束冲动,对不良情绪进行自我调适,因此,从总体上看来,大学生情绪和情感是比较稳定的。

但另一方面,大学生的心理发展正处于基本成熟时期,各种内心矛盾不断涌现:如独立与依赖、自尊与自卑、理想与现实、闭锁与开放等,这些内心矛盾和冲突常会打破心理平衡状态,引起情绪和情感的波动起伏。大学生的社会性发展尚未成熟,虽然他们对社会现象和政治事务极为敏感、活跃,但是人生观的不稳定、认识上的不成熟往往使他们不能对社会现实和现象进行全面分析,容易以偏概全地加以肯定或否定,故大学生的情绪和情感经常在两极之间波动。

(二)丰富性和复杂性并存

大学生的情绪和情感丰富复杂,表现形式多种多样。

首先,大学生在自我情感体验方面敏感丰富,注重独立感、自尊心、自信心和好胜心;在学习活动中有强烈的求知欲、好奇心,热爱科学和真理,憎恨迷信和谬误;对祖国、社会和集体有着深厚的情感,有强烈的民族自豪感和自尊感,有"天下兴亡,匹夫有责"的责任感、义务感,疾恶如仇,喜恶分明,正义感鲜明。

其次,这些丰富的情感在表现形式上复杂多样。通常情况下,大学生对外部刺激的反应迅速、敏感,喜怒哀乐溢于言表,内心体验和外部表现是一致的,呈现出明显的外显性特点,例如,为比赛胜利欢呼雀跃,因考试失败而垂头丧气。然而,在一些特定场景和事件上,大学生有时会把内心真实的情绪和情感隐藏起来,显得冷淡、无所谓,如当感觉受到不友好、不公正的对待时,在得不到理解和尊重的场合中,他们就不会轻易表露自己的真情实感。有时还会采用掩饰,甚至表现得与内心感受相反的办法来隐藏内心情感。大学生对自己的情绪和行为有一定的自制力,多数情况下都能用理智克制冲动,进行自我约束、自我调节。但由于大学生精力充沛、血气方刚,有时在外界刺激下极易产生冲动性情绪和行为,尤其是在感受到挑衅和敌意时,容易情绪失控,呈现出冲动性的特点。

（三）阶段性和层次性并存

大学生情绪和情感的发展呈现出明显的阶段性和层次性的特点。一方面,随着年龄的增长、知识的积累和阅历的增加,不同年级阶段的大学生各有特点;另一方面,同一年级的大学生由于成绩、能力等方面的差异,又表现出不同层次的情绪和情感特点,二者交织共存。

低年级大学生因为摆脱了高中沉重的学习压力,进入了心仪的大学和专业而感到轻松、新鲜且愉快,有的则因为由于没有考上理想的专业和学校而失望、迷惘和自卑;中年级大学生爱好广泛,积极参加各类学校和社会活动,社会责任感、义务感、荣誉感和美感进一步发展并成熟,情绪和情感总体看来较为平稳;高年级大学生由于就业压力的增大,紧迫感和忧虑感十分明显。

（四）冲动性与爆发性

大学生的情绪特点还表现在情绪体验上特别强烈、富有激情、易受感染,有时又表现为盲目狂热和冲动。如坠入爱河的大学生有时会表现出因为拥有爱而可以不顾一切,甚至激情与冲动;又如两个非常要好的朋友会因为误会而大打出手或宣布绝交等。

三、大学生常见的情绪困扰

大学生情绪困扰会不同程度地影响大学生的学习效率和日常生活质量,阻碍大学生的自我成长,影响个体发展。下面我们将描述几种常见的大学生情绪困扰,并在后面的内容与大家探讨如何处理这些困扰,让自己生活得更健康和愉快。

（一）焦虑

焦虑是个体主观上预料将会有某种不良后果产生或模糊的威胁出现时的一种不安情绪,并伴有忧虑、烦恼、害怕、紧张等情绪体验。在紧张刺激不断增多、竞争不断增强的现代社会里,每个人都可能处于一定的焦虑状态。由于学习、人际、就业压力和社会、家庭的压力,大学生体验焦虑的可能性比一般的社会人群更大,体验到的焦虑的强度更强。大学生中常见的焦虑主要表现为考试焦虑、人际焦虑、公众发言等特定场所焦虑等。

焦虑不自主地影响着一个人的精神状态、认知、行为和身体状况。当然，并不是所有的焦虑都是坏事。研究表明，适度的焦虑可以唤起个体的警觉、激发斗志，具有动机功能，可以激发人的潜能，是生活中不可缺少的动力源泉。如中等焦虑最有利于考生自我能力的发挥，而无焦虑或高焦虑均不利于考生水平的发挥。高度焦虑的人常表现出烦躁不安、思维受阻、行为不灵活、动作不敏捷、身体不舒服、失眠、食欲不振等。如果焦虑水平是适度的，则不要过于担心；如果焦虑水平太高，已经影响了身心健康，则需要合理调适，降低焦虑水平。克服焦虑的方法主要有放松训练法、改变认知法、角色训练等方法。

小李从小学习就很优秀，一路走来都是老师的宠儿、同学眼中的天才、家人的骄傲。高中毕业后小李进入了一所非常好的大学，她发现自己在学习上已经完全没有优势了。加之所学专业较难，作为大一新生需要参加的各类社会、社团活动也不少，她常常感觉自己的时间不够用，上课越想记忆理解更多的东西就越容易分神。临近期末考试，小李焦虑加剧，她担心自己挂科，觉得那将是人生的耻辱，同时也害怕被同学瞧不起。小李出现了心悸失眠等状况，白天学习效率进一步下降，无法专心复习。

【我来练练】

第一步：6~8人一组，每人列出给自己造成焦虑情绪困扰的事件，并针对各事件给出焦虑等级，最低级为0，最高级为10。

_____

_____

第二步：小组内分享第一步的内容，并讨论：焦虑对自己的影响。

_____

（二）抑郁

抑郁是大学生最常见的情绪困扰之一，是一种感到无力应付外界压力而产生的消极情绪，常常伴有厌恶、痛苦、羞愧、自卑等情绪体验。每个人都曾体验过抑郁的情绪，对大多数人来说，抑郁只是偶尔出现，历时短暂的情绪体验。也有少数人由于多种原因长期陷入抑郁状态。

情绪抑郁的大学生主要表现为：干什么事都提不起精神，对学习失去热情，不愿意参加社交，故意回避熟人，对生活缺乏信心，体验不到生活的快乐，感觉生活无意义，并伴有食欲减退、失眠等状况。大学生抑郁情绪产生的原因较复杂，有些是因为不能全面地认识自我，不能正确地评价自我而自卑、抑郁，比如只看得到自己的缺点，忽视自己的优点，认为自己什么都做不好；有些则是具有不合理的认知，比如学习成绩优秀的人认为自己应该在各方面都表现为优秀，当他们不能达到自己期望时，容易产生抑郁情绪；还有些是遇到困难与挫折时缺乏人际支持而抑郁等。

因此，大学生不仅要学会正确地认识自我，合理地评价自我，同时还要学会与人交往，建立和谐的人际关系，学会调整抑郁情绪。如果大学生长期受抑郁情绪的困扰，应到相关机构寻求专业心理帮助。

小王自述是一个不幸且多愁善感的女生，读小学三年级时母亲因病去世，父亲缺乏耐心、脾气暴躁，让她和妹妹受了不少皮肉之苦。小王说挨打挨骂她不怕，最怕的是每个月找父亲要生活费，父亲都会抱怨甚至是谩骂一个小时以上，中学时有好几次小王都有辍学打工自己养活自己的冲动，但都被老师劝阻了。所幸小王顺利考入大学，靠着父亲给的少量生活费和自己做家教的收入，度过了自认为是多年来心情较好的一年。大二伊始，小王在选修课上结识了一位老乡，非常相似的家庭背景和成长经历让他们在很短的时间里就确定了恋爱关系。小王将自己全部的感情倾注在男友身上，并在内心认定这是她托付终身的对象。但半年后的一天，男友一脸痛苦地提出分手并请求小王原谅，说中学时代的恋人来找自己了，而他发现自己更爱初恋的女友。小王陷入无法自拔的痛苦中，无法正常学习并出现严重的睡眠障碍，常常不自觉地流泪并伴有轻生的念头。

（三）冷漠

冷漠是一种对人对事漠不关心、冷淡、退让的消极情绪体验。正处于青春期的大学生，情绪内容丰富，情绪体验强烈，但有的大学生却表现出对一切都不关心：对学习漠然置之，听课昏昏欲睡，对成绩好坏满不在乎，对集体漠不关心，对同学冷漠无情，对环境无动于衷。冷漠状态对大学生的身心危害极大，它往往是个体压抑内心愤懑情绪的一种表现，他们表现冷漠，内心却孤独、寂寞、痛苦，具有强烈的压抑感。日本心理学家松原达哉教授形容这样的学生是无欲望、无关爱、无气力的"三无"学生。

情绪冷漠通常与大学生独特的个人经历和个性特征密切相关，还可能与成长经历中缺乏关爱，缺乏沟通技能等因素有关。因此，要帮助受冷漠情绪困扰的大学生，就需要训练其人际沟通的技能，通过互相的关心和内心的交流让他们在人际交往中体验到人与人之间的关爱，培养他们爱的能力品质。

小明曾经是个开朗热情的人，中学时他曾主动为班级同学订购特价书籍，结果被同学误解为替自己谋福利。刚开始小明还主动与同学沟通，后来有一次他无意中听到两个同学说他替大家订特价书是既赚钱又赚名的自私之举。小明感到心灰意冷，再也不愿意关心班级和同学的事情了。到了大学，小明从不参加活动，也不关心同学。这样当然也交不到知心朋友，小明越来越孤单了，常常感到心情不好，心里很压抑，却不知道该对谁说。

（四）易怒

愤怒是人的基本情绪。现代医学研究显示，经常处于愤怒状态的人容易患高血压、胃溃疡和心脏病，严重的还会导致心跳停止。缺乏控制的发怒容易使人丧失理智，做出愚蠢的事情。

大学生正处于情绪波动性大、易冲动的时期，容易发怒成为个别大学生的不良情绪体现。有的大学生因一句刺耳的话，一件不顺心的事，就激动得暴跳如雷，或出口伤人，或挥拳相向，铸成大错；盛怒过后，又后悔不止。易怒的大学生通常会错误地认为，发怒可以威慑他人、抵挡责难、挽回面子、推卸责任等，但这些都是错误的认知。不良的愤怒表达只会使自己心情更加糟糕，甚至出现更恶劣的后果，无助于问题的解决。

对容易愤怒的大学生来说,其情绪识别能力和情绪控制能力都需要提高。当处于愤怒状态的大学生能意识到自己此时的情绪状态,就可能采取适当的方法调控自己,否则难以正确处理它。当知道自己正处于愤怒的状态时,可以用积极的心理暗示提醒自己,"生气不能解决问题""生气是拿别人的错误处罚自己",帮助平静自己、宽容他人;也可以通过放松训练、注意力转移法等方法调整自己易怒的不良情绪。

小梁已经是大四的学生了,一次在食堂打饭时,一个明显低年级的学生想插队,小梁制止了他,并要求其到后面排队。这个低年级学生在离开时嘟嘟囔囔了一句,大概是说小梁好管闲事、没事找事。小梁听后大怒,他认为本来就是对方做得不对,我这个老大哥提醒你了,你还当着食堂那么多人的面骂人,简直不给面子。小梁立刻与那个同学打了起来,不到一分钟后被人劝开。不甘心的小梁在离开前使劲地将手里的叉子对着那个同学甩了过去,却刚好扎到旁边劝架同学的眼睛里,铸成大祸。

四、大学生情绪的自我调适

要保持良好的情绪状态,就需要对自身情绪进行有效的调节。从情绪调节过程的来源分类,可以分为内部调节和外部调节,内部调节来源于个体内部,如个体的生理、心理和行为等方面的调节;外部调节来源于个体以外的环境,如人际的、社会的、文化的以及自然的等方面的调节。情绪的自我调节可以从以下四个方面着手:

（一）目标合理——不苛求自己

情绪和情感与自身的需要是否得到满足有直接关系,因此,大学生可以通过调整行为目标,建立起理想与现实尽量相符的目标,使自己的需要尽量得到满足,从而增加自身积极情绪的出现,减少负性情绪的产生。通过自我探索,了解自己,为自己制订适当的学习、工作和生活目标,可以使自己经常获得实现目标带来的轻松与喜悦;相反,过高估计自己,制订不切实际的目标往往成为自我贬抑的发源。

（二）期待合理——不苛求他人

大学生许多负性情绪来源于对人际关系的不满意,这种不满意的一个重要因素是自己对他人,特别是对较亲近的人抱有太多的期待,由于期待没有得到满足而导致了失望与愤怒。其实,从人际边界理论出发,每个人都是独立、自主的。接纳自己,同时尊重他人的独特性,对他人作出合理期待,不苛求他人,是处理好人际关系的重要保障,也是减少由人际冲突带来的情绪困扰的重要途径。

【我来练练】

调整期待训练

列举你对他人,如亲人、朋友、恋人的期待,并对这些期待的合理性打分(0~10分)。

期待	合理性

_____ _____

_____ _____

_____ _____

(三)认知合理——不拒绝负性情绪

在现实生活中,人们总是会碰到因各种刺激而引发的多种负性情绪反应,如亲人丧亡、学业或工作失败、婚姻触礁、身患重病等因素引起的悲伤、焦虑、恐惧等情绪。但长期以来,人们对情绪却始终有误解,认为人应该理性生活,有情绪是不好的,例如,悲伤时应该坚强,生气是修养不够,害怕是不够勇敢……其实,从人类所具有的原始情绪可以知道,这些负性情绪是人们天然存在、必然要经历的情绪,也是人生不可缺少的部分。事实上负性情绪也具备正面的价值和作用,通过情绪,大学生可以了解自己的需要和处境,积极处理各种情况。

其实,每种情绪都是人生宝贵的经历,经历了痛苦,对幸福的感知才会更敏锐和深刻。谁也不愿意过只有快乐却没有其他任何情绪的人生。大学生需要学会平和地接纳各种情绪。

(四)处理合理——情绪的理解与表达

从心理学角度来看,情绪永远不是问题,如何处理情绪才是问题。正确地理解情绪和表达情绪对个人的心理健康具有十分重要的作用。有的人以为,只要自己不说出自己的感受就可以与对方维持和谐的人际关系,不愉快的事情都会随着时间消失。而事实上,积累压抑的情绪是不会凭空消失的,它只会在心里郁积起来,等到某一天就突然大爆发,造成更糟糕的后果。一个心理健康、情绪管理能力良好的人既不压抑自己的情绪,也不放任自己沉溺其中,而是觉察自己的情绪,了解自己的真实感受,选择合适的时机,正确有效地表达自己的情绪。弗洛伊德说:"学习掌握情绪是成为文明人的基础。"下面就给大家介绍一些处理情绪的小方法:

1.适度宣泄

在日常生活中,人们遇到一些令人难过痛苦的事情时,自己不愿意表达这种悲伤的情绪,周围的人也一致要求自己或他人在面对悲伤时要坚强,好像压抑住情绪一切就可以恢复到以前的平静状态。其实不论表达或压抑忽略,情绪始终存在。消极情绪的合理表达对个体是有益的,过分压抑只会使情绪困扰加重,而适度宣泄则可以把不良情绪释放出来,从而使紧张情绪得以缓解、放松。

遇到不良情绪时,最简单的处理办法就是"宣泄",倾诉是最有效的方法之一。一方面,倾诉可以使不良情绪得到释放;另一方面,人们在倾诉的过程中往往可以得到更多的情感支持和理解,并能获得认识问题和解决问题的新启示,增加克服困难的勇气。

当然,倾诉时需要有好的倾听者,所以在生活中应该重视自己人际支持网的建立,让自己的支持网里既有亲人也有朋友、同学;既有同辈人也有前辈或后辈;既有同性也有异性。当面临困扰时,既能想到身边的亲人朋友,也能想到远端的社会支持机构(如危机干预机构、心理咨询中心等)。如果还不愿意对他人倾诉,也可以试着将内心的烦恼苦闷无论对错毫无保留地写下来。书写既是宣泄情绪的过程,又是梳理情绪的过程,写完以后可以逐条地评判,也许你会发现很多事是不值得烦恼的,也许你会在梳理后发现解决烦恼的新方法。

2. 积极的自我暗示

心理暗示,从心理学角度讲,就是个人通过语言、形象、想象等方式,对自身施加影响的心理过程。积极的自我暗示可以让个人保持愉快的心情、乐观的情绪、积极的行动;而消极的自我暗示会强化个性中的自卑、嫉妒、敌对等,带给人们不良的感受。

大学生可以利用语言的指导和暗示作用,来调适和放松紧张状态,使不良情绪得到缓解。心理学的实验表明,当一个人静坐时,默默地说"勃然大怒""暴跳如雷""气死我了"等语句时心跳会加速,呼吸也会加快,仿佛真的发起怒来。相反,如果默念"喜笑颜开""兴高采烈""把人乐坏了"之类的语句,那么他的心里面也会产生一种快乐的体验。可见,言语活动既能唤起人们愉快的体验,也能唤起不愉快的体验;既能引起某种情绪反应,也能抑制某种情绪反应。因此,当大学生在生活中遇到情绪问题时,可以充分利用语言的力量对自身进行暗示,缓解不良情绪,保持心理平衡。实践证明,这种暗示对人的不良情绪和行为有奇妙的影响作用,既可以松弛过分紧张的情绪,又可对自己产生激励作用。

3. 转移注意力

注意力转移法就是把注意力从引起不良情绪反应的刺激情境转移到其他事物上去或从事其他活动的自我调节方法。当情绪不佳时,要把注意力转移到使自己感兴趣的事上去,如:外出散步、看书、听音乐、看电视电影、运动、找朋友聊天等。转移注意力一方面终止了不良刺激的作用,防止不良情绪的泛化;另一方面,通过参与新的活动,特别是自己感兴趣的活动,可以促进愉快情绪的产生。因此这种方法有助于平静情绪,暂时缓解焦虑与矛盾,促使人们获得积极情绪体验。下面这个小案例告诉了我们有效地转移注意力的作用:

小杜因与舍友发生口角,情绪低落,无精打采,待在宿舍她感到非常尴尬,甚至手足无措。于是她决定暂时不去想刚才发生的事情,而是立即去做一些必须做的事。她开始整理床铺、洗衣服、上网回邮件、听音乐、运动……小杜尽量让自己在做每件事情时都专注于这件事情,随着一件件事情的完成,她发现自己逐渐平静了下来。通过这些活动,她不仅转移了注意力,还得到了满足与成就感,心情自然而然发生了改变。

4. 幽默法

根据弗洛伊德的理论,幽默可以社会许可的方式表达被压抑的思想。西方谚语"一个小丑进城胜过一打医生"说的就是幽默对身心健康的促进作用。恰当的幽默可以使我们开怀大笑,起到舒缓心情的作用。幽默是一剂良药,在日常生活中,当同学们遇到某些无关大局的不良刺激时,不妨通过幽默的方式,避免使自己或他人陷入尴尬局面或激惹状态。一句得体的幽默话语,往往可以使你摆脱窘迫,使愤怒、不安的情绪得以缓解,使紧张的气氛变得轻松和谐。

相传古希腊著名哲学家苏格拉底的妻子是个心胸狭窄、性格古怪、脾气暴躁的女人。有一次,苏格拉底正在和他的学生们讨论学术问题,他的妻子气冲冲地跑进来找苏格拉底理论一件小事,在把苏格拉底大骂了一顿之后,又出去提来一桶水,直接泼到苏格拉底的身上。

在场的学生们都以为苏格拉底会怒斥妻子一顿,哪知苏格拉底摸了摸浑身湿透的衣服,风趣地说:"我早就知道,打雷之后,必有大雨。"

第三节　自杀的预防与生命意义的探索

在人们无限珍惜生命,尽情享受生命的美好时,却有另外一些人因为遭遇到生命中无法承受的痛苦而选择自杀来结束自己的生命。近年来,自杀成为健康心理学的一项重要课题。中国心理卫生协会提供的研究数据显示:自杀已经成为15~34岁人群的首位死亡原因,大学生自杀率是同龄人的2~4倍,并有愈演愈烈的趋势,大学生已成为自杀的高危人群。目前我国大学生自杀事件已成为突出的社会问题和公共卫生问题,严重影响大学生心身健康。成都某高校使用症状自评量表(SCL-90)对全校新生进行心理健康普测,近五年年均筛查出危机项因子分大于或等于3的学生约2%。可见,大学生自杀问题已经达到了十分严重的程度,必须引起高度重视。

一、大学生自杀危机的识别

(一)自杀的发展过程

并不是所有的自杀者都会经历长期的心理危机过程,有些自杀者是非理性的、冲动的,被巨大的负性情绪所控制,出现自杀行为。这种类型的自杀发展快,时间短,突发性强,很难预测和防范。但绝大多数自杀者都会经历一个心理危机逐步恶化的过程。日本学者冈利贞认为,自杀一般经历以下阶段:产生自杀意念—下决心自杀—行为出现变化—思考自杀方式—选择自杀地点与时间—采取自杀行为。我国学者一般把自杀行为的发展过程分为三个阶段,即自杀意念的形成、心理矛盾冲突和自杀行为选择。在这个过程中自杀意愿逐渐增强,危机程度逐渐增加。

第一,自杀意念的形成阶段。在这一阶段,自杀者产生自杀的想法。造成一个人产生自杀念头的原因可能有很多种。比如,有的人觉得生活没有意义,便决定以自杀来寻求解脱;有的人觉得对不起别人,以死谢罪;有的人以自杀来报复别人,让别人后悔;有的人遇到自认不能克服的困难而以死逃避等。有些自杀意念是闪念之间,而有些自杀意念则一经产生就很难消除。另外,自杀意念的产生也和疾病,特别是抑郁症有关。自杀意念及行为是抑郁症的临床症状之一,抑郁症患者在整个病程中约2/3产生过自杀想法,最终有10%~15%的患者自杀成功。根据中国疾病预防控制中心报道,我国每年有28.7万人因自杀死亡,其中40%自杀者可归因于抑郁症。

心理学家克拉特曾经做过这样的实验:把小白鼠放到装满水的水池中(小白鼠游泳能力可及的范围之内)。小白鼠落入水中后没有马上游动,而是转着圈子,发出"吱吱"的叫声。这是因为,小白鼠的胡须是一个精确的方位探测器,通过叫声传到水池边缘又反射回去,以此判断水池的大小以及自己所在的位置,然后不慌不忙地朝岸边游去。心理学家把另外一只剪掉胡须的小白鼠放在水中,小白鼠发出叫声,但因为探测不到反射回来的声波,几分钟后就沉到水底淹死了。由此看来,当小白鼠无法准确判断方位时,就自认为无论如何都游不出去,因此停止努力,自行结束了生命。在生命彻底无望的前提下,动物往往强行结束自己的生命,这称为"自杀意念"。

第二,心理矛盾冲突阶段。在这一阶段,自杀者虽然已有自杀的意念,但求生的本能和对世事的牵挂常常使自杀者在作出最终的自杀决定前陷入生与死的矛盾冲突状态中。此时,自杀者会经常与人谈论与自杀有关的话题,反复预言、暗示自己的自杀可能,或以自杀威胁他人,表现出直接或间接的自杀意图。事实上,这一切可以被看作是自杀者向他人发出的寻求帮助或引起注意的信号。这种信号如果能及时被周边的人觉察到,使自杀者得到适当的关注,或通过外界的帮助找到解决问题的办法,自杀企图就有可能被减轻甚至打消。而这,也是自杀行为可以预防和救助的心理基础所在。但如果周围的人错误地认为,常说"不想活"的人不会真的自杀,因而没有关注自杀者发出的信号,就会失去救助的良机。

第三,自杀行为选择阶段。自杀者在这一阶段从矛盾冲突中解脱出来,不再谈论或暗示自杀,抑郁情绪有所减轻,表现得平静如常,这使得周围的人们以为其心理状态真的好转,从而放松警惕。事实上这可能是一种彻底的假象,因为自杀者已经作出了坚决的自杀决定,不再为生与死的抉择而苦恼,认为自己终于找到了解决问题的办法。他们所要做的事情是为实施自杀进行最后的准备工作——考虑自杀方式;和周围人告别,如归还别人的钱物等;准备自杀工具,如搜集安眠药等,并等待一个合适的时机来结束自己的生命。

（二）容易出现自杀危机的人群

1. 精神障碍者

在自杀未遂者中,有30%～50%的比例是患有精神障碍的,情感障碍尤其是抑郁症与自杀行为的行为关系最为密切。

2. 严重躯体疾病患者

癌症、中风、癫痫等严重躯体疾病会使一些患了不治之症或自认为患了不治之症的人,力图摆脱生命。

3. 自杀未遂者

30%～60%的有自杀行为者曾有自杀未遂史。自杀者再次出现自杀行为,大多是伴随自杀的其他因素或原因所影响。

4. 负性生活事件的体验者

对大学生而言,家庭不和、人际关系矛盾、学业压力、经济苦难、情感失败、意外怀孕、不能毕业等负性生活事件,既是促发自杀意念的关键因素,也是自杀过程的催化剂。

（三）自杀的征兆

大学生自杀行为具有外显性的特征,即大学生中有自杀意念者在采取行动前总是会或多或少地向外界透露出某些征兆,这些都需要引起关注。

1. 言语信号

有自杀意念的人会间接地、委婉地说出来,"我希望我已经死了""我再也不想活了",或者谨慎地暗示周围人,"我所有的问题马上就要结束了""我受不了了""没有我,别人会活得更好""没有人能帮我""活着没意思"等。当有自杀意念者开始开与自杀有关的玩笑或谈论自杀计划时,包括自杀的方法、时间和地点,这说明自杀的风险极其高。

2.情绪性信号

有自杀意念的人会有一些身体反应,比如感到疲劳、体重减轻、没有食欲、暴饮暴食、失眠/嗜睡等;情绪上会表现出悲观失望、痛苦、自责、孤僻、焦虑等。

3.行为信号

当自杀意念增强时,想自杀的人会出现异常的行为改变,如无故缺课、看有关死亡的书籍或信息、收集与自杀方式有关的资料、中断与他人交往、出现自伤等危险行为、有条理地安排后事、饮酒量增加或物质滥用等。

二、大学生自杀的预防

如果大学生发现自己身边的同学具有自杀倾向,需要对其进行一定的干预。

(一)给予积极的情感支持

对有自杀倾向的学生保持冷静,耐心倾听,给予发自内心的关心,态度诚恳地同他们进行交谈,询问他们自杀的意向,进行风险评估。同时,表示能够理解他们的情感并希望提供帮助,给予开导与劝慰,让他们相信可以获得所需要的帮助,并鼓励他们寻求这些帮助。或以其他适当方式,使其内心不良的情绪、体验自杀的冲动等得以宣泄,减轻他们内心的痛苦和无助感,提高他们恢复心理平衡的能力。鼓励他们采取积极的行动去缓解一些不愉快。比如,抑郁症患者对事物逐渐失去兴趣,不愿参加活动,最后导致更加抑郁和孤僻,同学们可以鼓励甚至陪同他们积极参加各种实践活动和运动,让他们处于忙碌和活跃的状态,以改善他们的情绪。

(二)加强监督和保护,及时上报

对自杀倾向明显,并已制订自杀计划的学生,要加强监督和保护,将其转移到安全场所,将一切有可能危及其生命的物品移走,同学们几人一组轮流看护,不能让其一人独处,确保其生命安全。同时,要及时上报学院领导和心理咨询中心,以便及时对其进行干预。有些学生出于多种顾虑,不愿将同学的事情向老师汇报,担心对其影响不好,认为自己陪伴他、安慰他,过几天就没事了,这种想法是危险的。对一个有自杀倾向的学生,很难在短期内让其彻底放弃自杀念头,况且学生干预自杀的能力有限,而学校相关部门和老师在自杀干预方面却有丰富的经验,学生要学会信任学校和老师。

【我来练练】

拟订一份自杀危机干预方案

情境假设:你有一位同学以前偶有"活着没有多大意思"的想法,一星期前失恋,最近几天行为异常:神思恍惚、情绪不稳、偶有哭泣、不再去上课。今天对你说"活着没意思,不如死了好"。

分组讨论,每组6~8人,各小组拟订一份干预方案,然后在全班分享。

_____

_____

_____

_____

三、大学生生命意义的探索

当面临成长危机与境遇性危机时,大学生应该珍爱自己的生命,对自己生命负责,积极运用自身资源与社会资源,主动寻求社会支持,想办法将危机化解在萌芽状态。但有研究显示,86.1%的大学生感觉无法掌控自己的人生,处于生命意义和目的不明确状态。

生命意义感是个体对生命的感受,是个体对生活的目的、方向和态度的看法,是一种高层次的心理感受。随着社会的发展,人们在物质生活上获得的满足越来越多,但幸福感却未与日俱进。引起郁闷和无意义感的原因很多,如:人际关系、学业、恋爱、找工作的压力等。但是,最关键的原因是缺乏建设性的人生目标,或者说不知道自己是为什么而活着。不同取向的心理学家们一直在探索生命的意义,并用他们的观点诠释了生命的价值。

(一)存在心理学取向——存在就是意义

弗兰克尔最先提出了生命意义,他认为人存在本身就有价值和意义,人的生命是"让自己经历的人生充满意义,并担负相应责任的过程",人有自行选择其生活目标及生活意义的自由,并要为自由行动所产生的后果负责。就如同作家余华所说:"我们老思考活着的意义,但活着的真正意义在于我们活着。"人只有通过承担他自己的生活才能向生命作出回答,也只有通过成为负责任的人才能向生命作出反应。弗兰克尔继而提出了实现生命意义的三个途径,即通过创造与工作、爱与被爱、承受挫折去发现生命的意义。

一个年轻人因为受到生活的挫折失去方向,几乎失去了活下去的勇气。他不止一次想到自杀,于是他寻访智者,让智者为他找出活下去的理由。智者告诉他:"请你在一年之内游历,将你看到的事情告诉我,然后我再告诉你活着的理由。"于是年轻人开始徒步世界,他看到了饥饿与贫穷、疾病与痛苦、出生与死亡、真善美与假恶丑……一年后,当他再找到智者时,他说:"这一年的游历让我明白,活着真好! 活着不需要任何理由! 每个生命都是无比尊贵的!"生命的意义,就在于生命的存在。

(二)动机与人格取向——不断的自我实现

马斯洛基于人的需要层次理论提出,个体在不断满足各层次需要的过程中,将会获得丰富的生命意义,生命意义来自自我实现的过程以及经历高峰体验的过程。所谓"自我实现"就是"成为能够成为的人",也就是充分发挥个人潜能。但自我实现的前提是弄清楚自己到底是谁,先找准自己的定位,找到自己的天赋所在,然后才能实现它。这个世界上天生就知道自己想要什么的人是极少数,而大多数人都是要先找准自己,为自己的人生目标而努力,在自我实现的过程中将会体验到价值感和意义感。

一位 19 岁的大学生曾经给爱因斯坦写信诉说他的绝望,他看不到生命的存在价值,并且从宗教中得不到任何帮助。以下是爱因斯坦的回信:

你对生命个体以及整个人类的生存目的的认真追求,给我留下了深刻印象。在我看来,如果这个问题用这种方式来提出的话,将没有任何合理的答案。

当我们谈论某个行为的用途和目的时,我们的问题很简单:我们通过这项活动及其结果能够满足哪种愿望,或者可以避免哪种不想要的结果。如果你探求一个群体的行为目标,或者将个体作为群体中的一员来考察其目标的话,这个问题就失去了意义。即便你问的是通常情况下的意义或目的,也同样没有意义。因为在这些情况下,设想一个人的需求与已发生的事情有关,是不合理的,甚至是相当武断的。

然而,我们都知道问问自己,应该如何过好生活是非常合理且有用的。在我看来,这个回答就是:需求和愿望尽可能满足,以及对人类关系和谐和美好的追求。

(三)积极心理学取向——意义在于积极追寻

20 世纪末,随着积极心理学运动的兴起,对生命意义的研究重新受到了心理学家的重视。积极心理学将对生命意义的研究视角从以往关注人们的消极心理功能逐渐转向积极心理功能。斯戴格将生命意义定义为"个体存在的意义感和对自我重要性的感知",并提出生命意义的二维模型,即"拥有意义"和"追寻意义"。

"拥有意义"是指个体对自己活得是否有意义的感受程度,强调结果;"追寻意义"则是个体对意义的积极寻找程度,强调过程。个体只有积极地寻找生命意义,才能在这个过程中获得真正的快乐与满足,也才能真正拥有"有意义的人生"。在这两个维度中,人生最有意义的在于体验过程而不在于得到结果。因此,大学生要用全身心体验并且享受自己所拥有的,与此同时,用全力去追求自己所希望拥有的,并充分享受追求的过程。过去人们有一个误区:好像一个人只有有了自己想要的东西才能有快乐。但事实是,一个人如果具有享受生活的能力,即使该有的好东西都没有,或者不该有的坏事都遇上了,他仍然可以享受生活,即"不知足常乐"。

【我来练练】

人的生命只有一次,怎样生活,怎样度过,是我们应该而且必须思考的问题。活着是为了什么? 生命无常,你今天发觉自己只剩下一天的生命,你最渴望做的和完成的是什么?

(1)你将如何度过这 24 小时? ＿＿＿＿＿＿＿＿＿＿＿＿＿＿＿＿

＿＿＿＿＿＿＿＿＿＿＿＿＿＿＿＿＿＿＿＿＿＿＿＿＿＿＿＿＿＿＿

(2)你将对谁说怎样的话? ＿＿＿＿＿＿＿＿＿＿＿＿＿＿＿＿＿

＿＿＿＿＿＿＿＿＿＿＿＿＿＿＿＿＿＿＿＿＿＿＿＿＿＿＿＿＿＿＿

(3)你这一辈子有什么遗憾? ＿＿＿＿＿＿＿＿＿＿＿＿＿＿＿＿

＿＿＿＿＿＿＿＿＿＿＿＿＿＿＿＿＿＿＿＿＿＿＿＿＿＿＿＿＿＿＿

（4）你这一辈子最大的收获是什么？ _____

_____

_____

（5）如果有来生，你将…… _____

_____

_____

生命或长或短，每个人都没法决定它的长度，但当代大学生可以不断探索生命的意义，丰厚自己生命的宽度，在有限的生命中珍惜生命，追求生命的价值。

【心灵探索】

1. Zung 焦虑自评量表（SAS）

下面有二十条文字，请仔细阅读每一条，把意思弄明白。然后根据你最近1周的实际情况作 A、B、C、D 选择，其中分别表示：A 没有或很少时间；B 小部分时间；C 相当多时间；D 绝大部分或全部时间。

①我觉得比平常容易紧张和着急。

②我无缘无故地感到害怕。

③我容易心里烦乱或觉得惊恐。

④我觉得我可能将要发疯。

*⑤我觉得一切都很好，也不会发生什么不幸。

⑥我手脚发抖打寒战。

⑦我因为头痛、颈痛和背痛而苦恼。

⑧我感觉容易衰弱和疲乏。

*⑨我觉得心平气和，并且容易安静坐着。

⑩我觉得心跳得很快。

⑪我因为一阵阵头晕而苦恼。

⑫我有晕倒发作，或觉得要晕倒似的。

*⑬我吸气呼气都感到很容易。

⑭我的手脚麻木和刺痛。

⑮我因为胃痛和消化不良而苦恼。

⑯我常常要小便。

*⑰我的手是干燥温暖的。

⑱我脸红发热。

*⑲我容易入睡，并且一夜睡得很好。

⑳我做噩梦。

计分：正向计分题 A、B、C、D 按 1、2、3、4 计分；反向计分题按 4、3、2、1 计分。反向计分题号：5、9、13、17、19。总分乘以 1.25 取整数，即得标准分，焦虑评定的分界值为 50 分，分数越高,焦虑倾向越明显。

2.抑郁自评量表(SDS)

下面有二十条文字,请仔细阅读每一条,把意思弄明白。然后根据你最近1周的实际情况作 A、B、C、D 选择,其中分别表示:A 没有或很少时间;B 小部分时间;C 相当多时间;D 绝大部分或全部时间。

①我觉得闷闷不乐,情绪低沉。

*②我觉得一天之中早晨最好。

③我一阵阵哭出来或觉得想哭。

④我晚上睡眠不好。

*⑤我吃得跟平常一样多。

*⑥我与异性亲密接触时和以往一样感觉愉快。

⑦我发觉我的体重在下降。

⑧我有便秘的苦恼。

⑨我心跳比平时快。

⑩我无缘无故地感到疲乏。

*⑪我的头脑跟平常一样清楚。

*⑫我对经常做的事情并没有感到困难。

⑬我觉得不安而平静不下来。

*⑭我对将来抱有希望。

⑮我比平常容易生气激动。

*⑯我觉得作出决定是容易的。

*⑰我觉得自己是个有用的人,有人需要我。

*⑱我的生活过得很有意思。

⑲我认为如果我死了别人会生活得好一些。

*⑳平常感兴趣的事我仍然感兴趣。

计分:正向计分题 A、B、C、D 按 1、2、3、4 计分;反向计分题按 4、3、2、1 计分。反向计分题号:2、5、6、11、12、14、16、17、18、20。总分乘以 1.25 取整数,即得标准分,抑郁评定的分界值为 50 分,分数越高,抑郁倾向越明显。

【学以致用】

1.接纳情绪的练习,请按照前三例完成句子。

例:我可以生气,因为生气并不代表我没有修养。

  我可以焦虑,焦虑不一定会让我表现更差。

  我可以哭泣,哭泣不代表我软弱。

①我可以紧张,_____。

②我可以害怕,_____。

③我可以拒绝,_____。

2.每位同学将自己最烦恼、痛苦或焦虑的一件事情写在纸条上,不用署名。将纸条收集到一起,老师每次随机抽取一张纸条,读给所有人听。请班级成员想出缓解情绪的方法和建议并发言表述。

讨论:

①听到其他同学写下的消极情绪和事件,你有什么感受?

②今天是否学到了更多处理消极情绪的方法?有哪些方法?

3.脑力激荡。

请全班每一个同学轮流大声说出自己的方法,"当我情绪不好时,我通过……来调节自己"。请思考,学到了新方法吗?愿意试试哪些方法呢?

4.6~8人一组,列举你所知道的利用中国传统文化来表达情绪的方式,然后在全班分享。

【身边的故事】

小黄是某大学一年级学生。近来常为很多事情而感到担忧、紧张、焦虑,并出现头疼、肌肉紧张、入睡困难等状况,小黄觉得这种状况已经影响自己正常的学习和生活,主动找到心理老师进行咨询。

小黄出生在工人家庭,父母从小对他要求就特别严格,尤其在意他的学习成绩。只要他考得好点,父母就对他好点。小的时候,父亲为了让他在好学校读书,就把他送到每天要步行1个小时上学的地方读书,而不管他是否觉得累。小黄从小对自己就有较高的标准,学习成绩一直不错。然而,进入初二以后,老师开始在班上搞成绩竞争制。一开始,小黄考得还不错,但竞争对手就在他的耳边说一些不好听的话,结果有一次考试没有考好,竞争对手就一直嘲笑他,让他觉得很没面子。自此,小黄就开始担心下一次考不好怎么办,就算考好了也会担心竞争对手们还会嘲笑自己。渐渐地,小黄的学习成绩开始下滑,并开始担心家人、同学的嘲笑。但由于初中的学习任务还是相对比较轻松,因此担忧和紧张感并不太明显。到了高中三年级,学习压力骤增,小黄的学习成绩继续下滑,他的状况也变得越来越严重,不仅会担忧,还会有莫名的恐慌感,到大学后也并未得到缓解。近来小黄常常感到心里发慌,担忧的事情越来越多,担心的重点也经常变化,如看书看不进去担心学习成绩会下降、吃辣的食物担心会伤到肠胃、同学没理自己担心自己不受人喜欢、在路上或食堂担心自己出丑而受人嘲笑、想到自己的前途就开始担心……还会伴随肌肉紧张、出冷汗、心跳加速、头脑不清晰等状况。现在,小黄很担心自己无法控制这种恐惧感,担心自己会发疯,开始逃避上课和与人交往。

个案点评:

小黄的问题属于焦虑障碍。小黄长期感到担忧、紧张,常常为日常琐碎小事而烦恼,有时更不知为什么而担忧,明知道担忧与实际情况不符,却难以控制,并会出现肌肉紧张、心烦不安、无法集中注意力、容易疲倦、难以入睡等症状。

小黄父母对他要求严格，学习成绩只有达到父母认可的标准才能得到赞赏，导致小黄从小就缺少父母无条件的肯定和赞许。于是，他渐渐形成了严格的自我标准和价值条件。在小黄心里，自己只有达到某些标准才能得到他人的认可，为了达到这些价值条件，他拒绝真实的自我，随时留意他人是否赞许自己的行为。一旦自己的行为表现达不到标准，小黄就会对自身产生消极的自我评价，长期如此，小黄渐渐形成了"我不好"的信念。为了逃避面对不够优秀的自己，小黄以焦虑、回避面对自己的弱点，极力克服和隐藏自身的不足。一方面，焦虑状态以及伴随的身体反应使小黄找到了解脱的途径，给他带来了不需要面对失败的理由；另一方面，小黄回避现实的问题和挫折，使原有的问题得不到积极的解决，进一步加重了小黄内心来自现实的焦虑感和挫败感。

处理建议：

首先，可采取放松的方法帮助小黄缓解和控制焦虑；

其次，小黄的头脑中有很多不合理的信念，需要采取认知重建法帮助他认清焦虑的恶性循环，改变其不理性的认知模式；

最后，小黄面对焦虑会采取回避等行为，与小黄共同讨论解决焦虑事件的方法和策略，改变他紧张焦虑的行为模式。

【瞭望窗】

别用"放大镜"看苦恼

现代人常常觉得活得苦、活得累，其中很大的原因是我们自己常常用放大镜看苦恼，顾影自怜，最终难以自拔。心理学家为了研究人们常常忧虑的"烦恼"问题，做了下面这个很有意思的实验。

心理学家要求实验者在一个周日的晚上把自己未来7天内所有忧虑的"烦恼"都写下来，然后投入一个指定的"烦恼箱"。三周之后，心理学家打开这个"烦恼箱"，让所有实验者逐一核对自己写下的每项"烦恼"。结果发现，其中9成的"烦恼"并未真正发生。然后，心理学家要求实验者将记录了自己真正"烦恼"的字条重新投入"烦恼箱"。又过了三周，心理学家又打开了这个"烦恼箱"，并让所有实验者再一次逐一核对自己写下的每项"烦恼"。结果发现，绝大多数曾经的"烦恼"已经不再是"烦恼"了。实验者切身地感到，烦恼这东西原来是预想得很多，出现得很少。

心理学家从对"烦恼"的深入研究中得出了这样的统计数据和结论："一般人所忧虑的'烦恼'，有40%是属于过去的，有50%是属于未来的，只有10%是属于现在的。其中92%的'烦恼'未发生过，剩下的8%则多是可以轻易应付的。因此，烦恼多是自己找来的。这就是所谓的烦恼不寻人，人自寻烦恼。"

那么，对现代人而言，该如何走出放大苦恼的误区呢？

第一，认识痛苦与焦虑的客观性。我们的情绪并不是主观意志能完全控制的，如在众人面前讲话时常常是越想控制紧张，紧张得越厉害；越想控制焦虑，则焦虑得越甚。相反，如果对痛苦与焦虑采取接纳的态度，在痛苦产生后告诉自己：我痛苦了，这是一种难受的感受,但我自己控制不了,我只能接纳它。这样虽然看起来好像是一种消极的态度,然而,任何情绪都有它发生、发展、高潮、下降及结束的过程,只要我们接纳它了,最终它也就是消失了,正所谓"无为而无不为"。

第二,试着寻找放大苦恼背后的心理原因,如是否自己太过于追求完美、太看重事物的结果、太注重他人评价等。

第三,正视现实的压力。苦恼的产生,常常是由于一些我们不愿面对的现实压力、心理冲突而引发,如婚姻的矛盾、工作的压力、人际关系的冲突等,我们要学会正视并及时解决它们,逃避只能使问题更为复杂和麻烦。

第四,寻找多途径的愉快来源,我们的愉快来源越多,我们就越少惧怕失落,越少痛苦和焦虑。生活是多彩的,只要我们愿意,每时每刻我们都能享受到生活的愉快。

第五,主动寻求心理医生的帮助。

第七章　大学生人际交往

导读：频发的大学生人际交往恶性事件

2017 年 4 月 29 日，重庆市警方通报，重庆大学发生一起持刀伤人事件，该校一学生持菜刀将两名室友砍伤后逃逸，目前持刀伤人者覃某已被抓获。

2017 年 5 月 31 日晚 7 时许，武汉理工大学发生了一起学生斗殴事件，一名学生被寝室同学砍伤，倒在血泊里，生死不明。据知情学生称，这起冲突或是因双方在网络游戏中争夺资源所致。关于两人之间因何起了冲突，也出现了多个版本，其中，"游戏说"较多。据称，两人在一起玩游戏，因游戏内资源分配不均，两人发生口角，最终导致其中一名学生动了刀子。

2016 年 3 月 27 日晚上 11 点 50 分，正在宿舍玩电脑的大一学生芦海清被室友滕刚（化名）叫到了旁边的学习室，当人们再次见到芦海清的时候，他已经身首异处。成都市公安局龙泉驿区分局 4 月 15 日通报，滕刚于 3 月 27 日晚 11 点 50 分用菜刀将芦海清杀死，3 月 28 日零时 17 分让同学打电话报警并投案自首。芦海清和滕刚之间因生活琐事发生矛盾，滕某用当日白天从超市购买的菜刀将芦海清杀死，但并未提及案发的具体原因。

从复旦大学的投毒案到频发的大学生宿舍伤害事件，"感谢室友不杀之恩"成了调侃类似事件的网络流行语，然而，在调侃背后更多的还是无奈。人们不禁要问：现在的大学生都怎么了？大学生的人际交往能力是否就糟糕到了如此程度？

本章要介绍的就是大学生的人际交往，包括人际交往的内涵、意义、阶段，以及影响因素。探讨大学生人际交往中存在的问题，提供人际交往的技巧，供大学生学习和参考。

人际交往是一个人社会化的必经之路,是人的基本需求之一。人一生的成长、发展、成功,无不与他人的交往密切相关。愉快、广泛和深刻的人际交往既有助于人们人格发展,又有助于满足人们的安全感和归属感。大学生正处于一种渴望交往、渴求理解的心理发展时期,但是,面对各种各样复杂的人际关系,要想恰当处理需要掌握一定的人际交往技巧。本章将引导同学们了解人际交往的原则及影响因素,正确把握人际交往的技巧。

第一节　人际交往概述

一、什么是人际交往

(一)人际交往与人际关系的概念

人际交往是个体通过一定的语言、文字、肢体动作、表情等表达手段将信息传递给其他个体的过程。交往的结果即人际关系,人际关系指人们在交往的过程中,人与人之间形成的心理的和社会的关系。人际交往是实现人际关系的途径,是一个动态的过程。亲近、信赖、友好的关系来自双方社会心理需要的满足。

人际交往受到交往双方认知、情感、态度的影响。认知是指个体对自己和他人以及相互关系的了解与把握,比如,一些大学生在人际交往过程中对自己评价过低,导致在实际交往时退缩回避,还有一些大学生过高地评估交往双方之间的关系,以至于对对方存在较多不合理的要求与期待,这都会影响关系的建立和维持。情感是人际关系的重要调节因素,人们根据自身的情感体验不断调整人际关系,如亲近自己喜欢的人,疏远自己厌恶的人。态度则直接影响人际关系的建立、形成和发展。真诚、尊重、宽容的态度有利于人际交往。

(二)人际交往的心理功能

1.人际交往满足人们的基本心理需求

人是社会性动物,即使是不会说话的婴儿,也会通过眼神、哭声与肢体动作同周围的人进行沟通,并对他人的反应进行回应。如果无法通过与人交往建立关系就无法生存。心理学家马斯洛提出的需要层次理论也言明,得到他人的爱与尊重是人们的基本需要,这与吃饭、睡觉等生理需要同等重要,得不到这种需要,将严重影响个人的身心健康。

2.人际交往促进人格发展

第一,稳定的亲密关系是心理乃至身体正常发展不可缺少的条件。如果缺乏与其他社会成员的正常交往,个体的性格发展会出现明显问题。第二,我们通过与他人的互动认识自己;通过他人的反馈改变人格中的缺陷;通过模仿他人完善自我。通过比较他人对自己的评价和自己对自己的评价的异同,我们能实现多个自我的整合,全面塑造自己。第三,人际交往是一个人实现社会化的必然过程。人必须要在与各种人具体交往中去学习、体会社会规范并将其内化。

3.人际交往促进见识增长

"独学而无友,则孤陋而寡闻",相互交流可以使人获得大量信息,扩大知识领域,开阔精神视野。在与老师、同学的交往中,思想撞击可以产生新的火花,使自己茅塞顿开。

4. 人际交往提高心理健康水平

现实治疗法的创始人威廉·格拉瑟(William Glasser)认为,所有的心理问题都是由于缺乏满意的人际关系造成的。我国著名精神科专家许又新也认为,人际交往有利于心理健康,良好的人际关系是健康的心理和人格的一种表现。人们在人际交往中不仅可以得到他人的帮助,减少孤独和心灵的痛苦,而且可以减少心里的恐惧。与他人交往,可以宣泄自己的愤怒和不快乐的情绪,从而减少心里的压力。一般说来,心理健康水平较高的人通常具备积极交往的品质,能与朋友保持长久而深刻的关系。

5. 人际交往使人获得价值感与意义感

人际交往还能提供情感支持,使人获得安全感与价值感;在人际交往中感受到自身被需要、被认同,使人获得意义感。

二、人际交往的阶段

在人际交往过程中,两个交往的主体往往需要经历一个由浅入深、不断深化的过程,这一过程包括以下几个阶段:

(一)定向阶段

定向阶段是指由零接触过渡到单向注意或双向注意的阶段,包括注意、选择交往对象和进行初步交流。在这个阶段,本来素不相识的人逐渐实现选择性注意,从而把对方纳入自己的交往对象范围。这个阶段仅限于双方进行初步选择,还未建立较深入的联系,人们通常会根据初步沟通的效果来判断关系是否可以继续深入,因此人们会在这个阶段非常注意自己的言行是否恰当,能否给对方留下好的印象;沟通的内容也会有所保留,通常是一些公开的、基本信息的交流。如果在这个阶段过多地涉及对方隐私方面的话题,会影响关系的建立与发展。需要注意的是,每个人的自我开放程度不同,我们在交往中需要根据对方的反应来判断对方的开放程度,调整自己的言行和谈话内容。

(二)情感探索阶段

交往双方由注意逐步向心理、情感卷入转变,开始逐渐由浅入深地建立心理联系。在这个阶段,交往双方从公共信息逐渐发展到个人信息的沟通和交流,自我暴露的深度和广度有所增加,并逐渐开始进行情感的沟通和交流。但是,在这个阶段,双方仍未进入对方的私密性领域。此时双方尚处于普通人际关系阶段,离开对方也不至于造成太大的痛苦。在大学中,大部分同学之间的关系保持在这个阶段,不会进一步深入。

(三)情感交流阶段

交往到这个阶段,双方对彼此的好感度、信任度都有了质的变化,沟通的范围和深度有所发展。随着相互安全感的建立,交往双方分享的内容开始涉及自己的隐私,在交往中更加真实,不再小心翼翼,能够将自己的需要和情感表达出来,也会对对方有更多的期待与要求。但在这个阶段若是毫无顾忌地表达自己,不顾对方的需要和期待,将会造成伤害。双方关系能进入这个阶段,是比较不易的,所以,对进入情感交流阶段的关系更应该重视技巧,用心经营。

(四)稳定交流阶段

这个阶段交往双方彼此了解很深,情感联系密切,对对方特点都有所认识并能够包容对方的缺点,在心理上相互依恋,双方都给予持续的安全感,允许对方进入自己的私密领域,自我暴露的深度和广度大大扩展,不仅停留在情感的依赖上,还达到了深层的心理联结,在人生态度、价值观上不一定完全相同,但互相认同。

下面这段某大学生的博客清晰地展现了人际交往的四个阶段:

第一次遇见小燕是在流浪狗之家,当时看到小燕之后我感觉很亲切。于是我就在帮流浪狗洗澡时主动和小燕在一组,接触后发现我们在同一所大学,聊得也非常投缘,很快就熟识了起来。那天在流浪狗之家当完义工,我们一起回到学校,在小吃一条街从这头吃到那头,玩得非常开心。那天之后,有什么好看的电影我也常常背着电脑到小燕宿舍一起看,小燕也几乎每周都约我一起去流浪狗之家当义工,我好开心呀,这样路途上也有伴了,不用感到特别孤单,干活也特别带劲。现在,我和小燕几乎成了无话不说的好朋友了……

三、人际吸引的影响因素

决定人际吸引的因素是错综复杂的,社会心理学认为,影响人际吸引的有两方面因素,一是个人吸引力,二是相互吸引力。

(一)个人吸引力因素

个人吸引力因素指个人具有吸引他人的条件和素质,包括以下五方面的内容:

1. 外在形象

长相、穿着、仪态和风度会直接影响个人的吸引力,人们普遍喜爱长相美好、衣着整洁、风度翩翩的人。人际交往的最初动力就是外表吸引力,特别是在大学生群体中,外在形象的影响力更大。研究显示,人们不仅会被具有外表魅力的人吸引,还会认为这些人具备更美好的品质,能够拥有更幸福的生活。这一研究结果无论是在同性还是异性间都得到了证实。尤其是在交往的初始阶段,即人际交往的定向阶段,外表的吸引力是一个重要的影响因素。但是,由于个人审美的差异,美的标准不是绝对的。下面是一个关于外貌与社交吸引的著名研究:

沃尔斯特(E. Walster, 1966)等人让男女大学生752名(每两人为一对)进行了两个半小时的舞会,舞会结束时,询问学生是否希望再次同对方进行约会,结果表明,与希望再次约会的回答有关的因素只有对方的容貌(见表7-1)。

表 7-1　希望再次同对方进行约会的百分比

	对方的容貌		
	丑的	一般的	美的
丑的男性	40	53	80

续表

	对方的容貌		
	丑的	一般的	美的
一般的男性	30	50	78
美的男性	4	37	58
丑的女性	53	56	92
一般的女性	35	69	71
美的女性	27	27	68

2. 个性特征

随着交往时间的增加,吸引力将会从外在的仪表转为个体内在的品质。事实上,外表的吸引力对人们的适应能力和终生的幸福只起到弱小的作用。个性特征的影响对维持稳定的关系更为重要。美国心理学家安德森的一项调查发现,受喜爱程度最高的六种个性品质是真诚、诚实、理解、忠诚、真实、可信。简而言之,真诚受人欢迎,虚伪令人讨厌。

3. 能力特长

毫无疑问,具有一技之长、表现出众的人会吸引更多的关注。因此,大学生通常希望自己成为具有超凡能力和出众技艺的"完美人"。其实,这样反而会给周围的人造成压力,让人敬而远之。比起"完美人",那些偶尔会出现一两次错误,或者具有一些小瑕疵的"优秀人"反而更容易建立良好的人际关系。社会心理学家阿伦森做过一项实验,让被试听录音带里设计好的情境,如果录音带中的主角是一名能力低下的学生,当出现打翻咖啡杯这样的小失误后,其吸引力确实会如通常所预期的那样显著减少;如果主角是一位近乎完美的大学生,打翻咖啡杯这样的小失误反而能使他的吸引力显著增加。这提示我们,可以追求完美,但不要要求完美。

4. 自尊

自尊会影响个体在人际关系中的主动性、积极性、放松程度以及对交往过程中言语信息和非言语信息的理解及敏感性。一般来说,自尊感高的人对自己有比较积极客观的认识,认为自己是一个有价值的人,相信自己会受到他人的喜爱与尊重,也能够接受个人的不足之处及他人的评价。这样的人在人际交往中能够将注意力放在交往的内容上,比较放松,开放自我,主动交往,预期成功;而低自尊的人容易在人际交往中过分关注自我或他人,忽略积极的信息,敏感拘束,预期失败,给交往对象造成的感觉是过分封闭自我,交往被动。

5. 心境

生活中每个人的心境状态是不一样的。心境低落的人更倾向于作出负面评价与悲观预期,心境积极的人更容易表达出快乐的情绪,对事情也保持积极的态度与看法。人们的思维、情绪和行为都会受到他人的影响,当然更愿意接近幽默、积极、乐观的人。

(二)相互吸引力因素

相互吸引力因素指在相互交往过程中,使彼此产生吸引力的条件和因素,包含以下两类：

1.邻近与熟悉

在能够满足彼此需要的前提下，空间距离较近的个体之间相互接触和了解的机会较多，因此容易建立较为密切的人际关系。心理学家卡普洛（Caplow）的研究发现，大学生群体中，互相成为朋友概率较高的是：邻居、同班、同宿舍或座位挨得较近的人。心理学中"暴露效应"的观点认为：如果其他条件相当，人们更喜欢他们经常看到的人。邻近性会增加重复暴露的机会，进而产生熟悉和信任感，而熟悉是成为朋友的前提。需要注意的是，随着交往深入和时间推移，接近性的效应会逐渐降低，相反还可能带来排斥。如果双方的某些言行令对方反感，重复接触就会使这种反感加重。另外，如果交往进入情感交流与稳定交流阶段，随着个人信息暴露的增多，越接近的双方也越有可能形成负向关系，甚至是相互伤害。

2.相似与互补

邻近性吸引在人际交往的定向阶段影响较大，而一旦建立连接，双方的相似性就变得很重要。研究表明，人们通常喜欢和那些在某方面与自己相似的人交往，个体之间的相似程度越高，越容易产生熟悉感。相近的年龄、家庭背景、经济条件和社会地位影响人的价值观、观点态度，使他们相互产生认同感。而互补看似与相似矛盾，但当沟通双方的需求及人格特征等方面形成互补关系时，也容易产生相互之间的吸引力。这在人际交往的情感探索交流阶段，对维持长久稳定的关系非常重要。比如，如果交往双方的控制欲望都很强，都非常有主见且不愿妥协，那么关系一般无法亲密与长久；如果一个比较喜欢指挥，一个比较被动，这样形成的互补关系一般就比较稳定。

四、人际交往的心理效应

人际交往中涉及许多心理效应，我们既能够通过这些效应加速对交往对象的了解，或是增加他人对自己的好感度，但有时它们也会影响我们对他人的看法，产生误解。通过了解这些常见的心理效应，我们可以发挥这些效应的积极作用，回避它们带来的负面影响。

（一）首因效应

首因效应，又称为第一印象效应，指交往双方形成的第一印象对今后交往关系的影响，即通常说的"先入为主"。如果一个人在初次见面时给人留下良好的印象，那么人们就愿意和他接近，彼此也能较快地相互了解，并会影响人们对他以后行为的印象。反之，对一个初次见面就引起对方反感的人，即使由于各种原因难以避免与之接触，人们也会对他很冷淡。这提示人们在人际交往中要尽量给他人留下好的第一印象，同时也要注意，仅凭第一印象来评价一个人往往不够客观准确。

小莹最近认识了一个新朋友，虽然周围的朋友对他评价都不错，要撮合他们，可小莹就是不喜欢他。第一次见面时，他留着长发，蓄着胡子，戴着墨镜。虽然他对小莹示好，表示对小莹很有好感，但小莹就是认为这样的人不务正业、不负责任，因此对他非常反感，拒绝进一步交往。

（二）近因效应

近因效应，指的是最后的印象对人们的认知会造成影响。最后留下的印象往往比较深刻。在对陌生人的认知中，首因效应比较明显，而在对熟人的认知中，近因效应比较明显。利用近因效应，我们和熟人交往时，可以用最后几分钟的言行举止给对方留下较好的印象。另外，由于近因效应，熟人之间保持"新鲜感"也很重要。

（三）光环效应

在人际关系中，如果人们认为一个人好时，这个人所有的优点都会被放大，人们对这个人的一些言语行为的理解也会从善意的角度出发，甚至缺点也会被解读为优点；而认为一个人不好时，我们会不自觉地关注这个人不好的言行，所有的缺点都会被放大——这种根据对方某个特点而泛化到其他的特质，根据一个判断推论出该对象其他品质的现象，就称为光环效应，又称晕轮效应。晕轮效应在爱情和偶像崇拜中最明显。当我们喜欢或崇拜一个人的时候，就往往会把更多自己喜爱、期望的理想人格特质赋予他们。

（四）投射效应

"以小人之心，度君子之腹"描述的就是投射现象，即在人际交往中，人们总是不由自主地假设他人与自己有相同的倾向，假设他人的想法、感受与自己相同。比如，一个人如果对自己的评价比较消极，认为自己不善于人际交往、呆板，不喜欢自己，就很可能会把对自己的消极评价与负面感受投射到交往对象身上，认为对方也这样看待自己，因此会过分注意与这个想法相符的细节，甚至很可能过度解读对方的言行，来印证自己的想法，这非常不利于自身人际关系的建立。

（五）刻板印象

"北方的汉子大男子主义""女生心思细腻，男生粗枝大叶""老年人固执守旧"……这些都是刻板印象。刻板印象是指社会上对某一类事物或人比较固定、概括、笼统的看法。刻板印象比较机械地将人进行分类，进而将对某一类人的普遍看法赋予个体，虽然有利于对某一群体进行概括性了解，但对个体而言，则容易"先入为主"，影响人与人之间深入细致的交流。

第二节　大学生常见的人际交往问题

德国心理学家斯普兰格说："没有任何人会像青年那样深陷于孤独之中，渴望被人接近与理解；没有任何人会像青年那样站在遥远的地方呼唤。"在心理健康教育实践中发现，绝大多数大学生的心理危机是与缺乏正常人际交往和良好人际关系相联系的。人际关系对大学生至关重要。但是在现实生活中，部分大学生在人际交往过程中受阻，出现种种人际交往问题，进而严重影响了学习、生活和身心健康。其中的原因，既有个体自身的因素，也有交往技巧方面的问题。

一、对人际交往的完美期待

部分大学生对人际交往充满了理想色彩,认为大学同学之间的关系应该没有任何功利色彩,可以像兄弟姐妹一样团结。他们认为真正的朋友应该完全以诚相待、思想一致、感情相通,不能忍受任何争执、矛盾,还应该无话不谈,不能有任何隐瞒和秘密。因此,在交往过程中一旦出现不协调,就感到失望;若发现对方有什么事没有告诉自己,就感觉不够朋友,甚至有被欺骗、受伤害之感。一部分同学对现实中的人际交往感到不满意,常常不是因为交往事实多么糟糕,而是因为他们用过于理想化的眼光来衡量现实。

【我来练练】

你是完美主义者吗?

选　项	非常 同意	比较 同意	不确 定	比较 不同意	非常 不同意
1. 如果我不为自己设定最高的标准,我将可能成为一个平庸的人					
2. 如果我犯错的话,人们会小看我的					
3. 如果我不能将事情做得非常出色,那么做这件事情没有任何意义					
4. 一旦有什么闪失,我就可能会感到心烦					
5. 只要拼命努力,我将能够在我想做的任何事情上有突出的表现					
6. 任何脆弱或孩子气的行为都是不成熟的表现					
7. 同样的错误我不应该再犯第二次					
8. 平庸的表现是不能令我满意的					
9. 在重大事情上的失败会使我成为一个平庸的人					
10. 如果未能达到期望的目标,自我谴责将有助于我下次做得更好					

计分:非常同意、比较同意、不确定、比较不同意和非常不同意分别计 2、1、0、-1、-2 分。将你的总分相加,如果你的得分大于 0,表示你有完美主义倾向,得分小于 0,表明你没有完美主义倾向。

二、对交往过程及结果悲观预期

在人际交往中,有相当一部分大学生存在明显的认知偏差,比如低估自己与人交往的能力,高估自己在人际情境中会遇到的问题,过高估计别人对自己的关注或否认,以至于在交往前和交往过程中都会进行消极的自我暗示:"我肯定表现得不好,不可能给别人留下好印象""我不如其他同学那么受人欢迎"……这就使他们认为自己处于众人关注的焦点之中,不能出现一丝一毫的失误,失误后就百般自责、懊悔,担忧会对自己的形象造成什么影响,他人会如何评价自己等。他们的注意力大部分集中在对当下交往情境的恐惧情绪和交往结果的担忧,影响对他人的觉察和关注,让人产生此人很"高冷",不愿意交往的感觉。有的大学生总怕别人发现自己的弱点或给别人留下不好的印象,于是就不敢在公众场合表现。

小黄是一名大四的学生,他说自己从初中开始在公众场合就感觉焦虑、恐惧,特别是成为焦点的时候尤其严重,脸红、出汗,有时还会口吃,或头脑空白无法进行语言表达。经过大学阶段前几年的自我历练,现在小黄感觉恐惧感已经消除了,可是身心的焦虑感还是无法化解,在社交场合仍然觉得全身不舒服,不知道该做出哪个动作,总是很尴尬,内心压抑难受。近几个月以来,因为找工作要面对很多招聘者,小黄的焦虑感加剧,晚上经常失眠,白天没有精神,已经影响到了正常的生活。

三、以自我为中心

现在多数大学生都是独生子女,由于没有兄弟姐妹,不少同学缺乏与他人分享爱的经验。这种经历使他们中的一部分人在与人交往的时候习惯于以自己为中心。以自我为中心的人在交往中常常表现为:很少关心别人,与他人关系疏远,不关心他人是否需要自己的倾听和支持;骄傲自大,觉得自己什么都是最好,不管别人有没有兴趣,总是滔滔不绝地谈论自己的事情;别人一有错误就立即指责,然后大谈自己的看法,觉得自己什么都懂;自尊心过强,不能忍受他人对自己的意见,一旦对方与自己意见相左就指责对方;等等。然而,这种强烈的自我中心意识往往会把自己束缚在狭窄的圈子里,极大地缩小交往领域,造成交往障碍。

小唐是一名大二的学生。学习成绩较好,外向型性格,为人开朗有个性,思维活跃,敢说敢做,但同时自以为是,桀骜不驯,嫉妒心强,所有的事情都一定要按照自己的设想来做,如果不符合自己的意愿就发脾气,一定要求他人顺从自己。同学们都不太喜欢她。她与父母、老师说话时也咄咄逼人,与人沟通时总带着争吵的神态,难以心平气和地交流。她想交知心朋友,但同学们对她敬而远之,她所担任的班干工作常因同学的不合作而不能如愿。她因而情绪极受影响,气哭过几次,也辞职过几次。

四、缺乏人际交往的经验与技巧

很多同学面对人际交往缺乏主动性,除了因为对自己信心不足,还可能个性比较内向,长期封闭自己,缺乏与人交往的成功经验,不知道如何进行人际交往。如见面时不懂得要主动打招呼,交流时不能作出积极回应,不善于表达情绪,缺乏辨别他人情绪的能力,对他人情绪变化缺乏敏感或过度敏感,不懂得人际交往要团结协作、互惠互利,不知道如何应对他人的不合理要求等。由此导致的失败经历又加重了对人际交往的回避,进入恶性循环。

小杨是一名大一的学生,学习成绩较好,性格内向,不爱交流。她一门心思放在学习上,每天早出晚归,寝室同学交流的话题通通不了解,也不感兴趣。近一年的时间里,小杨与同学们说的话屈指可数,渐渐地,同学们也不愿意跟小杨说话了,还结成了小团体,把小杨孤立在外。有一天,小杨回到寝室,发现自己的东西被动过,小杨不喜欢这样,但又不知道如何与寝室同学沟通,就给每人发了一条信息:"请不要动我的东西。"从那以后,小杨明显感觉寝室同学对自己有了敌意,不仅没有按自己的要求做,还对自己冷嘲热讽,有时候甚至直接拿她撒气。有一天从图书馆回寝室时已经很晚了,小杨发现室友把寝室的门反锁了,敲了很久也没有人来开门。小杨感到非常委屈,不知道自己做错了什么,会被大家这样对待。

第三节　大学生良好人际关系的形成

大学生活中同伴之间的心理交往状况,往往决定了一个大学生是否对大学生活感到满意。没有形成友好、合作、融洽的人际关系的大学生,常常显示出敏感、压抑、自我防卫、难于合作的特点,情绪的满意程度低;而拥有融洽同伴关系的大学生,则表现出更多的欢乐、注重学习与成就、乐于与人交往的特点。可见大学生的人际交往状态与其心理健康程度和幸福满意程度是密切相关的。那么,如何拥有良好的人际关系呢?

一、大学生人际交往原则

为了引发和促进积极健康的交往行为,大学生在交往中应遵循一定的原则。

(一)尊重原则

马斯洛需要层次理论提出,渴望受到尊重是每个人的基本心理需求。不仅要尊重交往对象的人格与尊严、个性习惯和隐私,还要尊重彼此存在的外显或内在的心理距离。与人交往应一视同仁,不因为家庭背景、地位职权、贫富等方面的差异而对人另眼相看。特别是大学生自尊心较强,希望得到他人的认可与信赖,当对方感觉你是完全尊重他时,才会产生和你交往的意愿,感觉被轻视、被冒犯,则势必造成对方的戒备、反感和疏远。此外,还应注意不要把自己的意志强加给对方,不要求他人按照自己的要求做事。同时,在人际交往中也不要忘记尊重自己,客观看待自己,不因自己有不足而自卑。

小陈和小李是大学同班同学,两家人住得很近,虽然到大学才互相认识,但接触后却发现两人有很多共同的朋友,也有很多共同爱好。于是两人很快就成了无话不说的好友。小李非常信任小陈,在一次聊天中,她告诉小陈自己是单亲家庭的孩子,一直跟着妈妈一起生活,但最近妈妈要和别人结婚了,自己内心有点接受不了。小陈虽然用心安慰了小李,但却在和其他人的聊天中随口就把小李的家庭情况说了出来。小李知道后非常生气,决定和小陈绝交。她觉得自己是把小陈当作挚友才跟她谈家庭情况的,小陈这样做是不尊重自己的隐私,不配再做自己的朋友。

(二)真诚原则

真诚是一种优良的个性品质,也是在人际关系中最受欢迎的品质。在人际交往中最基本的心理保证是安全感,没有安全感的人际关系是难以正常发展的,而只有真诚以待才能带给人安全感,促进相互了解,并在此基础上相互理解、接纳,建立起良好的人际关系,发展出健康真实的友谊。真诚是不欺骗,强调表达自己真实的想法和态度,但真诚并非是在任何时刻都毫无顾忌地表达。有时候,不顾忌时间、地点和场合地直来直去,反而会伤害他人。

（三）宽容原则

宽容的人在人际交往中能够接受人与人之间的差异、误会、分歧，但也不意味着一味忍让。当遇到矛盾与冲突时，对非原则性的问题不斤斤计较、胸怀宽广、求同存异，是一个人自信、力量和勇气的表现，"得理不饶人"的人实际上是缺乏自信和自制力的。"退一步海阔天空"，解放的其实是自己。

微博上曾有一个热门话题："女生的关系到底有多复杂？一个寝室6人5个微信群。"其实就是6人建了6个群，1群没有A，方便说A的坏话，2群没有B，以此类推……还有一个群你不知道，因为那个群没有你。

已经毕业的小月坦然回忆了大学时代4人寝室的5个微信群，"一开始是对一人不满，后来寝室关系变得扑朔迷离，第2、第3甚至第5个群——出现了"。每次新群的出现，都牵动着每一个人的心。不在寝室时，室友会不会说我坏话？在寝室时，室友又会不会在微信群里偷偷议论？人与人之间的基本信任就这样被消除了。

大学生小星的寝室4人有3个群。寝室有3个微信群是公开的，大家都默认且尊重这种群关系。一开始，小星偶然听到寝室的两人谈论她看不到的群里的事情，总是说者无心，听者有意。后来她发现每个人都有自己的小团体，尊重他人及其朋友之间的隐秘交流，也是一个人的基本素养。

（四）互利原则

人际交往在一定意义上也是一个交换过程，一段人际关系是否能够持续下去，主要看交往双方是否都能从关系中获益，双方需求是否都能得到满足。只有单方获益甚至没有人获益的关系一定不能长久，交往双方互利性越高，关系就越持续、密切。这种益处包括了物质和精神两方面。良好的人际关系总是在双方互相关心、支持和帮助中发展深化的。

二、大学生人际交往技巧

大学生在进入大学之前大部分精力放在学习上，生活经验不足，也没有刻意了解和学习人际交往的技巧，进入大学后，面对较为复杂的寝室、班级和社团关系常常容易产生矛盾、摩擦，不知如何应对和化解。不处理则造成长期人际关系不良，进入恶性循环；处理又不知迂回缓和，容易造成冲突、口角，甚至大打出手等严重后果。对此，我们列出了一些重要的人际交往技巧，供同学们学习理论与练习技能，希望同学们可以在日常生活中带着尊重、真诚的善意，充分应用学到的技能，扩大自己的人际交往圈，获得宝贵的友谊。

（一）积极主动与人交往

在人际交往过程中，许多人并不是主动发起交往活动，而是扮演响应者的角色，更有一些人在被动接纳时也是退缩的。人都希望自己被接纳、被欢迎，所以每个人都希望他人能够主动与自己建立联系，积极的人际交往态度是良好人际关系的基础。

人际交往具有互动性特征，想要成为人际关系好的人，就需要有主动交往的能力。真诚地交流、关心他人的内心需求,有助于构建和谐的人际关系。美国心理学家威廉·詹姆士提出:"人类本质中最殷切的需求是渴望被肯定。"人际交往中有一项黄金原则——你希望别人如何对待你,你就如何对待别人。如果你希望别人主动、热情地与你交往,你自己就要如此对待他人。人与人之间关系的建立,有时候只需要每一个人都迈出一小步——一个微笑,一句问候,就会让人与人之间走得更近。

【我来练练】

给全班同学每人8分钟时间,策划安排自己的"请跟我做朋友——个人魅力推介会",表演形式不限,然后邀请部分同学(5~10人)到台前来展示。展示结束后,请其他同学根据台上同学的表现,决定自己要和他们中的哪些交朋友,并告诉大家原因。

活动结束后请思考:

我可以从哪些方面提高自己的人际吸引力?　_____

_____

(二)学会倾听与交谈

许多大学生都非常关注自己是否善于表达,殊不知交际首先要学会倾听。特别是在现在这个忙碌繁杂的社会,倾听成了亲人和好友之间互赠的最好礼物。当朋友对你诉说的烦恼无动于衷,对你的情绪亦不能感同身受,你会感到很沮丧,感到不被理解和接纳。

学会倾听,最重要的是培养尊重意识,倾听者需要沉着安静、耐心专注,还需要根据对方的话题作出适当的反应,谈到高兴的事情时点头微笑,谈到伤心的事情时面色沉重,还要避免中途打断及出现走神的举动。如果不赞成对方的某些观点,也不要轻易打断,以使对方感到尊重和理解。在别人说话之后,也不要沉默不语,全无反馈,或单纯重复"对对对,是是是",更不要自顾自地直抒己见。可以用自己的话简要重复说话者表达的信息,再表明自己的意见。这样一来,一是让对方知道你在认真地倾听,二是检验自己理解的准确性,保障有效沟通。此外,当对方没有向你询问解决问题的办法时,不要主动给建议,对方有可能只需要你耐心听他讲完,希望得到你的理解与支持。

交谈也是一门艺术。要学会交谈,首先要善于寻找话题。好话题的标准是,至少有一方熟悉并善于交谈,或者大家都感兴趣、爱交谈。在交谈过程中,当双方的兴趣和关注的焦点汇聚在一起时,彼此才能顺利沟通,增进友情。有两种情况需要转换话题:一种情况是自己对谈论的话题失去兴趣,而对方却谈兴正浓,彼此很难谈到一块;另一种情况是自觉地观察到对方不愿再谈下去的暗示。另外,在谈话中还应尽力遵循"省力法则",用简明扼要、风趣幽默的语言,让人在最短的时间里欢快地与你交谈。一次成功的交谈很多时候不仅取决于交谈的内容,更多地还取决于交谈者的神态、语气、动作等非言语信息,即所谓说什么不重要,怎么说才重要。在交谈的时候还要注意场合,表现出自己的友善之心。

【我来练练】

将全班同学以8人、10人或12人一个小组分组,然后小组内部平均分为内外两个圈面对面相向而坐。每对相对的同学都依据老师制订的话题进行2分钟的交流,然后外圈依次向逆时针方向移动一个位置,再交流新话题,如此移动至内圈每个同学都已与外圈每个同学交谈过。

可参考的话题如下:

● 今年暑/寒假你做了什么?

● 你的兴趣爱好是什么?

● 如果你有500万,愿意做什么?

● 从小到大对你影响很大的一个人是谁?为什么?

● 自己做过最成功,最让自己高兴的一件事是什么?

……

回归到小组大圈,请一些同学介绍他与同学交流的话题信息,并分享自己在这个活动中的感受。

思考:

1. 当对方认真倾听自己讲话时,自己有什么感觉?

2. 当对方能够重复出自己刚才讲的话题内容时,自己有什么感受?

3. 交流时哪一位同学给你留下了深刻印象,为什么?

4. 通过交谈,你是否更全面地认识和了解了一位同学?你愿意和他做朋友吗?为什么?

(三)学会赞美

人都希望被肯定。心理学研究发现,相对而言人们更喜欢那些欣赏自己的人,特别是自我意识发展还不完善的大学生更注重他人对自己的评价。赞美他人还可以给双方带来愉快的情绪体验,能够调动人的积极性,增加人际吸引力。因此,由衷真诚的赞美一定会提升对方对自己的好感度,是建立良好人际关系的重要方法。但赞美不是拍马屁,不是吹捧,而是基于事实,情真意切地表达。只有发自内心的真诚欣赏与赞扬才会得到对方的好感,且赞美要因人而异,注重细节、突出特点的赞美比空泛的夸赞更令人印象深刻。

【我来练练】

优点轰炸

游戏活动要求:

1. 自由组合(最好6~8个人一组);

2. 每人发数张可制成帽子的彩纸;

3. 一个人站在中间,其他人以之为中心站在周围;

4. 周围每个人给中间的人找一个优点写在纸上,所有人写完后将彩纸制成帽子送给中间的人,请他/她将优点大声地读出来,然后戴到头上;

5. 小组成员可轮流站到中间。

感悟:

（1）周围同学身上的优点和长处真不少，我最欣赏的优点和长处是：

_____

_____

（2）原来我也有这么多优点和长处，我最认可的优点和长处是：

_____

_____

（四）巧妙批评

一般来说，我们在交往中应多用赞扬，尽量不批评，实在需要时，可遵循以下几点，以减少批评对人际关系的伤害。

第一，批评从称赞和诚挚感谢入手。否定带来的不悦可以被诚挚的称赞和感谢所带来的愉快情绪所冲淡。人们在心情愉快时，对批评的接受性会明显增强。

上课铃响了，小马还在慢悠悠地往教室里走，这不是他第一次迟到了，很多老师都批评过小马，可批评没有起到任何作用。进教室后，小马又不紧不慢地到处找座位。这时老师笑着对大家说："这位同学真是一个听话的学生，上次我看见他在教室里追打同学，被另外的老师批评了，你看他这次稳重多了，上课铃响这么半天了，依旧能沉得住气。"听了这次的"批评"，小马的内心有点触动，暗自想以后还是不要迟到了。

第二，批评前，先提到自己的错误。被批评者在批评者面前常会有一种错觉，似乎批评者是在用批评显示他的优越。如果我们先提到自己的不足，可以明显弱化这种意识，使人容易接受批评。戴尔·卡耐基说："听别人诉说我们的缺点很难，假如对方谦卑地自称他们也并非完美，我们就比较容易接受了。"

第三，不当众批评。当众批评极易挫伤对方的自尊心，会导致对方的恼怒和反击。交往中应给人以台阶，让人有面子。因此，当别人有错时，可以在单独相处时间委婉地提醒对方注意。

第四，批评要对事不对人。一定要注意就事论事，避免使用"总是""从来"这样的词语，要具体地指出对方需要改进的某一个行为，不要泛化到普遍的情况，更不要给对方的人格下定义，即不能由事扩大到人，比如用"这两天你打电话到凌晨 12 点"，而不是"你总是打电话到很晚，你怎么这么自私？"

第五，批评要针对现在，不纠缠旧账。就事论事，错在哪里就批评到哪里，不要去纠缠对方的旧事。

【我来练练】

"批评"大考验

1. 自由分组（6～8 人一组）。

2.每次由一位同学坐在小组中间,其他每位同学都告诉中间的同学一件他需要改进的事,轮流进行。

3.每位同学都到中间接受一次组内批评,依次进行,直到小组每位同学都感受到了批评与被批评。

4.小组内分享:谈谈批评他人和被他人批评的感受,哪种批评你最能接受?哪种批评最不能接受,为什么?

(五)适当自我暴露

自我暴露是一种人们自愿地、有意地把自己的真实情况暴露给别人的行动,它透露的信息多数是他人不可能从其他途径获得的。自我暴露的信息是真实的。一定程度的自我暴露有利于人际交往。自我暴露过少,不利于人际交往的深入;自我暴露过多,则会增加不安全感和被伤害的可能性。

在人际交往中,人们最喜欢那些和自己的自我暴露程度相当的人交往。心理学家认为,理想的自我暴露是对少数亲密朋友作较多的自我暴露,而对一般朋友和其他人作中等程度的暴露。因此,大学生在人际交往中,作自我暴露的时候要考虑到对象,也要掌握分寸,根据对方暴露的程度、对方的反应、双方的关系等来作自我暴露。

【我来练练】

有问必答

1.自由组合(一个组6~8人)。

2.所有同学围坐成一个圈,一个同学坐在圆圈中间,由其他的同学分别询问这个同学一个问题,这个同学针对这些问题,分别给出答案。通过"石头、剪刀、布"的方法决定谁第一个坐在中间。

3.每组同学轮流进行,直到本组同学都进行了游戏。

4.讨论:

(1)与同学分享:通过询问和被询问的过程,你有什么样的感受?

_____

(2)你在这个过程中学到了什么?

_____

(六)重视非言语信息

人际交往之中的眼神、表情、手势和动作等都会发挥奇妙的作用,甚至会达成言语交际所达不到的效果,这就是非言语信息的效用。所谓非言语信息交往,是指通过包括身体的动作、局部表情、空间距离、触摸行为、声音暗示、服饰和其他装饰来表达意思的过程。人们从经验中体会到,言语交际更多地用来说明思想,非言语交际更多地用来表达感情,而且更自然、更亲近。例如保持目光接触可集中听话人的注意力,减少精神分散,更重要的是可以向对方传达重视与尊重,这正是取得对方信任、使沟通顺利进行的先决条件。微笑也是很简单的对人友好、增加社交魅力的方式。一些身体姿势如微微前倾表示感兴趣,双手抱胸则表示抗击和防卫。

【我来练练】

以不同方式朗读

1. 自由分组,每组6~8人。

2. 由一个同学用两种不同的方式朗读电影《大话西游》中的经典句子:

(1)以平铺直叙不带任何情感、表情或肢体语言的方式朗读;

(2)声情并茂,加上感情、表情和肢体语言进行朗读。

"曾经有一份真诚的爱情摆在我的面前,我没有珍惜,等到失去的时候才后悔莫及,人世间最痛苦的事莫过于此。如果上天能够给我一个再来一次的机会,我会对那个女孩说:'我爱你!'如果非要给这份爱加上一个期限,我希望是一万年……"

3. 讨论:发表自己对两种不同朗读方式的感受并交流。

(1)两种不同的朗读方式给你什么不同的感觉?

_____

(2)你觉得非言语信息在人际交往中的作用有哪些?

_____

(七)把握人际交往的界限

虽然人际关系对个体有重要意义,但人是独立的个体,没有关系不行,深陷关系之中以至于失去自我也是不行的。自我界限,即人际界限,是指在人际关系中,人和人之间都是独立的个体,清楚地知道自己和他人的责任和权利范围,既保护自己的空间不受侵犯,也不侵犯他人的个人空间。从心理发展上看,自我界限是逐渐形成的。成长的过程,本来也就是个体与原生家庭在心理上逐渐分离的过程。分离,意味着自我边界的形成、完善,意味着成长,意味着成熟。

亲密关系的建立则意味着自我边界的打破,这一方面使人们可以享受到由亲密关系所带来的温暖、体贴;但另一方面,自我边界的破坏也意味着自主性、安全性的下降和受伤可能性的增加,这就是日常生活中所谓的"爱我的人伤我最深"。人既有归属和亲和的需要,也有保持距离与独处的需要。合适的距离可以让人感到安全和不容易受伤,在人际交往时会更加愉悦放松,有利于人际关系的稳定和长期发展。

天气实在太冷了,两只小刺猬蜷缩在洞里,却仍然被冻得瑟瑟发抖。就在它们感觉快要被冻僵的时候,一只刺猬突然灵机一动建议道:"我们靠紧一点,或许身上的热量会散失得慢一点。"另外一只也觉得有道理,于是,它们开始尝试靠近。但没想到的是,由于靠得太紧,它们身上的刺刺到了对方。虽然第一次尝试失败了,但由于在被对方刺痛的同时也确实感到了对方的温暖,它们没有气馁,又重新开始了第二次尝试。这一次,为了不伤害对方,它们开始小心翼翼地一点一点靠近，最后，它们终于找到了一个合适的距离。

自我界限清楚的人在与他人接近时，不会失去自我，也不会把别人当成自己的某一部分，在人际关系中会始终保持自己是自己、别人是别人的状态，与此同时，也不会离别人远到爱所不能及的距离，在需要的时候，也有能力给予或从别人那里获得安全感与温情。

要在心理上划清与别人的界限需要长久的努力。首先需要弄清楚的是作为个体独特性的一面，比如自己在身体、心理、社会角色等方面与别人的不同；其次是了解和尊重他人独特性的一面，进而探索自己在哪些方面与他人的界限不清楚；然后才有可能既保持住自己的独特性，又尊重他人的独特性，渐渐地在自己与他人之间划出界限。

【我来练练】

心"防"

游戏规则：请全班同学随机两两组合，进行"你进我退的游戏"。

请成组的两位同学各自在地上画一个圆圈，面对面站在自己画的圆圈中。这个圆圈以内就代表每一个人的独立空间，这个圆圈的边界由每个人自己决定，可大可小。然后，让一位同学（A）向另一位同学（B）的圆圈的边界走去，由 B 决定什么时候让 A 停下来，或者什么时候可以再向前前进，并记下在整个过程中的感受。进行完后，换 B 朝 A 走去，同样，也记下这个过程中的感受。

讨论：

1. 当伙伴靠近你的边界，甚至进入边界时，自己的感受是怎样的？

_____

2. 当伙伴允许你逐渐接近他的边界，你的感受是怎样的？

_____

3. 在什么情况下我们允许别人进入自己的内心？

_____

人都有归属于群体的需要，也有和他人交往的需要，可是除了归属群体、亲和他人外，独处同样也是人的本质需要。在保持与他人和谐交往的同时，一定也不要忘记适当的独处可以使人摆脱人际关系的限定，更多地成为"自己"。独处首先可以使人置身关系之外来审视关系，使关系中的交流更适当和适度。其次，从心理发展的过程来看，能够享受独处，是个体成熟的重要标志。孩童是不具备独处的能力的，随着个体的成长、成熟，便可以接纳独处，在独处中整合自己内心的力量，从而为更和谐的人际交往和更全面的个人成长作好准备。因此，无论在任何时候，都要留一点独处的时间给自己，与自己进行一番对话，学会保持自己的独立性。一个人只有处理好与自己的关系，才能处理好自己与他人的关系。

总的来说，人际交往伴随着生命的整个历程。如果能顺利协调与周围人群的关系，就会感觉到生活的轻松愉快；如果能获得同学朋友的理解和支持，学习工作起来就会感到顺利高效；如果能与家人和睦相处，奋斗起来就更有动力。心理学家通过广泛的研究表明，相对名誉、金钱、地位、成功而言,良好的人际关系,尤其是亲子、夫妻、亲密朋友之间等关键人际关系的融洽,才是人生幸福的最重要决定因素。

【心灵探索】

社会支持评定量表

下面的问题用于反映你在社会中所获得的支持,请按各个问题的具体要求,根据你的实际情况选择。

1.你有多少关系密切,可以提供支持和帮助的朋友?(只选一项)

(1)一个也没有　　　　(2)1~2个　　　　(3)3~5个　　　　(4)6个或6个以上

2.近一年来,你:(只选一项)

(1)远离家人,且独居一室

(2)住处经常变动,多数时间和陌生人住在一起

(3)和同学、同事或朋友住在一起

(4)和家人住在一起

3.你与邻居:(只选一项)

(1)相互之间从不关心,只是点头之交　　　(2)遇到困难可能稍微关心

(3)有些邻居很关心你　　　(4)大多数邻居都很关心你

4.你与同学:(只选一项)

(1)相互之间从不关心,只是点头之交　　　(2)遇到困难可能稍微关心

(3)有些同学很关心你　　　(4)大多数同学都很关心你

5.从相关人员得到的支持和照顾(在合适的框内划"√")

	无	极 少	一 般	全力支持
A.恋人				
B.父母				
C.兄弟姐妹				
D.其他人员(如亲戚)				

6.过去,在你遇到危急情况时,曾经得到经济支持和解决实际问题的来源有:

(1)无任何来源。

(2)下列来源:(可选多项)

A.恋人;B.其他家人;C.亲戚;D.同学;E.班级;F.学校;G.宗教、社会团体等非官方组织;H.其他(请列出)

7.过去,在你遇到危急情况时,曾经得到安慰和关心的来源有:

(1)无任何来源。

(2)下列来源:(可选多项)

A.恋人;B.其他家人;C.亲戚;D.同学;E.班级;F.学校;G.宗教、社会团体等非官方组

织;H.其他(请列出)

8.你遇到烦恼时的倾诉方式:(只选一项)

(1)从不向任何人倾诉　　　　　　(2)只向关系极为密切的1~2个人倾诉

(3)如果朋友主动询问你会说出来　　(4)主动倾诉自己的烦恼,以获得支持和理解

9.你遇到烦恼时的求助方式:(只选一项)

(1)只靠自己,不接受别人帮助　　　(2)很少请求别人帮助

(3)有时请求别人帮助　　　　　　　(4)有困难时经常向家人、亲友、组织求援

10.对团体(如党团组织、宗教组织、工会、学生会等)组织活动,你(只选一项)

(1)从不参加　　(2)偶尔参加　　(3)经常参加　　(4)主动参加并积极参与活动

计分与结果解释:

● 第1~4,8~10题,每题只选一项,选择1、2、3、4分别计为1、2、3、4分;第5题分A、B、C、D四方面计分,每方面从无到全力支持分别计1~4分,加总即为第5题的得分;第6、7题如回答"无任何来源"则计为0分,回答"下列来源"者,有几个来源就计几分。

● 总分为十道题目计分之和——客观支持分:2、6、7题之和;主观支持分:1、3、4、5题之和;对支持的利用度:8、9、10题之和。分数越高,获得的相应社会支持就越多。

【学以致用】

1.你画我猜。(单向沟通与双向沟通)

老师准备样图两张,样图上有由三角形、圆形、矩形等组合成的简单图形。第一轮请一位同学自愿担任传达者,其他同学为倾听者。传达者看着样图,背对着倾听者下达画图指令。倾听者根据传达者的指令画出样图上的组合图形,过程中不许提问。画完后,根据倾听者所画的图,传达者和倾听者谈自己的感受。

第二轮再请一位自愿者上台,看着样图二,面对倾听者传达画图指令,过程中允许倾听者随时询问作图细节。看看这一轮结果如何,请传达者和倾听者谈自己的感受。

全体讨论:两轮游戏的过程与结果的差异。

2."支撑与被支撑"。(此活动有身体接触,允许同学自愿选择是否参加。不愿参加的同学可选暂时退出小组,担当裁判)

将教室内桌椅移出。全班同学分小组围成圆圈集中在教室内不同的位置(大约8人一组)。要求小组成员前面的同学坐在后面同学的腿上,比赛哪一组的同学坚持的时间最长。给一分钟作为小组成员准备和商讨的时间,然后比赛正式开始。

请坚持时间最长的小组谈成功的经验,坚持时间最短的小组谈失利的原因。

小组讨论与分享:

(1)游戏前后,小组成员的关系是否有变化? 这个变化是什么? 有什么影响?

(2)在游戏中我是否有信心支持好前面的同学? 如果有信心,我是否把这个信息传递给了前面的同学?

(3)在游戏中我是否信任后面的同学能完全将我支撑? 当我有些担心时,是否将我的担心告诉后面的同学?

（4）在游戏过程中，小组中其他成员的言行是否对我有影响？

（5）这个游戏带给我最大的启示是什么？我最大的感受是什么？

【身边的故事】

　　小王，女，22岁，大三学生，因为总是害怕与人交往而来到心理咨询室求助。自诉时常有情绪低落的情况，上课注意力不集中，记忆力不好，虽然在看书，但是完全不知道看的是什么内容。睡眠不是很好，经常有疲乏、头晕状况。

　　她成长于一个小康家庭，父亲是机关干部，母亲是学校教师，为了在以后能够找个好工作，小学高年级时，父母对小王的学习习惯和在班上的名次提出了严格的要求。小王总是尽最大努力考取好成绩，但还是经常因为达不到父母的要求而受到训斥。母亲还以中国传统的道德要求教导她，不能随便同男生讲话，更不能有肢体接触，要她注意保护自己，做个"正经女人"。当她提出自己要像班上的其他同学那样有现代男女同学的正常交往时，常常被父母忽视或否定。当她发觉自己和父母看法间的巨大差距后，就什么话都不和父母说，和父母情感交流也逐渐减少。随着一年年长大，她变成了一个内向、羞怯和孤独的女孩。

　　进入初中以后，她一门心思想的就是怎么把学习成绩提上去，为此，她尽可能避免参加班级活动和同学之间的交往，但学习成绩并没有像她期望的那样有较大的提高。后来，小王发现自己和同学之间的话题少了，同学们好像也把她孤立了。学习成绩停滞不前以及与同学疏远，使小王产生了焦虑情绪。

　　一次，一位男生和同学打闹时无意间撞进了小王的怀里，并且手肘碰到了她的胸部。这个场面引起了同学们的大笑，她刹那间感到无地自容，好像所有的同学都在嘲笑自己。联想到母亲说的不能和男生有肢体接触的要求，她认为自己已经不是一个"正经"的女人了，而是一个受到同学嘲笑和鄙视的"坏女人"。

　　进入高中和大学以后，虽然小王想和同学有更多的交往，但总是不能鼓起勇气参与大家的话题，即使话到了嘴边，也说不出口或没有办法插入谈话。她在班级活动中也表现得十分拘谨，如果需要发言，小王会紧张得发抖、出汗。她多数时候都独来独往，没有能够说知心话的朋友，除非必要，也不会和父母联系，即使联系也仅仅限于把事情说清楚，没有正常的情感交流。

课堂讨论：

1.小王目前心理困扰主要表现在什么方面？

2.小王可以采取哪些方式来调节自己的问题？

个案点评：

　　小王的问题属于人际关系敏感。面对社会就业的残酷竞争，父母感受到了严重的压力。但是，他们的应对方式是要求小王以考出好成绩来参与竞争，实质上是父母把自己感受到的压力转嫁给了小王。这使小王自身不能承受，所以，她以中断交友的方式来应对这个压力，希望能够达到父母的要求。

　　小王生长于一个严谨并持守着古老中国道德传统的家庭，她被迫接受了母亲"男女授受不亲"的思想。当胸部被男生无意间碰到后,她归罪于自己的不道德,产生强烈的自卑感。在自卑感的驱使下,小王为了避免受到可能存在的伤害,如同学的嘲笑,采取了回避的应对方式。

在初中时候小王故意减少和同学交往的行为,发展成了独来独往的习惯,并且延续到高中和大学,虽然自己希望交往,由于缺乏交往技能,也只能半途而废。

处理建议:

第一,正确应对压力:当我们面对压力的时候,多和同学接触,建立良好的人际关系,取得社会的支持和帮助,这样才能更好地缓解或消除压力。

第二,自卑心理调适:当出现自卑心理的时候,其实在我们的内心有一个对自己的负面评价,正是这个评价导致了我们怯于和同学交往。找出这个评价是什么,再找出自己的长处,给自己一个正面评价,多作积极的自我暗示。

【瞭望窗】

社会助长作用——他人在场的影响

一个多世纪以前,美国印第安纳大学的心理学家特里普利特(1861—1931)注意到:自行车手在一起比赛时,他们的成绩要比各自单独骑行时的成绩好。在把自己的直觉发现(他人在场能提高作业水平)公布于众之前,特里普利特首先对此进行了实验研究。在实验中,他要求儿童以最快的速度在渔用卷轴上绕线,结果发现,儿童在一起绕线时要比单独绕线快得多。这种社会助长作用也同样会发生在动物身上:当有同类在场时,蚂蚁能挖掘出更多的沙子,小鸡会吃更多的谷物,交配中的老鼠会表现出更多的性活动。但是,另外也有一些研究发现,在完成某些任务时,他人在场会妨碍当事人的成绩表现。有同类在场时,蟑螂、长尾小鹦鹉、金丝雀学会走迷宫的速度都比较慢。这种干扰效应也会在人类中发生。他人在场会降低人们学习无意义音节、玩走迷宫游戏以及演算复杂乘法问题的效率。

这些研究结果看似自相矛盾,到1940年为止,这个领域的研究几乎停滞不前,一直沉寂了25年,直到心理学家扎荣茨提出新理论。扎荣茨想把这些看似互相矛盾的发现融合到一起,他受到了实验心理学著名定律的启示:"唤醒"能够增强任何优势反应的倾向。唤醒会提高简单任务的作业成绩,因为在这些简单任务中"优势"反应往往是正确反应。人们在唤醒状态下,完成简单的字谜任务——辨别出打乱了字母顺序的单词,比如"akec",是最快的。而在复杂任务中,正确答案往往不是优势反应,所以,唤醒增强的是错误反应。因此,在更难一些的字谜任务中,处于唤醒状态的参与者成绩会更差。

扎荣茨提出的理论解开了社会助长作用之谜。人们会因为他人在场而被唤醒或激活,现在也有许多证据证明这一假设是正确的(想象面临一群听众时自己的紧张或兴奋感)。如果社会唤醒能促进优势反应,那么它应该会提高简单任务的作业成绩,并且会降低困难任务的作业成绩。在渔用卷轴上绕线,做简单乘法题,或者吃东西都是一些简单任务,这些任务的正确反应都是人们掌握得非常好的反应或很自然的优势反应。而学习新材料,玩走迷宫游戏,或者解复杂的数学题都是一些较难的任务,这些任务的正确反应很难一下子就做出来。在这种情况下,他人在场就会增加个体错误反应的次数。

导读：追求梦想的大学生恋人

孙乐家和景丹是 2016 年东南大学毕业生,他们是一对情侣。他们在"最好的时光"一起上课,一起做实验,一起写论文,一起拿了 36 张奖状,一起被保送至北京协和医院研究生。他们都梦想成为优秀的医生。

说到在一起最浪漫的事,孙乐家回答:"就是和她一起做实验,发表论文。"两人还一起申请了课题。在三年时光里,他们共调研了 800 多篇文献。"记不清有多少夜晚,她伴我挑灯夜战,查找资料。我们曾经数次面对实验模型意外死亡而心灰意冷,她一遍遍和我分析造模数据,让我不轻言放弃。"乐家说,没有开朗的景丹在一旁陪伴、支持,他不可能坚持下来。景丹说,有乐家在,她心里就踏实,认定没有困难能难倒他们。

最终,他们获得 68.8 个 SRTP(本科生科研训练计划)学分,分别以第一作者的身份共发表 11 篇会议论文、2 篇 CSCD 论文、1 篇核心期刊论文等。他们的论文在中华医学会举办的第九届全国哮喘学术会议中从众多博士研究生和职业医师中脱颖而出,以唯一的本科生身份一举摘得优秀论文一等奖。"每当我们共同署名的文章发表时,我在想这就是最好的誓言。"乐家说。

爱情是人世间最美好的感情,性是人类繁衍的基础。爱情和性既可以给人们带来美好、快乐、幸福,也可能给人们带来烦恼、忧愁和创伤。大学生的恋爱与性问题,是大学校园里的热门话题。正值青年期的大学生,对爱情的需求强烈,恋爱成了他们的美好愿望。的确,有人在大学里找到了情投意合的恋人,相依相伴,共同成长;而有人却处理不好恋爱中的关系,为此感到迷茫、困惑;还有人因为没有慎重对待性行为而感到懊悔和痛苦。本章将引导同学们学习爱的能力,正确对待恋爱挫折,并形成健康的性心理。

第一节　恋爱与性心理概述

一、什么是爱情

(一)爱情的定义

爱情是一个永恒的话题,从古至今,很多人对爱情的本质进行了探讨。不同领域的学者也对"爱情"进行了各种各样的诠释。

"唯精神论"认为,爱情是男女在精神上的相互依恋,将爱者的情感完全融化在对所爱的人的关怀之中,它与性欲绝对排斥,毫不相干。古希腊多数思想家都持此观点,最典型的代表人物是柏拉图(Plato,公元前428—前348)。柏拉图认为,爱情分肉体之爱和精神之爱两种,前者是低级的、卑俗的,后者是高级的、高尚的,是真正的爱情。他还提出,爱情的发展要经历三个阶段:第一阶段,肉体美是主要因素,它贯穿着精神,与精神融合在一种牢不可破的美好之中;第二阶段,这种美好将减弱,精神与肉体分开,并开始排斥肉体;第三阶段,人应该进一步摆脱肉体的东西和情欲的东西。柏拉图力图使爱情充满高尚的精神,其贬低肉体、抬高精神的思想实质是禁欲主义。后来,人们把这种禁欲主义思想和纯精神恋爱称为"柏拉图式恋爱",也称为"柏拉图式爱情"。

"唯性欲论"认为,爱情是纯粹的性本能,性欲是爱情产生的唯一根源,爱情的目的仅仅是为了性欲的满足。哲学家罗素(Bertrand Russell,1872—1970)提出,人类的性就"好像饮食,都是本能的需要",所以对性的满足就是对人的尊重,对性的压抑将会导致性饥饿,而且越压抑越强烈,最后将会疯狂地发作,使性行为变得兽行般野蛮,失去文明性。弗洛伊德的性欲学说则认为,性能量在人体内逐渐积累,必须通过某种途径发泄出来,从而构成了人类生活的原动力。按弗洛伊德的观点,男女之间的爱情就是性本能需要的表现。

美国社会心理学家鲁宾则将爱情定义为一个人对另一个人的某种特殊的想法与态度,它是各种人际关系中最深层次的情感维系,不仅包含审美、激情等心理因素,而且还包括生理激起与共同生活的愿望等复杂因素。

总的来说,人类的爱情是一种复杂的生物社会现象,既包含生物性,又包含着丰富的社会内容。性爱是爱情产生的生理基础,是爱情的原动力。但是,爱情的内涵以及人们追求和表达爱情的方式还包含着道德意识、审美感等丰富的社会性内涵。爱情虽基于生物学基础,但爱情中的精神成分具有相对独立性,且在爱情中占有绝对优势。

美国康奈尔大学教授辛蒂·哈赞和临床心理学家罗瑟·劳调查了 37 种不同文化层次的 5 000 对夫妻,并进行了医学测试,得出的结论是:大多数人真正的爱情最多只能保持 18 至 30 个月。哈赞认为,爱情是大脑中的多巴胺、苯乙胺和后叶催产素形成的,时间长了以后会产生抗体而失效;即使以后和另外的对象产生纯真的爱情,其有效期同样也是 18 至 30 个月。之后,男女要么分手,要么让爱变成习惯。

(二)恋爱中的男女差异

有些女性认为男性无法理解自己,男性也认为女性的想法难以捉摸,其实出现这种状况是很正常的,因为在爱情世界里,男性跟女性存在着很大的差异,要想一段感情长久,就必须了解两性之间在恋爱中表现的差异(见表 8-1)。

表 8-1　男女有别

	女　性	男　性
在情感上的需求	关心、照顾、了解、尊重、专一、肯定、保证	信任、接纳、欣赏、羡慕、认可、鼓励
在爱的关系中	需要感到被珍爱,而不仅仅是得到生活照顾、物质满足	需要感到他的能力被肯定,而不是接到不请自来的忠告
在情绪低落时	需要别人聆听她的感受,而不是替她分析和建议	需要安静独处,而不是勉强他细说因由
在寻找自己的价值时	从人际关系中肯定自己	从成就中建立自我
在增进爱情时	需要感到被对方了解和重视	需要感到被对方欣赏和感激
在互相沟通时	总是以为男人的沉默代表对她的不满和疏离	总是以为女人的宣泄代表向他寻求解决问题的方法

二、爱情的理论

(一)斯腾伯格(Robert J. Sternberg)的爱情三角理论

斯腾伯格认为,爱情由三个基本成分组成:亲密、激情、承诺。亲密是指与伴侣间心灵相近、互相契合、互相归属的感觉,包括对爱人的赞赏、照顾爱人的愿望、自我的展露和内心的沟通,属于爱情的情感成分;激情是指与伴侣结合的强烈渴望,是促使关系产生浪漫和外在吸引力的动机,也就是与性相关的动机驱力,属于爱情的动机成分;承诺包括短期和长期两个部分,短期的部分是指个体要作出爱不爱一个人的决定,长期的部分是指对两人之间亲密关系所作的持久性承诺,包括对爱情的忠诚、责任心,属于爱情的认知成分。

斯腾伯格把这些成分形象地比作三角形的三条边(见图 8-1)。他认为,不同的爱情可以用不同形状和大小的三角形来描述,其形状表示爱情的三种成分之间的相对关系,面积表示爱情的多少。等边三角形代表平衡的爱情,不等边三角形代表不平衡的爱情,哪个顶点到三角形重心的距离最长,就表明这是主导成分;哪个顶点到三角形重心的距离最短,就表明该成分可能不足。随着相处时间的增加及相处方式的改变,上述的三种成分将会发生变化,爱情的三角形会因组成元素的增减,其形状与大小也会跟着改变。

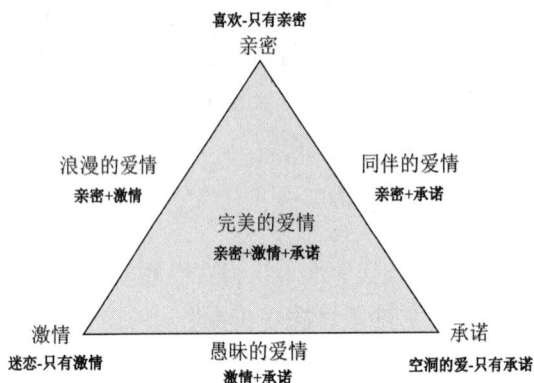

图 8-1 斯腾伯格(1988)爱情三角理论

斯腾伯格进一步提出:在三种成分下有八种不同的爱情关系组合,其分别为:

(1)非爱。三种成分俱无。

(2)喜欢。只包括亲密部分。

(3)迷恋的爱。只存在激情成分。

(4)空洞的爱。只有承诺的成分。

(5)浪漫的爱情。结合了亲密与激情。

(6)同伴的爱情。包括亲密和承诺。

(7)愚昧的爱情。激情加上承诺。

(8)完美的爱情。三种成分同时包含在关系当中。

此外,斯腾伯格还提出了"行动三角形"的概念,认为需要用相应的行动来表达三种成分。如果不将"爱情三角形"转化成"行动三角形",那么势必会影响到整个爱情关系。行动的成败既会反作用于自己三种爱情成分的水平,导致其他行动的产生,又会引起另外一人的爱情三角形和行动的改变。斯腾伯格指出:"若没有了表达,则爱情的最伟大之处将不复存在。"

【我来练练】

画画你的爱情三角形

1.在 A4 纸上画一个点,这个点是我们所画爱情三角形的重心。

2.从这个点出发,向不同方向画三条线,一条线代表激情,一条线代表亲密,一条线代表承诺。线的长短根据你爱情里激情、亲密、承诺的程度决定。越长代表这个成分越多,所占比例越大。

3.将这三条线的另外三个顶点连接起来,就可以看到自己的爱情三角形的模样。

4.6~8 人一组,讨论:

(1)你的爱情三角形的形状是什么?代表什么含义?

(2)你的爱情三角形的面积有多大?意味着什么?

（二）爱情依恋理论

爱情依恋理论将爱情与童年依恋联系起来研究。婴儿时期与人建立的依恋关系,会使个体形成持久且稳定的人格特质,这项特质在个体与异性建立亲密关系时自然流露出来。

1. 三类型的依恋风格理论

哈赞和谢弗将成人的爱情关系视为一种依恋的过程,分三种类型:

（1）安全依恋:与伴侣的关系良好、稳定,能彼此信任、互相支持。绝大多数人的爱情属于安全依恋。

（2）逃避依恋:害怕且逃避与伴侣的亲密关系。

（3）焦虑/矛盾依恋:时常具有情绪不稳、极端反应的现象,善于忌妒且希望跟伴侣的关系是互惠的。

在哈赞和谢弗的研究中发现,三种不同的爱情依恋风格在成人中所占比例分别为:安全依恋约占56%,逃避依恋约占25%,而焦虑/矛盾依恋约占19%,与婴儿依恋类型的调查比例相当接近。

2. 四类型的依恋风格理论

巴塞洛缪和霍洛维茨以上述爱情依恋风格理论的概念为基础,发展出一种四类型的爱情依恋风格理论,他们以正向或负向的自我意象和他人意象两个不同的向度来分析,得到四种类型的爱情依恋风格（见图8-2）。

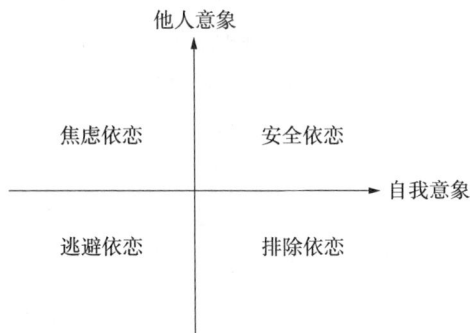

图 8-2　爱情依恋风格示意图

安全依恋:由正向自我意象和正向的他人意象所造成,"我好,你也好"。

焦虑依恋:由负向自我意象和正向的他人意象所造成,"我不好,你好"。

排除依恋:由正向自我意象和负向的他人意象所造成,"我好,你不好"。

逃避依恋:由负向自我意象和负向的他人意象所造成,"我不好,你也不好"。

三、什么是性心理健康

性心理健康是心理健康的重要组成部分。1974年,世界卫生组织（WHO）在一次关于性问题的研究会上,对性健康的概念作了如下论述:"所谓性的健康（sexual health）,它融合了有关性的生理面、情绪面、知识面及社会面,可以此提升人格发展、人际沟通和爱等。"由此可见,性心理健康是指个体具有正常的性欲望,能够正确认识性的有关问题,并且具有较强的性适应能力,能和异性进行恰当的交往,在免受性问题困扰的同时,还能使之增进自身人格完善,促进自身身心健康的发展。

【我来练练】

"sex"大家谈

1.6~8人一组,写下想到的与"性"有关的所有词语。

2.各组将写下的所有词语按"生理学、心理学、社会学"的范畴分类,从这三个范畴理解"性"。

3.各组成员分享在此过程中的感受。

四、常见的性心理障碍

性心理障碍是以异常行为作为满足个人性冲动的主要方式的一种心理障碍,其共同特征是不能引起常人性兴奋的某些物体或情境,对性心理障碍者有强烈的性兴奋作用,而在不同程度上干扰了正常的性行为方式。常见的性心理障碍有以下几种:

(一)易性癖

易性癖是指个体从心理上否定自己的性别,认为自己的性别与外生殖器的性别相反,而要求变换生理的性别特征。男女都可见,以男性居多。男性易性癖者在心理上认定自己是女性,并经常效仿女性的穿着打扮,模仿女性的姿态。女性易性癖者通常喜欢作男性打扮,并模仿男性的言行举止。他们往往有做变性手术的强烈愿望。有易性癖的学生,他们的内心往往也极度痛苦,我们要给予理解和宽容。

关于易性癖产生的原因,还不十分清楚。有人认为与其幼年时期的生活经历有关。比如有的父母将孩子作异性的打扮、教育,使孩子的性别认知心理被扭曲;有人认为易性癖是先天的。目前国外有科学实验已发现部分易性癖者的易性癖倾向与大脑组织结构有关。

(二)恋物癖

恋物癖指在强烈的性欲望与性兴奋的驱使下,反复收集异性使用的物品。通常开始于青春期,多见于男性。恋物癖者对异性本身或异性的性器官没有兴趣,他们通过抚摸、嗅、咬或玩弄异性的物品来获得性快感。所恋之物多半与性有关,如异性的内衣、内裤等。

恋物癖产生的原因未明。目前,关于恋物癖的原因主要有以下几种看法:一是认为有些人存在着一定程度的与异性交往的障碍,对异性的仰慕无法通过社交来增进关系,退而求其次通过收集物品得到满足;二是认为在青春期,无意中通过异性贴身用品获得性快感,后来又经过反复行为强化,形成不良性习惯。国内成瘾治疗专家何日辉根据临床经验提出,恋物癖的原因多和个人成长经历、家庭、社会文化环境、压力、性教育不当等有关。

(三)窥阴癖

窥阴癖指个体通过窥视异性裸体、阴部或性交场面而获得性快感。窥阴癖多发生于性发育成熟的男性,需要利用特殊场所(如厕所)、特殊手段(如镜子反射、望远镜等)偷窥。在青少年中发生的窥阴癖以性好奇为主,但比较懦弱的性格或某次无意看见阴部引起性兴奋往往是窥阴的重要原因。对于成年男子,动机主要是出于追求刺激。窥阴癖者的人格大多不健全,内向、孤僻、缺乏与异性交往的能力,或是婚姻的失败者。但其实窥阴癖者主观上没有恶意,只想得到性快感,并不想伤害任何人。

一般认为导致窥阴癖的原因与以下几个方面有关:幼年时受到不良视觉性诱惑影响或不良的性经历,使性心理发育过程受阻;偶然的窥阴行为与手淫相结合的不良影响,以后通过手淫的反复加强而固定下来;色情文化的影响;等等。

(四)露阴癖

露阴癖指在不适当的环境下在异性面前公开暴露自己的生殖器,引起异性紧张性情绪反应,从而获得性快感的一种性偏离现象,以男性居多。

露阴癖者常常在隐僻角落,在异性走近时突然暴露自己勃起的性器官,使对方惊恐不定、羞辱难耐,或耻笑辱骂,从中感到性满足,然后迅速离去。露阴癖者知道自己的症状是不正常的,但是却无法克服,他们在当时获得心理满足,过后常常感到懊悔。如果遇到露阴癖者,要知道对方可能只是一个性心理障碍者,对人并没有恶意,不必害怕,也不要担心对方会继续纠缠自己。

露阴癖的起因常与性心理发展受挫或两性关系没能获得正常发展有关;有些露阴癖者有性格缺陷,表现为拘谨、孤僻、怕羞、少言寡语,加之性知识贫乏,常常用儿童式的幼稚性行为来解决成年人的性欲问题。

第二节 大学生恋爱心理

一、大学生恋爱的心理特点

进入 21 世纪以后,随着社会环境的变化,大学生的恋爱呈现出明显的时代特点。概括地说,当代大学生在恋爱的态度、行为和方式上具有以下心理特点:

(一)恋爱的普遍化和公开化

目前,社会和高校对大学生恋爱已经逐渐走向开明和尊重。2005 年我国出台了《普通高等学校学生管理规定》,明文规定学校不得干涉和禁止本科生结婚,自那以后,许多高校都对大学生恋爱现象持理解和接纳态度。人们普遍认为,大学生已经是成年人,恋爱是正常现象,无须指责。高校里大学生恋爱现象越来越普遍。

最近几年,大学生恋爱也越来越公开化,他们不再遮遮掩掩、拐弯抹角,而是大大方方地表达爱恋。2013 年,一场花费 4 000 多元、动员 200 多名学生参与的灯光示爱,在大连理工大学西山生活区的女生宿舍楼下上演。而这样的高调示爱在大学校园里已不再是新鲜事。

(二)恋爱动机多样化

当代大学生的恋爱动机呈现出多元化的倾向。有些大学生是出于真爱;有些大学生是为了解除寂寞,寻求心灵上的安慰;有些大学生是为了满足虚荣心,认为有恋人喜欢自己让自己面子十足;有些大学生为了满足性的需要而恋爱;有些大学生希望通过恋爱解决一些现实的问题。成都大学性教育科研团队 2010 年对全国 46 所高校进行了恋爱动机抽样调查,调查了 7 346 名大学生,调查数据显示:58.63% 的大学生为了建立和培植专一的爱情;29.21% 的大学生为了建立家庭;2.70% 的大学生为了满足性欲的需要;9.46% 的大学生为了填补空虚。总体来讲,大学生的恋爱动机还是健康的,绝大多数大学生恋爱是为了追求美好的爱情和建立家庭。

（三）恋爱重过程,轻结果

大学生具有工作、未来等多种不确定性因素,因此恋爱成功率不高。许多大学生都意识到了这点,所以更注重恋爱过程本身,很少将恋爱和婚姻联系起来。许多大学生就算意识到今后可能要分手,还是愿意恋爱。有些大学生因为对爱情具有强烈的渴望,即使短暂,也希望得到恋人的关心、呵护;有些大学生认为谈恋爱是一种能力的培养,即使不成功,也能学习与恋人相处的方法,有利于今后的婚恋;有些大学生认为谈恋爱是一种体验,即使今后要分手,也能留下许多美好的回忆。

二、树立健康的恋爱观

恋爱观是指对待择偶和爱情的基本看法和态度,是一定社会条件下的经济关系和道德关系的产物。大学生的恋爱观应该是理想、道德、义务、事业和性爱的有机结合。大学生树立恋爱观应注意以下几方面:

（一）处理好爱情和人生、学业的关系

爱情在人生中占有重要地位,没有爱情的人生是不完美的,但爱情只是人生的一部分。当爱情成为一个人唯一的存在价值时,这个人就会失去人格魅力,也容易被对方厌倦。

大学生要明确坚持学业第一的观点,要处理好学业与爱情的关系,绝不能只专注于谈情说爱而放松了学习。没有事业的爱情如同在沙漠中播种,缺少坚实的根基和土壤,迟早会枯萎,只有与学业进取结合起来的爱情才有旺盛的生命力。大学生恋人完全可以相互激励,共同学习,在学习过程中享受甜蜜的爱情。

（二）懂得爱是一种责任

大学生在恋爱之前就应该懂得,爱不仅是一种权利,更是一种责任。在社会生活中,人具有两方面的责任:一是个人对社会应尽的责任;二是个人对自己、父母、爱侣、孩子和朋友的责任。后者属于私人生活,是社会干预最为微弱的生活领域,完全需要道德和自我约束的责任感来维持,爱情也在其中。所有的爱情都包含着一份神圣的责任,这种责任不是义务,而是内心的需要,即愿意为自己所爱的人承担风霜雨雪,而不仅是感官上的愉悦与寂寞时的陪伴。

【我来练练】

4～6 人一组,讨论:

（1）在恋爱中如何做是负责任的？

（2）恋爱中有哪些现象是不负责任的？

（三）建立正确的择偶观

当代大学生的择偶标准将越来越看重个人素质,越来越求真务实,越来越注重情感和精神需求。马林等对大学生的择偶偏好进行的调查研究显示,女生排在前五项的是:有责任心、有孝心、性格好、对人好、无不良嗜好;男生则是:有孝心、有责任心、性格好、对人好、有生育能力。这些结果表明,当代大学生在择偶时更注重个体的内在心理品质。

目前,有许多电视相亲节目向大众展示和传播了一种很"现实"的择偶观,即女嘉宾普遍对物质要求比较高,而对男方的性格是否与自己合适等方面,大多数表示可以在以后的相处中慢慢磨合。这样的择偶观并不一定会带来美好的爱情。大学生只有不断完善自己的个性品质,不断提高自己的才能,建立正确的择偶观,才能提高自己恋爱、婚姻的质量和水平。

【我来练练】

1.请将以下的择偶标准从最重要到最次要的顺序排列,如果还有些择偶标准是你有而下面没有列举的,请加在适当的位置。

父母态度 性格 家庭财产 健康 人品 能力 收入 才华 志趣 相貌 年龄 贞操 是否初恋 家庭位置 修养

2.6～8人一组(每组男女生兼有),讨论:

（1）各位同学的择偶标准可能带来什么后果？

（2）男女同学的择偶标准有何不同？

三、培养爱的能力

爱的能力是指和他人建立亲密关系的能力,它对人一生的发展有着重要的意义。良好的爱的能力会引导个体真正地爱他人、爱自己,也使自己更容易被爱,让人真正体验到爱与被爱的心理需要得到满足所带来的快乐和幸福。埃里希·弗洛姆(Eric Fromm)在《爱的艺术》里有这样一段话:"人类相爱的能力是需要学习的。如今,人们不惜花大量心血和资本去学习谋职求生的本领,却不肯花些功夫去学习爱的能力。其实,决定一个人是否健康和幸福,与职业和成功并无多大关系,而与爱的取予关系密切。"爱的能力实际上是一种综合的素质,需要一个人具有多方面的能力准备。

【我来练练】

储爱槽

有个叫米尔的学者,提出了"储爱槽"的概念,以解释人对爱的渴望。将自己想象成一个婴儿,在你的内心深处有个心形的储爱槽,这是储存爱的地方。如果这个储爱槽有个计量表,一开始为零,随着时间的流逝,父母会用自己槽中的爱注满你的槽。当你成年后脱离了家庭自己成家,那时你的储爱槽已注满爱,已经准备好去注满另一个储爱槽。因而在一个正常运作的家庭里,爱是从父母到子女代代流传下来的。

画一画,你的父亲、母亲和你自己的储爱槽里有多少爱?

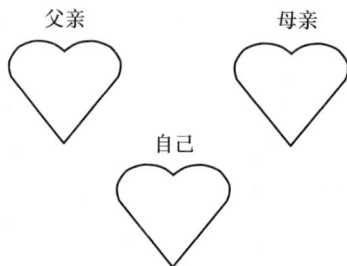

父亲　　　　母亲

自己

大学生需要培养以下几方面爱的能力:

1. 培养爱自己的能力

一个人要爱别人,首先需要学会爱自己。爱自己,需要了解自己,相信自己,欣赏自己。不管别人怎么看待,你都要相信,你是一个有价值、值得爱的人,这样你才会变得自信;爱自己,需要接纳自己,包容自己的缺点;爱自己,需要鼓励自己,并时时激励;爱自己,也需要尊重自己的感情,仅仅为了满足自己生理和物质的需求而去恋爱并不是真正的爱情;爱自己,就不能放弃自我,要更加自尊、自爱,就算是失恋后也不能自暴自弃。

【我来练练】

致橡树

我如果爱你——
绝不像攀缘的凌霄花,借你的高枝炫耀自己;
我如果爱你——
绝不学痴情的鸟儿,为绿荫重复单调的歌曲;
也不止像泉源,常年送来清凉的慰藉;
也不止像险峰,增加你的高度,衬托你的威仪。
甚至日光,
甚至春雨。
不,这些都还不够!
我必须是你近旁的一株木棉,
作为树的形象和你站在一起。
根,紧握在地下;
叶,相触在云里。
每一阵风过,我们都互相致意,
但没有人,听懂我们的言语。

你有你的铜枝铁干，

像刀，像剑，也像戟；

我有我的红硕的花朵，

像沉重的叹息，

又像英勇的火炬。

我们分担寒潮、风雷、霹雳；

我们共享雾霭、流岚、虹霓，

仿佛永远分离，

却又终生相依，

这才是伟大的爱情，

坚贞就在这里：

爱——

不仅爱你伟岸的身躯，

也爱你坚持的位置，

足下的土地。

朗诵《致橡树》，谈谈你受到的启发。

2.培养给予爱的能力

爱一个人，需要真正地关心对方，理解对方的内心世界，以对方的快乐为自己的快乐；需要欣赏对方，和对方进行良好的沟通和交流；需要尊重对方，包括尊重对方的生活习惯、选择、个人隐私和发展方向等。在恋爱中，只有多给予对方爱，增加爱的存入，减少爱的透支，才会让爱情长长久久。在恋爱中只重视索取，而忽视对恋人的付出和爱，这样的爱情无法持久。

3.培养鉴别爱的能力

鉴别爱是指能较好地分清什么是友情和爱情。有的大学生对异性有好感，但分不清这是友情还是爱情。事实上，爱情和友情有许多共同之处，两者都包含喜欢、奉献、理解、关心、嫉妒等，区分两者最主要的依据是亲密性和排他性。恋人比朋友更亲密，他们渴望时刻在一起，一旦分离，就会产生强烈的思念，"一日不见，如隔三秋"。另外，恋人还会产生亲密的生理冲动，两人在一起时会拥抱、亲吻，甚至渴望发生性关系，而朋友却不会有这样的表现。

4.培养表达爱的能力

一个人爱上另一个人时，在理智分析后，要敢于表达。表达爱既需要勇气和信心，又需要采取对方能接受的方式。有些大学生"爱在心里口难开"，因为缺乏勇气而不敢表白；有些大学生虽然有勇气，但不知如何表达自己的爱，从而错失爱情。当爱上一个人时，应当在时机成熟时告诉他（她），不给自己留下遗憾。新世纪的大学生要敢于主动地追求自己的爱情和幸福。

5.培养接受爱的能力

当期望的爱来到身边，能否正确地接受，也是爱的能力的表现。有的大学生在面对他人示爱时不知所措，明明心里喜欢，却由于不能正确表达自己的感情而让对方误解；有的大学生在别人向自己示爱后内心喜悦却不敢接受,或者觉得自己不值得爱,因此失去发展爱情的机会。明明喜欢一个人,而又不愿接受对方的爱,这可能有非常复杂的原因。下面这个例子可以说明这一点。

小青是一名大二女生,长相清秀可人。自进大学以来,小青就拥有众多的追求者,其中不乏优秀的男孩,但小青都拒绝了。小青觉得大家做朋友就好,做恋人会让她觉得不踏实。小青出生在一个不太幸福的家庭。父母感情不和,经常吵架,甚至打架。母亲常常抱怨父亲无能,自己开了一家理发店养家糊口。父亲经常在小青面前指责母亲不守妇道,举止轻浮。小青对爱情没有信任感,即使优秀男子追求她,她也会觉得对方不可靠。

小青不能接受爱的原因和她的成长经历有关。父母相互诋毁,感情不和,使得她不敢对爱给予信任。如果有类似小青的情况,就需要寻求心理咨询师的帮助。

6.培养拒绝爱的能力

大学生对自己不愿或不值得接受的爱应有勇气加以拒绝。不少大学生在别人向自己示爱时既怕伤害对方,又怕对方误会,为此苦恼不已。拒绝爱,要注意三个方面:一是要果断地说"不",因为爱情来不得半点勉强,如果优柔寡断或屈服于对方的穷追不舍,发展下去对双方都是不利的;二是要掌握恰当的拒绝方式,虽然每个人都有拒绝爱的权力,但是珍重每一份真挚的感情是对他人的尊重,也是一种自尊,同时是对一个人道德情操的检验,不可简单轻率,甚至恶语相加;三是行动与语言要一致,虽然语言上拒绝了对方,但是行动上还是保持与对方有较亲密的接触,会给对方造成错觉和误解,结果导致情感纠缠不清。

【我来练练】

如果一个人向你表白,但你不喜欢他(她),要拒绝他(她)的爱,你会怎么办?

【我来练练】

大学生恋爱矛盾心理测评

你如何看待下列说法? 请选择"是""否"或"不确定"。

(1)恋人之间的许多争执是可以避免的。

(2)一些原则上的分歧应该弄个水落石出。

(3)双方为一些鸡毛蒜皮的小事争吵肯定会影响彼此的感情。

(4)人如其面,各有不同,恋人之间也难免会有误会。

(5)不能乱怀疑对方做了什么亏心事。

(6)对方无意中说的一句伤人的话不能老是放在心里。

(7)应该以宽容之心待人,也包括恋人。

(8)恋人之间要常常交流思想和交换意见。

(9)有什么事,双方最好坦诚相待。

(10)在外面受了气,不能把无名之火发在恋人身上。

(11)一吵架,我就先指责对方的过错。

(12)千万不能为了对方而改变自己。

(13)对方做了我看不惯的事,我就批评他(她)。

(14)恋人之间想说什么就说什么,无须考虑太多。

(15)我总是得理不让人。

(16)我常说"你这个人糟透了""我看透了你"之类的话。

(17)我相信"不是东风压倒西风,就是西风压倒东风"这句话。

(18)争吵之后,我绝对不先和对方说话。

(19)争吵过程中,我喜欢动手。

(20)我一激动起来就很难自控。

(21)我总认为都是他的错。

(22)我喜欢向长辈告状。

(23)我越来越觉得对方不如以前讨人喜欢了。

(24)我从不认输。

(25)我喜欢向别人诉说我和恋人之间的一切。

评分规则:

在1~10题中,选择"是"计2分,选择"不确定"计1分,选择"否"计0分。

在11~25题中,选择"是"计0分,选择"不确定"计1分,选择"否"计2分。

各题得分相加,统计总分。

结果分析:

0~16分:你非常不善于处理和恋人之间的争执。你常把小事扩大化,喜欢挑起争执,最终以彼此的伤害结束。

17~33分:你比较会处理恋人之间的争执,但需继续努力。

34~50分:你非常善于处理恋人之间的争执。你经常比较宽容大度、明事理,能有你这样的人做恋人是非常不错的。

四、大学生常见的恋爱心理困惑及调适

(一)单恋

单恋,即人们常说的"单相思",是指一方对另一方以一厢情愿的倾慕和热爱为特点的爱情。单恋可以分为两种类型:一种是无感单恋,也叫"暗恋",即在心中默默地爱一个人,从不向对方表露;另一种是有感单恋,即一方一厢情愿地爱另一方,即使表达后对方不作回应也仍然无怨无悔。大学生心理尚未完全成熟,单恋现象比较常见,且较多地出现在性格内向、敏感、富于幻想的人身上。

单恋者往往由于对倾慕的对象一往情深,希望得到对方爱情的愿望十分强烈。在这种心理支配下,常常会把对方的言行举止纳入自己主观需要的轨道来理解,造成对对方认知的偏差。例如,对方一个眼神、一句话语,在别人看来微不足道,但在当事人看来却是爱的表

示,并坚信不已,从而陷入单恋的深渊而不能自拔。

单恋往往会给大学生带来很大的情感折磨。因此,应尽早从单恋中解脱出来。

1. 克服"爱情错觉"心理

"爱情错觉"的产生往往是由于自己喜欢上对方,而对方也从言行上表示出对自己具有好感。大学生需要冷静分析和辨别自己的那份感情是不是爱情。一方面,单恋往往掺杂了许多主观幻想的成分,在幻想中按照自己的心理需求来构建对方,觉得对方就是自己憧憬和期望的爱人,因此欲罢不能,其实并不理性;另一方面,即使对方对自己有好感,也仅仅是好感或者友谊的表现,并不是爱情。下面的案例可以说明这方面的问题。

大二女生小君是学院的学生会干部,在工作中,她慢慢喜欢上学生会的另一位同学小陈。小陈长相帅气,做事认真,非常符合小君心目中的理想形象。但小君担心如果被拒绝可能朋友都做不成,一直没有向小陈表白。几个月后,这份爱恋越陷越深,她在上课时常常想着对方,情绪也很低落,深思熟虑之后,终于鼓起勇气向小陈表白。小陈答应了和小君交往,两人建立了恋爱关系。但两个月后,两个人分手了。因为他们发现,对方和自己的想象差异很大,没办法产生亲密的情感。

小君心中的小陈和现实生活中真实的小陈相差甚远,这种单恋一旦回到现实中,就可能自然中断。可见,表白不失为一种好的解决单恋的方法,它要么让自己得到爱情,要么让自己断绝念头,两种结局都对自己有好处。

2. 倾诉心中的苦闷

当一个人陷入单恋时,会感到极大的困惑和痛苦,如果长期压抑这些苦恼,就会影响人的心境。因此,大学生如果陷入单恋,可把单恋的缘由、经过、幻想和苦闷,向老师、家长或最知心的朋友倾诉,听听他们的评说、劝慰,借他们的手戳穿"西洋镜"。把肚里的话倒出来,常常会使人一吐闷气,心境平静得多。

3. 转移注意力

单恋的同学要拿出信心和勇气,与自己的脆弱感情作斗争。原来不爱参加集体活动或体育锻炼,现在偏要多去参加;原来对学习不感兴趣,现在就要激发自己的学习兴趣;原来总将自己的注意力放到单恋的人身上,以致眼界狭隘,现在就偏要去和更多的人交往;还可以进行一些文学、艺术创作,把自己的情感转移、上升到有建设性的活动中去。

(二)失恋

浪漫的爱情总是青年男女心中的美好憧憬,然而,大学生由于心理还不成熟,容易遭遇失恋打击。失恋有被动失恋和主动失恋之分,其中被动失恋往往给人带来更大的痛苦。大多数失恋者能正确对待这种恋爱挫折,慢慢走出失恋的阴影,开始新生活。但有些失恋者却自轻自贱,甚至报复伤人。

同学们如果遭遇了失恋的打击,一定要避免伤人和自伤行为,要采取合理的方式帮助自己度过这一痛苦期。常见的摆脱失恋的办法有:

1. 及时疏导心中的负面情绪

许多人在失恋后会表现出悔恨、遗憾、失望、孤独、愤怒等情绪问题,如果长期缄默不语,会使愁苦沉积、精神抑郁,严重的还会导致人格畸形、悲观厌世。可见,压抑是不能减轻心理压力的,可以把内心的痛苦向朋友、亲人倾诉,以得到他们的安慰和支持。

2. 调整认知

有些大学生失恋后自我认识会出现偏差,而长期自我认识的偏差又会给其他心理带来不良影响,影响其整体心理的健康水平。有一些大学生由于对失恋的不当归因造成对自身的全盘否定,这既包括对自己的外貌、人品、学习成绩的否定,也包括对自己能力、性格等个性的否定,从而失去自尊、自信,有的会经常表现出情绪低落、郁郁寡欢、黯然神伤、消极悲观,有的甚至失去活下去的勇气,造成自杀等危机事件。因此,大学生失恋后需要调整认知,对失恋进行正确归因,切不可自暴自弃。

3. 行为转移

失恋者要有意识地给自己安排一些平时喜欢却没时间做的事情,如与挚友闲聊、体育运动、旅游散心等,一方面通过繁忙的日程让自己无暇感受失恋的痛苦,另一方面还可能因这些活动而受到启发,顿悟出一些感受,变得超脱。只要设法度过失恋最初的那段时间,再痛的伤口都会慢慢愈合。有的大学生会用一段新恋情的开始去治疗失恋的情伤,这是错误的做法。如果一个人要开始新的恋情,一定是已经走出了失恋的阴影,不然,会将前一段感情的伤痛带到后一段感情中,影响新恋情的发展。

4. 升华

失恋者积极的态度会使"自我"得到更新和升华,全身心地投入到工作中去,许多失恋者因此创造出了辉煌的成就。像歌德、恩格斯、贝多芬、罗曼·罗兰、诺贝尔、居里夫人、牛顿等历史名人都曾饱受失恋的折磨。但他们积极转移失恋的痛苦,在事业上取得了巨大的成功。

1883年,16岁的波兰姑娘玛丽亚,即后来的居里夫人,到某贵族之家当家庭教师。两年后,这家的长子卡西米尔与玛丽亚相恋,并计划结婚。可是,由于门第不同,他们的婚姻遭到卡西米尔父母的坚决反对,意志薄弱的卡西米尔屈从了父母。玛丽亚痛苦万分,竟准备"同尘世告别",但她最终凭着顽强的意志克制住了自己。于是,她把个人的不幸化为教育培养当地贫苦孩子的善心以及只身赴巴黎求学的勇气。人们认为,这是一次幸运的失恋。否则,她的历史将会重写,人类将失去一位伟大的女科学家。

(三)多角恋

多角恋是指一个人同时被两个或两个以上的异性所追求,或自己同时追求两个或两个以上的异性并建立了恋爱关系。陶行知说得好:"爱之酒,甜而苦。两人喝,是甘露;三人喝,酸如醋;随便喝,毒中毒。"多角恋是爱情纠纷的主要原因之一,实质上是比单恋更为复杂、更为严重的异常现象。由于爱情具有排他性,因此任何一种多角恋都潜伏着极大的危险性,一旦理智失控,就会给对方及社会带来恶果。

无论在多角恋关系中处于主动还是被动的位置,都要及早地从这种感情的纠葛中摆脱出来,对策如下:

1.要保持高度的冷静和理智

陷入多角恋,无论是自己同时爱上了多人,还是两个或两个以上的异性同时爱上了自己,都一定要冷静分析,恰当取舍。诚然,最初中断恋爱关系时,会感到很痛苦,但只要走出剧痛期,就能开始新的生活。如果长期"脚踏两只船",就可能酿成恶果,造成多方的痛苦。

2.要重新审视自己与恋人之间的恋爱关系

若自己的恋人与他人发生了恋情,尽管很痛苦,但一定要进行理性的分析:是自己的问题,还是对方经不住爱情的考验?或是对方认为第三者比自己更好?然后再通过与自己所爱的人坦诚交流,作出抉择。千万不能因为一时冲动,不顾双方感情的实际,为了挽回所谓的"面子"而作出不当的行为,那会给自己带来更大的情感困扰。

3.选择放弃

如果发现自己闯进了别人间的恋情,或发现与所爱的人的关系不可能发展下去,就应该鼓起勇气积极地退出。这是一种看似消极实为积极的策略。俗话说得好:退一步海阔天空。因为在多角关系中,人的感情往往是说不清道不明的,如果再在上面耗费时间和精力,不仅没有多大价值,而且可能会给自己的感情带来更大的伤害。

小强是一名大一的学生,在高二时,他开始和班上的小露谈恋爱。小露对他万般体贴,小强和她建立了深厚的感情,他们度过了两年甜蜜的时光。高中毕业后,小强考上了远方的大学,而小露落榜,选择了复读,这对恋人不得不分开。小强很快开始了丰富多彩的大学生活。他结识了许多的朋友,其中女孩小琳深深吸引了他。小琳性格外向,活泼可爱,对人真诚,小强感觉自己对小露的感情越来越淡,却爱上了小琳,因此对小琳展开了追求。小琳同意和小强交往。与此同时,小强担心向小露提出分手会影响她的学习,因此还和小露保持着恋人关系。但小琳和小露都在小强的QQ空间里发现了对方的存在,两个女孩极为痛苦,小露的成绩急剧下滑,小琳也选择分手。

第三节　大学生性心理

一、大学生性心理特点

(一)性心理的本能性和朦胧性

大学生的性心理,尤其是低年级大学生的性心理,通常缺乏深刻的社会内容,主要还是生理发育成熟带来的本能影响。他们往往情不自禁地对异性产生兴趣、好感和爱慕。加上不少学生不了解性的基本知识,对性有较浓厚的神秘感,这种萌动又罩上了一层朦胧的色彩。

(二)性意识的强烈性和表现上的文饰性

大学生对性的关心程度明显增加,他们十分重视自己在异性心目中的形象,十分看重来自异性的评价,有些大学生会按照异性的要求和希望进行自我设计,以期得到异性的关注和接纳。虽然他们心里对异性很向往,但表面上却可能显得拘谨和羞涩。如心里对某一异性很感兴趣,表面上却有意无意地表现得无动于衷,甚至不屑一顾,或做出回避的样子等。

(三)性心理的动荡性和压抑性

青年期是一生中性欲最旺盛的时期。大学生心理还不够成熟,尚未形成稳固的道德观和恋爱观,自控和自制的能力有限,他们的性心理易受外界各种影响而显得动荡不安。有些大学生在恋爱初期很快就和恋人发生性关系,过后又内疚、后悔;有些大学生不具备满足性需求的条件,不懂得采取合理的方式疏导性冲动,易导致过分的焦虑和压抑。

(四)性别差异性

大学生的性心理因性别不同仍然存在明显差异。在对异性感情的流露上,男生显得较为外显和强烈,女生往往表现得含蓄而温存;在内心体验上,男生更多是新奇、神秘和喜悦,女生则常常是惊慌、羞涩和不知所措;在表达方式上,男生比较主动和直接,女生往往采取暗示的方式等;男生的性冲动易被视觉刺激唤起,而女生则易在听觉、触觉刺激下引起性兴奋。不过,有些差异近年来有缩小的趋势,如在情感流露上,部分女生也表现得很强烈;在表达方式上,女生变得较为主动的情况已经越来越常见。

二、大学生常见的性心理现象

(一)性梦

性梦,指出现与异性发生性行为的梦境,或在睡梦中出现的带有各种性内容色彩的景象。性梦的发生是性生理和性心理综合活动的结果。大学生由于性器官的发育成熟,分泌旺盛的性激素促使他们产生强烈的性冲动。尤其是男性,当进入睡眠状态时,体内精液满溢的信息传到大脑皮质相应区域,然后通过反射系统发出指令,就会出现性梦。一般说来,男性的性梦多于女性。

性梦是正常的心理生理现象,因此不必对此内疚和焦虑。邵昌玉等在对大学生的调查中发现,"在睡梦中是否曾与异性有过性交行为"的情况是:"经常有"的占3.25%,"偶尔有"的占47.86%,"从来没有"的占48.89%。如果将"经常有"和"偶尔有"两项加起来,男大学生做过性梦的比例是女大学生的3倍。性梦能缓解大学生由于性需要和性道德冲突带来的性紧张,但若性梦太频繁则会影响休息、睡眠质量和体力的恢复。如果一个人性梦太频繁,则要寻找原因,例如劳累过度;性自慰过于频繁;内裤穿得过紧,刺激摩擦阴部;外生殖器不正常,充血、刺痒;泌尿系统炎症;膀胱胀满等。此外,心理上的兴奋,情绪上的激发也是常见因素。

阿明是某高校大二的学生,性格敏感内向,不善交际,也从未谈过恋爱。几天前他做了一个梦,梦中和自己敬佩的一位青年女教师发生了性关系。梦醒后他羞愧难当,觉得自己道德败坏,下流无耻,居然会在梦里这样亵渎一位教师。从此以后,他每想到这件事都非常有罪恶感,这位教师的课更让他如坐针毡,害怕自己眼神不对让人发现,更怕老师会提到自己,暴露出自己的"肮脏"。渐渐地,阿明不敢再上这位老师的课,学习效率下降,睡眠也不好,感到很痛苦。

阿明由于性生理和性心理的成熟,已经产生性的需求,而在现实生活中,他不具备满足性需求的条件,必须约束性欲望。生理欲望受到心理自律的压抑后,往往会以性梦的方式得以实现。性梦仅仅是梦而已,并不是现实的,既不受做梦者的控制,也不会伤害所涉及的人,更谈不上人格、道德败坏问题。因此,阿明不必感到羞愧、自责。

(二)性幻想

性幻想,又称性爱的白日梦,是指以虚构的与性有关的遐想满足自己对性的心理欲求。性幻想是青年大学生生活中非常普遍的现象。大学生的性生理已经成熟,随之而来的是不断增强的性需要,然而在现实环境中,他们是不可能得到满足的,只能在由自己想象构成的性情境中寻求生理和心理上的满足。关于性幻想的发生情况,邵昌玉等人调查发现,男大学生经常有的占 8.58%,偶尔有的占 71.75%,从来没有的占 19.67%;女大学生经常有的占 1.62%,偶尔有的占 43.02%,从来没有的占 55.36%。

幻想中的行为多是不为社会规范所容的,这会使人感到羞耻、自责,甚至焦虑不安。王维调查显示,8.4%的学生性幻想后有犯罪感、自责和恐慌,3.0%的学生认为性幻想给自己带来了很大程度的困惑。其实,性幻想毕竟只是幻想,并没有付诸行动,并不是不道德的,善用性幻想反而有益身心健康。美国著名性学家贺兰特·凯查杜里安指出:"性幻想是每一个人随时准备进入的一种快乐源泉,也是对行动的一种替代——作为一种暂时的满足,同时等待更具体的幸福,或者是对不能实现目标的一种补偿。他们允许被禁止的希望进行部分的、可容忍的表达,并在一定程度上缓解了性生活上的挫折。"但是,如果过分沉溺于性幻想,甚至把幻想当现实,就会有害于健康。

(三)自慰

自慰,是指通过自我抚弄或刺激性器官而产生性兴奋或达到性高潮的一种行为。自慰是在性冲动时自我发泄性欲的方式,是不同年龄和性别的人群中常见的现象。进入青春期后,由于性生理的成熟,随着性冲动和性要求的产生,青少年常处于一种性紧张状态,对性充满了憧憬、好奇和幻想,在性生理和性心理的驱使下开始有意识地自慰。大学生虽然已经是成年人,但由于处于"性待业期",不具有满足性需求的条件,因此,自慰是一种很好的替代方式,可以避免性压抑。但不少大学生对自慰充满内心冲突,产生高度的心理紧张、忧郁、恐惧、焦虑、悔恨、自责自罪等,进而影响正常的工作和学习。

从科学的角度来讲,对于一个身心健康、对自慰认识正确的人,适度的自慰并无害处。当进行自慰行为时,感觉身心很舒展、精神很畅快,提高了读书或工作效率,就是适度的表现。一般而言,未婚男女每月有规律地自慰 1~5 次,以解除心理或生理上的紧张,不会给身体带来任何损害和不良后果。但是,过度自慰就会严重影响身心健康,既使人精神萎靡、精力下降,又可能造成一些泌尿生殖系统疾病、性神经衰弱等问题,并产生心理障碍。

一名男生在寄给心理老师的求助信中说:我有 11 年的手淫史。开始是因为性发育后的好奇和发泄,后来我渐渐喜欢上那种紧张之后放松的感觉。我的性格比较懦弱,不爱说话,也没有什么女生喜欢我。孤独的时候、不开心的时候、学习压力大的时候,我都不由自主地手淫,在片刻的迷离中放松自己。我也看 A 片,激起欲望,然后手淫。其实我觉得自己的性冲动并不厉害,但是手淫的次数却越来越多,有时一天能有五六次。我经常觉得很累,很担心是不是和这个有关系。好像这已经成为生活的一部分,与此同时,我似乎丧失了在现实生活中去爱一个人的能力。

大学生可以通过以下方法避免过度自慰:

(1)自慰多发生在睡眠前后,因此,睡前用热水洗脚,或到户外散步、做些轻松的运动,有助于顺利入睡;睡觉时不要穿过紧的内裤,被子不要盖得太厚、太重,不要俯卧式睡觉,可侧卧和仰卧;早晨醒来后,不要睡懒觉。

(2)要培养丰富的业余爱好和高尚的情操,在工作和学习之余,多参加文娱、体育活动。

(3)经常保持外阴部清洁,每天清洗外生殖器。

三、大学生健康性心理的维护

性心理健康问题是大学生常见的心理问题。由于性是一个人心底最深的秘密,因此有些大学生遇到性心理困扰不知如何解决,也不愿求助,严重影响了心理健康。大学生需要通过多种途径,积极维护自己的性心理健康。

(一)掌握性科学知识

作为大学生,应该掌握科学的性知识。性包含着丰富的内涵,而性科学是一门综合性的学问,它包括性生理学、性心理学、性社会学、性伦理学、性美学等。目前,大学生获得性知识的途径主要是网络。许多大学生的性知识是片面的,甚至是错误的。卢勤等对成都某本科高校的 3 000 名新生的调查结果显示,在中学接受过专门的性教育课程的学生仅占总人数的4.7%,而完全没有接受过性教育的学生竟高达 33.6%。未接受过性教育的学生进入大学后,由于性教育课程的缺失,性科学认识仍然欠缺。因此,大学生们应当努力学习和掌握性科学知识,避免性无知。

(二)自我调节性欲望和性冲动

许多大学生并没有条件通过性交来满足性需求,因此,他们需要适当调控自己的性欲望和性冲动。大学生自我调适性欲望和性冲动的主要方式有:

(1)正常宣泄。运动是一种较好的宣泄方式。当身体因为性欲望强烈,明显感觉到紧张不适时,需要加大运动量,让自己累得精疲力竭,然后倒头大睡,之后这种紧张就可以得到较好的缓解。当然也可以通过自慰来进行直接的发泄。

(2)性升华。性升华指的是用一种积极高尚的、能为社会所接受的冲动或方法取代和转移性欲。如全身心地投入学习中;培养各种兴趣爱好;从事绘画、创作、劳动、社会交往、旅游等来使性欲望和性冲动得以转移或升华,使性心理得以平衡。

(3)积极与异性交往。大学生与异性的正常交往可以满足他们的心理需要,达到性心理平衡。异性间的交往是一个互相学习、互相了解、互相适应的过程,有助于日后恋爱、婚姻的成功。男女大学生交往的发展宜从群体交往到个体交往。群体与群体之间的接触,是男女大学生最适当的接触方式,个体在群体中可以逐步熟悉异性并学习与异性交往的一般技巧。

(三)预防性生理问题的发生

许多人在进入青春期之后都会或多或少地受到性生理问题的困扰。大学生需要积极预防性生理问题。要学会对性器官进行必要的自我检查,学会观察自己身上的性生理现象,男生的遗精、射精、勃起是否正常,女生的月经是否有规律等。如果通过观察发现问题,需要及时到医院检查治疗。切莫讳疾忌医,压抑在心里,胡思乱想,反而加重心理负担。

(四)理性应对婚前性行为

婚前性行为可能给恋爱双方带来巨大的心理压力,如恐惧、焦虑、自卑、心理冲突加剧等。有些大学生在发生性关系时不知道如何保护自己,不慎怀孕,对身心造成很大伤害,甚至有女大学生多次人流,造成不孕不育;有些男大学生和恋人发生性关系之后,感情慢慢变淡,但由于具有较强的道德感和责任感,没法提出分手,只有勉强维持恋爱关系,反而给双方带来更大的伤害;有些大学生在和恋人发生性关系后,染上了性病,感到极为痛苦。

2004年4月,正在武汉某大学外语系读书的朱力亚(化名),确诊感染艾滋病病毒。朱力亚进入大学后不久邂逅了后来的男友,一个在武汉某大学医学院求学的巴哈马青年,两个人深深地相爱了。在两年的交往中,男友向她隐瞒了自己患有艾滋病和肺结核的事实。那时朱力亚偶尔发现男友有重感冒、发烧、肚子疼等症状,但是一点也没有想到他是艾滋病患者。2004年4月,这名青年被遣返回国。随后,朱力亚被查出携带艾滋病病毒。朱力亚痛定思痛:"当初由于无知,在享受生活快乐时,不懂得安全生存的规则,这个疏忽,把自己推向深渊。"

恋人间过早地发生性行为还可能导致两人感情的变化。相爱的两人在发生性行为之前保持一种朦胧、神秘、含蓄、神圣的美感,具有极强的吸引力,在这种情况下,两人加强情感交流,有助于稳定感情的形成。而当他们发生性行为之后,很容易破坏这种感觉,两人的关系迅速发生了质的飞跃,失去距离感,注意力也由过去注意情感的培养转向性的需要的满足。随后,两人容易因为小事而发生摩擦。频繁的冲突,会使彼此不再珍惜感情,长此下去,往往以分手结束。过早地发生性行为还可能埋下潜在的伤害种子,危害以后的婚姻与家庭。

大学生需要认识到婚前性行为可能产生的后果,包括感染疾病、恋人提出分手带来的创伤、对今后择偶的影响等。如果自己不能承担这些后果,需要谨慎对待婚前性行为,当恋人提出发生性行为要求时,要学会拒绝对方。

【我来练练】

1. 你对性的态度是什么?

每个同学根据下面的问题选择一个答案。

如果恋人提出性交要求,你会:

(1)给对方讲道理后拒绝。

（2）断然拒绝。

（3）只要对方真心喜欢我就答应。

（4）只要我真心喜欢对方就答应。

（5）顺从。

选择不同观点的学生各成一组，对自己的选项进行充分的讨论，提出各自的理由，然后在全班进行分享。

2.分小组（6～8人一组，每组既有女生又有男生）讨论：

（1）假定在你和恋人的交往中，对方告诉你他以前曾经有过性行为，即不是处男（女）了，你认为下列哪些原因更容易让你理解并接受这一现实？

被强奸；与前恋人相爱时发生；受骗；被拐卖；被迫卖淫；一时冲动，无爱可言；年少无知，半推半就；其他（请说明）；不管是什么原因，都不能接受。

_____

_____

_____

（2）如果有婚前性行为的是你本人，你认为下列哪些原因更容易得到对方的理解和接纳？

被强奸；与前恋人相爱时发生；受骗；被拐卖；被迫卖淫；一时冲动，无爱可言；年少无知，半推半就；其他（请说明）；不管是什么原因，都不能接受。

_____

_____

_____

（3）通过前两个问题的讨论，你认为男女生的贞操观是否有所不同？小组讨论这种现象。

_____

_____

_____

有些大学生明明不愿意和恋人发生性行为，但由于经不住对方的甜言蜜语，或害怕自己拒绝后对方不再喜欢自己，还是和恋人发生了性关系，结果给自己带来很大的伤害。大学生为了自我保护，应尽量避免非意愿性行为的发生。女方要根据性反应的规律，掌握分寸，在男友失控之前就脱离亲密接触，并明确表示拒绝；男方要尊重女友的意愿，不要在女友不愿意的情况下诱导她发生性行为；在约会的时候要拒绝酒精和毒品，尽量不要在一起看色情影片，因为这会让人失去判断能力，激发性行为的发生。

【心灵探索】

恋爱态度测试表

请仔细阅读每条陈述，并从5个答案中选择一个你认为最适于代表你意见的答案。其中：A.坚决同意（明确地回答"是"）；B.适度同意（认为是那样）；C.不好决定（没有把握）；

D. 有些不同意(也许"不");E. 坚决不同意(明确地回答"不")。选择 A 得 1 分,选择 B 得 2 分,选择 C 得 3 分,选择 D 得 4 分,选择 E 得 5 分。

1. 当你真正恋爱时,你对任何别的人都不感兴趣。

2. 爱没有什么意义,它就是那么回事。

3. 当你完全陷入爱情时,就会确信它是现实的。

4. 恋爱绝不是你能客观地加以研究的,它是高度情感的状态,不能进行科学观察。

5. 和某人恋爱而不结婚是个悲剧。

6. 有了爱,就知道这份爱。

7. 共同的兴趣实际上是不重要的,只要你俩真正相爱,就会彼此协调。

8. 只要你知道你们是相爱的,虽然彼此认识的时间还很短,马上就结婚也不要紧。

9. 只要两个人彼此相爱,即使有宗教差异实际上也不要紧。

10. 你可以爱一个人,虽然你不喜欢这个人的任何一个朋友。

11. 当你恋爱时,你经常是茫然的。

12. 一见钟情往往是最深切、最永恒的爱。

13. 你能真正爱上,并能在一起幸福地生活的人世界上只有一两个。

14. 不用管其他因素,如果你确定爱上了另一个人,就可以和这个人结婚了。

15. 要得到幸福就必须对你要与之结婚的人有爱情。

16. 当你和爱人分离时,世界其余一切仿佛都暗淡而令人不满意。

17. 父母不应劝说儿女同谁约会,他们已经忘记恋爱是怎么回事了。

18. 爱情被看成婚姻的主要动机,那是好的。

19. 当你爱上一个人时,你就想到和那个人结婚。

20. 大多数人都会在某些地方有一个理想的对象,问题是怎样去找到那个对象。

21. 妒忌通常是直接随着爱情而变化的,也就是说,你越是爱,就越会有妒忌心。

22. 与其说爱是平静的事情,不如说爱是激动人心的事情。

23. 被任何人都爱上的人大约只有少数几个。

24. 当你恋爱时,你的判断力通常不是太清晰的。

25. 一生中爱情只有一次。

26. 你不能强迫自己爱上某一个人,爱情说来就来,说不来就不来。

27. 和爱情相比,在选择结婚对象时,社会阶层和宗教信仰的差别是无关紧要的。

28. 幻想往往和恋爱相伴随。

29. 当你正在恋爱时,你不必问自己一大堆关于恋爱的问题,你只需知道你正在恋爱。

结果分析:得分值越低,则表示恋爱态度越趋于浪漫;反之,得分值越高,表示恋爱态度越现实。

(D. H. 诺克斯和 M. J. 斯波拉科斯基:《大学生对恋爱的态度》)

【学以致用】

1. 最有魅力的特征

（1）男生列出女生最有魅力的特征（从最重要到最次要排列）：

_____

（2）女生列出男生最有魅力的特征（从最重要到最次要排列）：

_____

（3）小组讨论（每组既有男生又有女生）：什么样的人是最有魅力的人？

_____

_____

_____

2.体验一个奇妙的现象

（1）首先大家伸出两只手，将中指向下弯曲，对靠在一起。

（2）然后将其他的4个手指分别指尖对碰。

（3）游戏时，5个手指只允许一对手指分开，下面开始游戏。

（4）请张开你们那对大拇指，大拇指代表我们的父母，每个人都会有生老病死，父母也会有一天离我们而去。

（5）请大家合上大拇指，再张开食指，食指代表兄弟姐妹，他们也都会有自己的家室，也会离开我们。

（6）请大家合上食指，再张开小拇指，小拇指代表子女，子女长大后，迟早有一天，会有自己的家庭生活，也会离开我们。

（7）那么，请大家合上小拇指，再试着张开无名指。这个时候，大家会惊奇地发现无名指怎么也张不开，因为无名指代表夫妻，是一辈子不分离的。真正的爱，粘在一起后，是永生永世都分不开的。

做完游戏后，将你的感受和身边的同学分享。

【身边的故事】

　　小陈是某高校大三的一名男生，因为恋爱问题割腕自残，辅导员陪同他到心理中心咨询。

　　小陈和女友已交往一年多了，最近女友提出分手，小陈感到很痛苦，在情绪激动下割腕自残。小陈自诉：我出生在一个贫困而缺乏爱的家庭。三岁时妈妈去世，父亲常年在外打工，自己在爷爷奶奶家长大，奶奶脾气暴躁，经常打骂自己，几年前父亲生病丧失劳动能力，经常待在家里无所事事，也不怎么管自己。中学时期，我是班上最贫困的学生，穿着很寒酸，吃饭也很节省，有时候没钱买菜吃，就只能吃咸菜拌米饭和馒头。贫困的生活让自己很自卑，我害怕同学们嫌弃自己，常常独来独往，没有朋友。还好自己成绩好，考上了大学。进入大学后我学习很努力，每学期的成绩都排在班上前五名。为了挣得生活费，还常常利用周末去兼职。自己的勤奋努力打动了一个女孩，我们相爱了。我很爱女友，感觉长久以来空落落的心被爱情填满了。为了女友我愿意付出一切。我无微不至地关爱女友，早上给她送早饭，中午、晚上和她一起吃饭，空余时间约她一起去图书馆，但常常感觉她的态度平淡，有时我甚至怀疑她是否爱自己。她和异性朋友联系过多，我就会感到不安，为此我们多次吵架。我越在意她,越对她好,感觉她离我越远。前几天,我们又吵了一架,她说和我谈恋爱很累,提出分手。我感到很痛苦,不敢想象没有她的日子怎么过。

课堂讨论:

小陈和他女友的恋爱存在哪些问题?

_____

_____

小陈在恋爱中需要作出哪些调整?

_____

_____

个案点评:

小陈在与女友建立亲密关系方面存在一定的问题。他在恋爱中缺乏安全感,不能很好地和女友沟通,不能很好地协调彼此的关系,导致矛盾激化。小陈应对失恋的方式也比较过激,割腕不是一种建设性的应对失恋的方法。

小陈的原生家庭没有给他足够的关爱。妈妈过早离世;爸爸长年在外,对他的关爱不够;奶奶脾气暴躁,动辄打骂。这些都让他缺少家庭的爱和温暖。在成长经历中,小陈也没有好朋友。亲情和友情的缺失,让小陈对爱情的渴望更强烈,恋爱后,他倍加珍惜,希望能获得长久美好的爱情。他对女友的过度依恋让女友感到失去自由,他因为缺乏安全感导致对女友的不信任让女友感到身心疲惫。这些都导致了女友的舍弃和远离。

处理建议:

1. 小陈需要认识到在原生家庭中的成长经历对他恋爱的影响,学会减少对女友的过度控制和依恋,尝试建立一种轻松愉悦的亲密关系。

2. 小陈需要和恋人进行有效的沟通,主动向对方表达自己的想法和感受,学会倾听对方的想法和感受,学会理解对方,并学习建设性地处理彼此的冲突和分歧。

3. 如果该段感情无法挽回,小陈要学会接纳失恋,并从这段恋情中得到启发,以便今后能更好地处理恋爱关系。

【瞭望窗】

进化心理学中的择偶标准

20 世纪 80 年代末期,以巴斯(David Buss)为代表的心理学家发展了荣格的人格进化论思想,提出了进化人格心理学的理论。该理论认为,生物物种在适应环境和繁殖后代的过程中,不仅生理特点不断进化,而且心理与行为特征,如不同性别的择偶偏好、对陌生人的焦虑和恐惧以及愤怒与攻击等都是自然选择与进化的结果。

巴斯曾经研究了来自 33 个国家的 1 万多名被试的择偶偏好。这些被试者分为 37 个样本组,其地理位置、文化和种族等方面都有很大差异,却发现大致相同的性别择偶偏好。在所有样本组中,男性比女性更强调未来配偶的生理吸引力和性对象年轻;而女性比男性更看重未来配偶的经济能力(37 个样本组中有 36 个样本组是这样),并且更看重未来伴侣的成就动机和勤奋等特征(有 29 个样本组支持)。

　　对于男女之间这种普遍的择偶偏好,巴斯采用进化论的观点给予解释。从亲代投资的角度上看,与男性相比,女性对后代有更大的亲代投资,女性的基因传给下一代的潜能远比男性小得多,并且女性的生育期和男性相比更受年龄的限制。在长期进化与自然选择的作用下,男女为了把自己的投资(基因)传给下一代,男性和女性在择偶上形成了不同的标准。男性更强调未来配偶的生殖潜能(如年轻、美貌等生理吸引力),女性更强调男性提供资源和保护的潜能(如能挣钱、有雄心和勤奋等),年轻漂亮和健康的女性具有更强的生殖力,而具有财富和权力的男性更能保证女性的怀孕和养育后代过程中所需的资源,具有这样特性的男性或女性更容易繁殖自己的后代,因此,进化过程选择和保留了这种择偶偏好。

　　巴斯还认为男女之间在引起嫉妒的事件上也应该存在差异,男性更多地为女性的忠贞和父亲身份的可能性受到威胁而嫉妒,女性则更关注情感依恋和失去资源的威胁。巴斯等人对大学生的研究表明,60%的男性被试对伴侣在性方面的不忠更痛苦,而83%的女性被试对伴侣对其情敌的情感依恋更痛苦。

导读：历经磨难的科学家

德国天文学家约翰尼斯·开普勒（Johannes Kepler，1571—1630）出生在德国威尔的一个贫民家庭，父亲是一个陆军军官，母亲是旅馆主人的女儿。开普勒从童年开始就一直多灾多难。他是一个七个月的早产儿，体质很差，四岁时患上了天花，留下了满脸的疤痕，后来又患猩红热，身体受到了严重的摧残，视力衰弱，一只手半残。但他凭着顽强、坚毅的品质发愤读书，遥遥领先于其他同学。父亲欠债使他失去了读书的机会，他就一边自学一边研究天文学。之后，多病的他又相继经历了孩子夭折、妻子和良师的去世，但他在一连串的打击下仍然从未停下研究，终于在59岁时发现了天体运行的三大定律，分别是轨道定律、面积定律和周期定律。同时他对光学、数学也作出了重要的贡献，他是现代实验光学的奠基人。不幸都化作了前进的动力，开普勒最终以惊人的毅力摘取了科学的桂冠。

人生不是一帆风顺的,每个人都必须面对各种各样的压力和挫折,没有礁石就激不起浪花,压力和挫折会让人生变得丰富多彩。当代大学生不可避免地会遇到来自学习、人际交往、就业、经济等各方面的压力。有的因不能承受来自社会、家庭以及自身的重压而背上了沉重的心理包袱,更有甚者产生了严重的心理问题。其实,只要能正确地看待和应对压力与挫折,就可以将其转换为成长路上的助推力。本章将引导同学们正确看待压力和挫折,学会调适,化阻力为动力,更好地面对人生中的困难,成为生活的胜利者。

第一节　压力与挫折概述

一、什么是压力

(一)压力的概念

压力的概念最早于 1936 年由加拿大著名生理心理学家汉斯·薛利(Hans Selye)提出,他也因此被称为"压力之父"。薛利认为,压力是表现出某种特殊症状的一种状态,这种状态是由生理系统对刺激的反应所引发的非特定性变化所组成的。整体医学领域的专家将薛利对压力的界定加以扩展,认为压力是一个人无力应对觉知到的(真实存在或想象中的)威胁时所产生的一系列生理性反应及适应现象。这里强调"觉知到的",因为一个情境对一个人是有威胁的,但对另一个人却未必构成压力。

在当代科学文献中,压力至少包括三种含义:一是指那些使人感到紧张的刺激;二是指紧张或被唤醒的一种内部心理状态,是人体内部出现的解释性的、情感性的、防御性的应对过程;三是指人体与环境失衡而产生的一种身心反应。目前比较普遍被接受的看法是:压力是由刺激引起的、伴有躯体机能及心理活动改变的一种身心紧张状态。

(二)压力源

压力源指被认为具有威胁的情境、环境或刺激。压力源可能存在于人们自身,也可能存在于环境中。如果把我们生活中曾经经历或正在经历的压力源逐一列出,就会发现压力源类型众多,不可胜数,而且在不同个体之间也不尽相同。其实许多研究已经探明了压力源的本质,它们可以被分为三类:

1. 生物生态层面的压力源

许多不同生物和生态层面的因素都可能引发不同程度的压力反应,比如过高或过低的温度、微生物、变质食物、酸碱刺激、雾霾天气等。有些因素甚至不为我们所知,比如阳光、重力、电磁场等:居住在北极圈及附近的人每年都有很长时间见不到阳光,有些人因此变得郁郁寡欢。

2. 精神心理层面的压力源

精神心理层面的影响在各种压力源中占有最大比重。人们的思想、信念、态度、观点、价值观等一旦受到挑战、违背,甚至改变,自我就会感到受威胁,继而产生压力反应。心理冲突与挫折、不切实际的期望、不祥预感以及与学习有关的压力和紧张等,都属于此类。精神心理层面压力源与其他类型压力源的显著不同之处在于它直接来自人们的头脑中,反映了心理方面的困难。大学生的考研压力、人际交往压力都是精神心理层面的压力源。

3. 社会层面的压力源

社会层面的压力源最突出的是过度拥挤和城市的无限扩张。社会层面的影响起源于自然界的本能。多个动物研究表明,当动物数量超出了一定界限,即使食物和水充足,也会造成看似健康的动物死亡。除此之外,这类压力源还包括重大的生活变故、科技进步、金融风险、社会经济地位低下等,甚至一些积极的事件,如节日、获奖等也包含在其中。

【我来练练】

第一步:列出你面临的各种压力。

第二步:将列出的压力按"对自己造成的影响从大到小"排序。

_____

_____

第三步:彼此分享压力给你带来的影响。

_____

_____

(三)压力反应

人们面临压力时会产生一系列身体上和心理上的反应,这些反应在一定程度上是机体主动适应环境变化的需要,它能唤起和发挥机体的潜能,增强抗病能力。但如果反应过于强烈或持久,就可能导致生理、心理功能的紊乱。个体在压力下表现出的反应通常可分为生理、心理和行为三方面。

1. 压力下的生理反应

个体在压力状态下的生理反应主要表现在自主神经系统、内分泌系统和免疫系统等方面,例如心率加快、血压增高、呼吸急促、激素分泌增加、消化道蠕动和分泌减少、出汗等。薛利在20世纪50年代进行了老鼠在慢性压力下反应的研究,他指出,在压力状态下身体反应分成三个阶段。

第一阶段是预警反应,这一阶段中,神经系统和内分泌系统最先被激活,出现肾上腺素分泌增加、消化道蠕动和分泌减少等现象;接着是心血管系统、呼吸系统和肌肉骨骼系统,此时人可能会心率加快、血压增高、呼吸急促、肌肉紧张等。就像报警器在起火时会发出蜂鸣声一样,这一阶段全身的器官都处于警戒状态。如果压力继续存在,身体就将进入第二个阶段,即抗拒阶段,试图对身体上任何受损的部分加以维护复原。因而在这一阶段会产生大量调节身体的激素,久而久之,当超出一些器官的负荷后,将会进入第三阶段,即衰竭阶段。进入此阶段时,压力已存在太久,应付压力的精力耗尽,一个或多个身体器官衰竭、坏死,甚至整个有机体死亡。

由此可见,压力下的生理反应可以调动机体的潜在能量,提高机体对外界刺激的感受和适应能力,从而使机体更有效地应付变化;但过久的压力会使人适应能力下降。

2. 压力下的心理反应

压力引起的心理反应包括警觉、注意力集中、思维敏捷、精神振奋,这些是适应的心理反应,有助于个体应对环境。例如,学生考试、运动员参赛时,如果压力适度,就容易获得良好成绩。但是,过度的压力会导致多种消极情绪,如忧虑、焦躁、愤怒、沮丧、悲观失望、抑郁等;在认知上则会使人思维狭窄、自我评价降低、自信心减弱、注意力分散、记忆力下降,表现出消极被动等。过度的压力还会影响智能,压力越大,认知效能越差。但个体在压力状态下的心理反应存在着很大差异,这取决于个体对压力的知觉和解释以及处理压力的能力。

3. 压力下的行为反应

压力下的行为反应可分为直接反应与间接反应。直接反应指直接面对引起紧张的刺激时,为了消除刺激源而作出的反应,比如,有些大学生学习压力大,就会花更多的时间学习。间接反应指借助某些物质暂时减轻与压力体验有关的苦恼,比如借酒消愁。有些人在压力过大时还可能作出自伤或伤人的过激行为。

小唐是清华大学的硕士。毕业后,小唐去了 IBM 公司工作,常年往返于北京和外地,工作繁忙而紧张。工作期间,小唐连续六年获得公司奖项,还先后通过了 CMA(美国注册管理会计师)和被称作"全球金融第一考"的 CFA(注册金融分析师)资格考试。在别人看来,她是典型的白领、骨干、精英。

2012 年 8 月 28 日,小唐从家中的 27 楼跳楼自杀,结束了自己的生命。自杀前,小唐给亲人留下遗书:"亲爱的亲人们:我对自己的能力和承受压力的能力很绝望,我将无法面对将来生活和工作上的各种压力,我实在无法容忍自己这样下去,一步步地越来越脆弱,无法承担责任和一丁点的压力,我这样下去只会增加别人的烦恼和负担。请爸爸多保重,女儿不孝,求您一定和阿姨相互扶持到老,不要为我难受。请婆婆和老公多保重,你们对我的好我只有来生再报答了,叔叔和大姨也请多保重,我对不起你们的爱护与关照。老公你对我太好了,我舍不得你但又无法阻止自己一天天越来越堕落,你的爱我来生再报答。"

【我来练练】

压力警示灯——压力信号的自我观察与分析

请根据你的实际情况进行选择,将所选情况对应的分值填入每题的(　)中,然后进行累加(不断发生:4 分;常发生:3 分;有时发生:2 分;很少发生:1 分;从未发生:0 分)。

(　)1. 我突然感到害怕或恐慌。

(　)2. 我觉得紧张。

(　)3. 我有不能入眠、失眠或很早醒来的恐慌。

(　)4. 我担心某些极糟的事情将发生。

(　)5. 我感到不耐烦且急躁。

(　)6. 我的饮食量不一定,会进食太多或太少。

(　)7. 我的肠胃有问题,会拉肚子或便秘。

(　)8. 我无法集中注意力、决策或记忆事物。

（　）9.我抽烟、喝酒,或用太多的镇静剂。

（　）10.我觉得疲惫不堪。

（　）11.我觉得好像快要失控或生病。

（　）12.我对凡事不感兴趣。

（　）13.即使休息的时候,我也感到气喘不过来。

（　）14.我觉得胸部很闷,颈部及头部很僵硬。

（　）15.我想避免恼人的情境。

（　）16.我对某些烦恼耿耿于怀。

（　）17.我对性失去兴趣。

（　）18.我觉得肠胃翻搅且不舒服。

（　）19.我缺乏自信心。

（　）20.我担心不能适应的问题。

（　）21.我觉得不值得活下去。

（　）22.我有头痛或偏头痛的毛病。

（　）23.我对前途感到悲观。

（　）24.我觉得处在压力之下。

（　）25.我有一些强迫性的行为,例如洁癖、暴饮暴食或不饮不食。

（　）26.我担心身体上的疼痛。

（　）27.我很情绪化且易哭。

（　）28.我觉得四肢无力。

（　）29.我觉得好像要晕倒。

（　）30.我延期去访问朋友,平时也没有嗜好。

这些信号在每日生活中出现的次数与持续度如何? 哪些信号最常出现? 哪些信号明显? 哪些信号不明显? 哪些信号出现时给你带来困扰与身心疲惫? 某些信号出现时,你通常用什么方法应对?

得分超过40分者属于高压力状态;20～40分者属于中度压力状态;低于20分者属于低压力状态。

二、什么是挫折

(一)挫折的概念

挫折是指个体在有目的的活动中,遇到无法克服或自以为无法克服的障碍或干扰,使其需要和动机不能得到满足时所产生的消极反应。这一概念包括三方面的含义:一是挫折情境,指造成需要不能获得满足的内外障碍或干扰等情境因素,属于客观因素,比如失恋、考试不及格、比赛未获得所期望的名次等;二是挫折反应,即对自己的需要不能满足时产生的情绪和行为的反应,属于主观体验,常见的有焦虑、紧张、愤怒、攻击、躲避等;三是挫折认知,即对挫折情境的知觉、认识和评价,属于主观反应,比如,和同学闹矛盾后认为同学都瞧不起自己、学习成绩不好认为自己能力不行等。

在这三方面中,挫折认知是最重要的。对于同样的挫折情境,不同的认知会产生不同的反应、体验。比如,一个女生给男朋友发短信相约共进晚餐,结果男朋友没有回复。这时,她可能会想:"他难道是不愿意?我都主动约他了,他还爱理不理的,有什么了不起的!"这样的认知就会埋下误会的种子。相反,如果她认为"他可能有事耽误了,并不是故意不回应的",那么就不会产生挫折的心理体验。

即便是没有挫折情境或事件发生,仅仅由于挫折认知的作用,也可能产生挫折反应。比如人际交往中并没有成为众矢之的,却总怀疑他人在议论自己;有的同学学习成绩本来已很不错,可总害怕考试不能通过。这些受挫折的事虽然没有发生,却仍然能被体验,可以引起焦虑、恐惧、担忧甚至敌对、攻击等挫折的情绪反应。

综上所述,当挫折情境、挫折认知和挫折反应三者同时存在时,便构成典型的挫折心理。但如果主体认知不当,即使缺少挫折情境,只要有挫折认知和挫折反应这两个因素,也可以构成挫折心理。因而,挫折作为一种社会心理现象既有客观性,又有主观性。

一个女儿对父亲抱怨她的生活不如意,事事那么艰难,不知道该如何应付,她也不想抗争和奋斗了。

父亲把女儿带进厨房,先往三只铁锅里倒入一些水,然后把它们放在旺火上烧。不久,锅里的水烧开了,他往第一只锅里放了些胡萝卜,第二只锅里放入鸡蛋,最后一只锅里放入磨成粉状的咖啡豆。

大约20分钟后,他把火关了,把三样东西都捞出来,分别放到三个碗里。然后,转身问女儿:"你看见什么了?""胡萝卜、鸡蛋、咖啡呀!"女儿回答。

父亲让女儿靠近些,用手摸了摸,她注意到胡萝卜变软了。父亲又让女儿拿那只鸡蛋并打破它,剥开壳后,看到鸡蛋熟了。最后,父亲让女儿喝咖啡,品尝完香浓的咖啡后,女儿笑了。她不解地问:"爸爸,这能说明什么?"

父亲指着三样东西,说:"这三样东西面临同样的逆境——煮沸的热水,但它们的反应却不一样:胡萝卜入锅前很结实,但进入沸水后,它变软了;鸡蛋原先是易碎的,但是经过沸水一煮,它变硬了;而粉状的咖啡豆进入沸水以后,却改变了水。哪个是你呢?当逆境找上门的时候,你是胡萝卜,是鸡蛋,还是咖啡豆?"

的确,有的人就像胡萝卜,原本有一个健康强壮的心态,可是受挫之后,就变得软弱、自卑;有的人就像鸡蛋,原本内心柔弱善良,可遇到困难和压力之后,就变得坚硬、冷漠;有的人就像咖啡豆磨成的粉末,面对逆境时没有退缩,而是以一种积极的心态去应对,非但没有被水改变,还反过来将水变成了浓郁香醇的咖啡。

(二)挫折的分类

1.一般挫折和严重挫折

从挫折的严重性角度看,可将挫折划分为一般挫折和严重挫折。一般挫折是指人们在日常生活和工作中遇到的不影响人生大问题的小挫折,比如,父母责骂、考试不理想、和朋友发生一些不愉快等,它对人的身心影响不大。严重挫折是指对个体的生活有重大影响的挫折,它带给个体很大的精神痛苦和心理压力,使个体表现出较强烈的情绪反应、行为反应,比如,车祸、地震、亲人死亡等。这种挫折甚至可能改变一个人的一生。

2. 实际挫折和想象挫折

从挫折的现实性角度看,可将挫折划分为实际挫折和想象挫折。实际挫折是个体实际遭遇的挫折,已成为事实,人们只要正视它,是可以有效处理的。想象挫折则是个体想象的未来可能出现的挫折,是人的主观想象的产物,并不一定会发生。适度地对挫折加以想象有积极意义,但如果想象超出实际,对挫折情境和后果想象得过于严重,则会对身心产生消极影响。

3. 短暂挫折和持续挫折

从挫折的持续性角度看,可将挫折划分为短暂挫折和持续挫折。短暂挫折是持续时间较短、暂时性的挫折,对人的身心影响不大,随着时间推移易于忘记,比如一次小测验成绩不理想。持续挫折是一种长期持续不断的挫折状态,这种持续的紧张感与挫折感,对人的身心健康十分不利,甚至可能导致人格障碍,比如长期受到别人的责骂、工作长期不如意等。

(三)挫折原因分析

挫折产生的原因是多方面和复杂的。我们将挫折产生的原因概括为两个方面,即客观原因和主观原因。

1. 客观原因

客观原因是指由于客观因素给人带来的阻碍和限制,使人的需要不能满足而引起的挫折,它包括自然因素和社会因素。自然因素是指个人不能预料和控制的天灾人祸、时空限制、意外事件等,比如地震、洪水、生老病死、交通事故等。社会因素是指人在社会生活中所受到的人为因素的限制,包括政治、经济、民族习惯、宗教信仰、社会风尚、道德法律、文化教育的种种约束。学非所用,学习的课程与兴趣间的矛盾,家长和老师教育方法的不当等,都属于社会因素。

2. 主观原因

主观原因是指由个人心理因素带来的阻碍和限制所产生的挫折。身高、容貌、能力、知识、自我期望、动机强度、经济条件等都可能带来挫折感。有人会因动机行为受到干扰和产生障碍、无法达到目标而感到沮丧、失意;有人不从实际出发,只考虑主观愿望,自我期望值过高,会因此产生挫折感;有人因为生理状况不足而失去机会,于是感到挫败;还有人有多个目标,但由于条件限制不可能全部实现,在取舍时产生很强的动机冲突,最终导致部分目标不能实现,于是就产生了挫折感;等等。主观原因是很多人产生挫折感的主要因素。

【我来练练】

测测你的抗挫折能力

请在下面9道题的A、B、C三个答案中,选出最接近自己的答案。

1. 有十分令人担心的事时,你会_____。

A.无法工作　　　　　　　B.照常工作　　　　　　　C.介于两者之间

2.碰到讨厌的对手时,你会_____。

　　A.无法应付　　　　　　　　B.应付自如　　　　　　　　C.介于两者之间

3.遇上难题时,你会_____。

　　A.失去信心　　　　　　　　B.动脑筋解决问题　　　　　C.介于两者之间

4.当困难落到自己头上时,你会_____。

　　A.嫌弃和厌恶　　　　　　　B.认为是锻炼自己的好机会　C.兼而有之

5.产生自卑感时,你会_____。

　　A.不想再干工作　　　　　　B.振奋精神去干工作　　　　C.介于两者之间

6.当领导给你很困难的任务时,你会_____。

　　A.顶回去了事　　　　　　　B.想一切办法完成　　　　　C.反对一阵再去完成

7.当工作条件恶劣时,你会_____。

　　A.无法干好工作　　　　　　B.克服困难干好工作　　　　C.介于二者之间

8.工作中感到疲劳时,你会_____。

　　A.总想着疲劳,脑子不好使　B.休息一会儿,忘了疲劳　　C.介于两者之间

9.当你面临失败时,你会_____。

　　A.破罐子破摔　　　　　　　B.将失败变为成功　　　　　C.随机应变

计分标准:选 A 为 0 分,选 B 为 2 分,选 C 为 1 分,将所得分数相加。

结果分析:

17 分及以上:说明你抗挫折能力很强,能抵抗失败和挫折。

10～16 分:你虽有一定的抗挫折能力,但对某些较大的打击依然难以抗衡,须加强心理素质的锻炼。

9 分及以下:你的抗挫折能力急需提高,甚至一些微小的挫折就能让你消沉半天。

第二节　大学生压力与挫折的心理调适

适度的身心紧张状态对人适应环境、解决问题是有利的,但如果压力和挫折反应超过了人们自身的调节和控制能力,就可能导致心理和生理功能的紊乱而致病。当今的大学生面临着学习、就业、人际关系、恋爱、经济等多重压力和挫折,更需要学习积极的压力应对和挫折管理方式,以维护身心健康。

一、大学生常见的心理压力和挫折

大学生心理压力和挫折的产生,有自身和家庭的因素,也有学校因素、社会因素。概括起来,大学生面临的心理压力和挫折主要有以下几方面。

(一)学习压力和挫折

这是大学生最常见的压力和挫折。当下的大学生有自己远大的理想和目标,自我期望很高,除了想把自己的各门专业课学好、争取奖学金外,还要考级考证、选修第二专业、准备

考研、在校外接受课外辅导和培训等,还可能在语言考试上花费大量时间和精力。过重的学习压力让部分大学生长期处于高度紧张的状态下,极可能影响情绪健康。

此外,新生阶段的学习适应问题也会带来压力和挫折。大学的学习相较高中有更强的自主性,课外阅读量增大,灵活性与创造性增强,各个专业又有独特的学习方法与技巧要求,大学新生大多仍沿袭中学的学习方法,以致上课不知如何记笔记,课下不知如何查资料、如何处理课堂内外的关系、如何进行自主学习、如何有效安排充裕的课余时间等。这些都会导致部分大学新生对学习产生疑惑与恐惧感,产生焦虑、失望等心理,甚至产生学习倦怠。

(二)恋爱压力和挫折

谈恋爱的大学生越来越多,恋爱伴随着的不仅仅是美好。有些大学生在恋爱中会体会到经济窘迫带来的烦恼;有些大学生情侣缺乏良好的沟通,经常因为吵架而郁郁寡欢;有些大学生会因为失恋而伤心欲绝,难以自拔,甚至失去生活的信心。关于大学生的恋爱挫折可参见第八章的详细阐述。

(三)人际交往压力与挫折

大学同学多来自不同的地方,其经历、认知、习惯、性格、个人爱好等都各不相同,再加上在人际交往的知识和技能上又存在差异,这就造成了大学生渴望交往又害怕交往的心理困惑,并由此产生压力。有些大学生以自我为中心,只想从交往中获得好处,而不顾及他人的意愿和感受,从而导致人际关系紧张,虽然生活在集体之中,却仍感到孤独和不安;有些学生到大学后不适应多样、互惠的大学交往方式,给自己造成一定的心理压力,影响了他们交往的范围;有些学生因自身缺陷而产生自卑心理,不愿主动与别人交往;还有些学生性格不合群,不被同学接纳,时间一长也会因同学的冷落而日渐孤僻。

小丽与小柳就读于某大学。刚入学时,两人住在同一个寝室,很快成了形影不离的好朋友。小丽活泼开朗,善于言谈,深受老师和同学的喜爱,在班干部竞选中脱颖而出,当选为团支书。小柳性格内向,沉默寡言,她逐渐感觉小丽像一位美丽的公主,而自己只是一只被忽视的丑小鸭,在小丽面前总是抬不起头来,心里很不是滋味,便开始以冷眼对小丽。有一次,小丽参加了学校组织的服装设计大赛,并得了一等奖,小柳得知这一消息后先是痛不欲生,而后妒火中烧,并趁小丽不在宿舍时将小丽的参赛作品撕成碎片扔在她的床上。小丽发现后,想不通小柳为什么要这样对待她。此后,两人形同陌路。

(四)就业压力与挫折

近年来,由于中国高等教育的逐步大众化,待就业的大学生数量逐年增加,大学毕业生初次就业率逐年下降。严峻的就业形势加重了大学毕业生的就业压力,与就业有关的心理健康问题也日益凸显出来,主要表现为矛盾心理、焦虑心理、挫折心理和自卑心理等,这不仅严重影响大学生顺利择业,而且有害大学生的心理健康。

大四学生小朱找工作时很不顺利,投了许多简历,参加了不少面试,可都没有成功。眼看同学们都陆陆续续找到工作,他越来越焦虑,并且开始否定自己的价值,认为自己没有能力。

(五)生活压力与挫折

近年来由于社会的发展和生活水平的提高,各高校的收费标准及学生所需的生活费明显有所提高,这成了一笔不小的家庭开销,对部分学生而言就更是一个沉重负担。据调查,我国高校中贫困学生的比例约占学生总数的25%,他们的经济能力和富裕家庭的同学相比差距很大。研究发现,高校中贫困生在人际敏感、抑郁、焦虑等因子分上显著高于一般家庭的学生,其心理适应水平普遍低于一般学生,更易出现自卑、退缩等特征。近五年对大学生心理健康状况进行的研究发现,贫困生比非贫困生的心理健康水平更低。

小琳的父母都是农民,爸爸曾出车祸导致腿部残疾,失去劳动能力,全家靠妈妈一人务农维持生计,小琳还有一个读初中的妹妹,家里经济负担很重。进入大学后,家里东拼西凑勉强帮她凑够了学费,但是其他的开支就比较拮据了。看着同学们玩手机,时常可以买自己喜欢的漂亮衣服,小琳常感到自惭形秽。同学之间的聚会她总是借故推脱。慢慢地,她觉得自己很孤独。

其实贫困不是一个错误,而且对大学生来说,贫困也是暂时性的。很少有人会嘲笑大学生的贫困,相反有许多人很欣赏贫困大学生的刻苦与坚持,也有许多人愿意提供帮助。贫困生不应让不合理的认知加重自己的心理负担,影响自己的学习和生活。

二、大学生压力的心理调适

大学生面对压力的应对方式有积极也有消极的,有的促其进步和成长,而有的则使其一蹶不振。为了更好地面对压力,减缓心理压力,大学生需要学会正确的压力应对方法,化压力为助力。

(一)调整认知

加拿大医学教授塞勒博士曾说:"压力是人生的香料。不要认为压力只是不良影响,人们应该转换认识和情绪,多去开发压力的有利方面。"辩证地看待压力,把压力看作动力,这有助于减轻压力的消极作用。适度压力不会危害一个人的心理健康,只有当压力超过承受的限度时,才会导致人的生理、心理和社会功能出现混乱,产生问题和危机。对于有些压力事件,如果采取不同的认知方式,通过不同的角度进行重新认知,就可以获得不同的信息,体验到不同的情感,也就有可能使压力事件变成动力事件。

(二)有效的时间管理

压力管理常常和时间管理密切相关。大学生如果能对时间进行有计划、系统的调控,就能有效缓解压力,实现自我发展目标。以下是一些值得尝试的时间管理方法:

1. ABC 时间管理法

这一方法最初由美国管理学家莱金(Lakein)提出。他建议,为了提高时间的利用率,每个人都需要确定今后 5 年、今后半年及现阶段要达到的目标,并将各阶段目标分为 A、B、C 三个等级,A 级为最重要且必须完成的目标,B 级为较重要很想完成的目标,C 级为不太重要可以暂时搁置的目标。大学生 ABC 时间管理的步骤如下:

(1)列出目标。每日学习前列出"日学习清单"。

(2)目标分类。对"日学习清单"分类。

(3)排列顺序。根据学习的重要性、紧急程度确定 ABC 顺序。

(4)分配时间。按 ABC 级别顺序定出学习日程表及时间分配情况。

(5)实施。集中精力完成 A 类目标,效果满意再转向 B 类目标。对于 C 类目标,在时间、精力充沛的情况下,可自己完成,但应大胆减少 C 类任务,以节省时间。

(6)记录。记录每一事件消耗的时间。

(7)总结。学习结束时评价时间应用情况,以不断提高自己有效利用时间的技能。

2.时间管理四象限法

这种方法由美国管理学家科维提出。该理论把工作按照重要和紧急两个不同的程度进行了划分,基本上可以分为四个"象限":既紧急又重要(如考试、重要的作业、竞赛等);重要但不紧急(如建立人际关系);紧急但不重要(电话铃声、不速之客);既不紧急也不重要(如上网、闲谈等)(见图9-1)。大学生可以把所有事情纳入四个象限,按照四个象限的顺序灵活而有序地安排学习、生活。

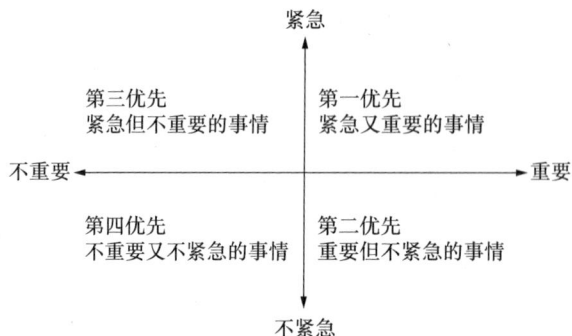

图 9-1　时间管理四象限图

【我来练练】

画画你的时间管理饼状图

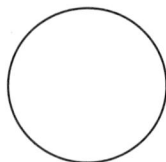

1.根据自己的情况,在下面画出一天二十四小时时间安排饼状图,并标明任务活动,看看自己的时间安排是否合理。如果不合理,重新进行调整,再画一个新的饼状图。

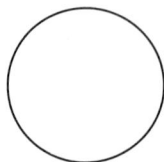

现在的时间管理饼状图　　　　调整后的时间管理饼状图

2.对于自己的时间管理,你有什么感受?

_____

_____

(三)构建自己的社会支持系统

社会支持是个体发展所依托的社会关系系统,是一种重要的环境资源,包括情感支持、信息支持、物质支持。社会支持系统对缓解心理压力具有重要的作用,一个人得到的社会支持越多,就越容易应付压力。在面对心理压力时,如果能想到"我不是孤单的一个人""有很多人支持我,他们都有类似的经验或遭遇,可以给我好的建议",那么就不会感到孤单无助。所以,大学生要学会建立自己的社会支持网络,这个网络中需要有亲人、朋友、同学、师长,还有社会组织机构,如心理卫生中心、法律援助站等。这些社会支持能够满足我们安全、自尊、归属和爱的需要。

在现实生活中,有的大学生怕给别人添麻烦,什么事情都独自担当,哪怕心理健康已经受到影响,也坚持不向别人寻求帮助。这些大学生需要改变观念,积极求助,对那些实在不方便或不愿意跟家长和同学沟通的事件可以与学校的心理老师交流。对极少数确实缺乏社会支持系统,既没有亲人的关爱,也没有朋友支持的大学生来说,始终不要忘记学校心理咨询中心这一资源。

【我来练练】

我的社会支持系统

下面是一张人际蛛网,请在上面各位置填上人名,这些人是你在碰到困难和压力时能给你支持和帮助的人。

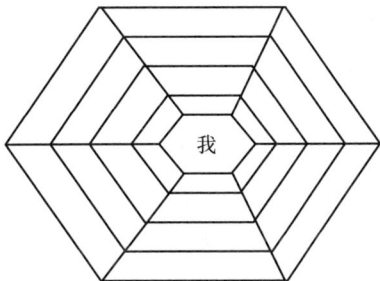

现在请你看一看:

谁离你最近? 你为什么选他?

在蛛网上男性与女性兼有吗?

在蛛网上有长辈吗?

在遇到困难和挑战的时候,你是怎样向他/她寻求支持的?

如果填上的不足五个人,请你仔细探求是什么原因。

（四）掌握缓解压力的技能和方法

人压力过大时，往往会出现一些不良情绪反应，如果不良情绪长期得不到释放，就会影响身心健康。因此，大学生需要掌握一些缓解压力的技能和方法，以便及时缓解自己的压力。有研究表明，倾诉、欢笑乐观、听音乐、欣赏艺术品、欣赏自然美景、心存感激、积极的自我暗示、运动、保证充足的睡眠等，对缓解压力都有一定的效果。同学们不妨试一试。

A—Z 减压 26 式

A（Appreciation）：接纳自己接纳他人，避免挑剔免伤神。

B（Balance）：学习、娱乐巧安排，平衡生活最适宜。

C（Cry）：伤心之际放声哭，释放抑郁舒愁怀。

D（Detour）：碰壁时候要变通，无须撞到南墙头。

E（Entertainment）：看看电影听听歌，松弛神经选择多。

F（Fear Not）：正直无惧莫退缩，哪怕背后小人戳。

G（Give）：自我中心限制大，关心他人展胸怀。

H（Humor）：戴副"墨"镜瞧一瞧，苦中寻乐自有福。

I（Imperfect）：世上谁人能完美，尽力而为心坦然。

J（Jogging）：跑跑步来爬爬山，真是赛过食仙丹。

K（Knowledge）：知多一些头脑清，无谓担心全减少。

L（Laugh）：每天都会笑哈哈，压力面前不会垮。

M（Management）：不怕多却只怕乱，时间管理很重要。

N（No）：适当时候要讲"不"，不是样样你都行。

O（Optimistic）：凡事要向好处看，无须吓得一头汗。

P（Priority）：先后轻重细掂量，取舍方向不难求。

Q（Quiet）：心乱如麻自然慌，心静如水自然安。

R（Reward）：日忙夜忙身心倦，爱惜自己要牢记。

S（Slow Down）：坐下停下喘口气，不必做到脑麻痹。

T（Talk）：找人聊聊有人听，被人理解好开心。

U（Unique）：人比人会气死人，自我突破最要紧。

V（Vacation）：放放假或充充电，活力充沛展笑颜。

W（Wear）：穿着打扮用点心，精神焕发心情好。

X（X-ray）：探寻压力找源头，对症下药有计谋。

Y（Yes, I can）：相信自己有潜能，勇往直前步青云。

Z（Zero）：从零开始向前看，每日都是新起点。

（引自中国香港浸会大学学生事务处辅导中心）

三、大学生挫折的心理调适

大学生由于受到种种因素的影响和制约,在学习、就业、人际交往、恋爱、健康等方面常常遭遇挫折。和压力一样,适当的挫折能够磨炼大学生的意志,让大学生正确地认识自我,提高生活适应能力;但挫折过大可能打击大学生的自信心,使情绪长期处于焦虑不安之中,降低学习效率,甚至损害身心健康。因此,大学生在遭遇挫折时应采取合理的方式进行自我调适。

(一)树立正确的挫折观

逆境可以砥砺人生,增长智慧。大学生要以平常的心态接受挫折,视挫折为促进自我发展的良机,通过消除障碍实现自我的突破和发展。要避免夸大挫折的后果,以防自己深陷困扰。有些大学生不能正视挫折,对挫折望而却步,因此影响了自我的发展。比如,大学生小萌大一时参加了学生会的竞选演讲,在演讲中她表现紧张,脸色通红。之后她认为自己很丢人,大家肯定会笑话她,从此不敢在公众场合发言。类似小萌的情况在大学生中并不少见。因此,大学生更要通过调整认知,用理性观念代替非理性观念,树立正确的挫折观,才能更好地战胜挫折。

(二)进行正确的归因

正确分析挫折的原因是应对挫折的基础。造成挫折的可能是外界客观因素,也可能是内在主观因素,还有可能两种因素相互交织。一个人遭遇挫折时,如果把成败原因一概归于能力、任务难度、运气等外部因素,忽视主观因素的影响,面对挫折就会感到无能为力,束手无策,从而不能尽自己的最大努力去克服困难和改变失败的处境。例如有些大学生学习理工科专业课程很吃力,就认为自己智力不如别人,致使学习动机大受影响。因此,大学生应该以积极的态度冷静地分析遭受挫折的原因,及时找出问题的症结所在,避免归因的片面性,并从本人的实际情况出发,用切实的行动改变挫折体验。

(三)调整自身抱负水平

很多挫折的负面效应都是因为大学生自我评价不当、对自身的期望值太高引发的。过高的自我评价会使制订的目标大大高于实际水平,由于目标不易达到,就可能体验到心有余而力不足的挫折感。比如,某女大学生成绩优秀,每次考试成绩都在班上的前十名左右,但该女生对自己的学习成绩仍然不满意,要求自己一定要进入前三名,因此产生了考试焦虑,每次考试前半个月都不能集中注意力复习,反而大大降低了学习效率。大学生应该学会恰当分析自身的长处和不足,扬长避短,根据自身的实际能力设立奋斗目标,及时调整自身抱负水平。让自己经过努力能有成功的体验,以此树立自信,减少挫败感。

(四)控制自己能控制的,放弃自己不能控制的

遇到挫折时,首先要对引发挫折的事件进行客观分析。如果是自己力所能及的事,只是在做的过程中有些失误,或准备不充分,则要坚持目标,逆境奋起。如果挫折的产生是由于自己的能力所限,则需要调整目标,学会放弃。

（五）形成积极的心理防御机制

如第二章所述，心理防御机制既有消极的也有积极的，消极的心理防御机制大多表现出退缩、冷漠、逃避的倾向，虽然能暂时缓解内心冲突，但从长远看，会阻碍个体面对现实；而积极的心理防御机制在缓解挫折体验时，表现出自信、进取的倾向，有助于战胜挫折。下面介绍几种有利于挫折调适的积极的心理防御机制，以供大学生参考。

1. 升华

升华是指当一个人因种种原因无法达到原定目标或个人的动机与行为不为社会所接受时，用另一种比较崇高的、具有创造性和建设性的、有社会价值的目标来代替，以弥补因失败而丧失的自尊自信。它一方面转移或实现了原有的情感，达到了心理平衡，同时又创造了积极的价值，利己利人。

大文学家歌德年轻时曾遭遇失恋的创伤，并为此感到十分痛苦。但年轻的歌德没有自暴自弃，沉浸其中，而是将这种痛苦和哀伤升华为旺盛的创作力。他将自己关在屋子里，用几个星期的时间，写出了书信体小说《少年维特之烦恼》。小说一经问世，立即引起文坛轰动，被翻译成十多种文字，广泛流传。

2. 补偿

由于主客观条件的限制，个人目标无法实现时，会设法以新的目标代替原有目标，以现在的成功体验去弥补原有的失败痛苦，这称为补偿，即所谓"失之东隅，收之桑榆"。比如，一个生理上有缺陷的人，努力通过事业的成功来减轻心理上的不适感；一个经济困难的学生，会通过学业的成功得到心理的满足感。积极的补偿对缓解挫折后的损失感，防止心理压力过大，有一定的积极作用。但消极的补偿不但于事无补，反而是有害的，如丢失钱物后以偷别人东西来补偿，在强者面前吃了亏就拿弱者出气，等等。

3. 认同

个体在现实生活中无法获得成功时，将自己比拟为某一成功者，借以减弱痛苦；或者迎合能满足自己需要的人，按照他们的希望去支配自己的思想、行动，来冲淡自己的挫折感，并以此求得内心的满足，这种行为就是认同。许多大学生常常把一些历史名人、学术权威、英雄楷模作为自己认同的对象，从他们人生经历中汲取力量，在遇到挫折时拿这些榜样来激励自己，奋发进取。

4. 幽默

幽默指一个人处境困难或尴尬时，用幽默方式来对付困境，或间接表示自己的意图，在无伤大雅的情形下转达意思，处理问题。一般来说，人格成熟的人，常懂得在适当场合使用合适的幽默，转变困难的情境，大事化小，小事化了，渡过难关。

钢琴家波奇有一次在美国密执安弗林特城举行演奏会，发现听众还不到全场座位的五成，他的做法是笑着走到舞台最前面，对观众说："弗林特城一定很有钱，我看到你们每个人都买了两三个座位的票。"于是满场大笑。

【心灵探索】

你是一个善于管理时间的人吗？

时间管理学者麦克尔·李宝夫设计了以下测验:这10个问题代表成功者的时间管理准则,请据实写出切合你实际情况的答案。

1. 我每天保留少量的时间作计划,并思考与我的工作有关的问题。

A. 几乎从未如此　　B. 有时如此　　C. 大部分时候如此　　D. 几乎经常如此

2. 我为自己拟定确切的书面表达目标,并明确规定完成目标的期限。

A. 几乎从未如此　　B. 有时如此　　C. 大部分时候如此　　D. 几乎经常如此

3. 我为自己拟订"每日工作计划表",表中各个事项依据其重要程度按次序编排,我试图尽快做完重要工作。

A. 几乎从未如此　　B. 有时如此　　C. 大部分时候如此　　D. 几乎经常如此

4. 我了解80/20原理,并作为办事的依据(所谓80/20原理,指在一堆事物中属于"重要少数"的只占20%,而属于"琐碎多数"的则占80%。80%的事情只需要20%的努力,而20%的事情是值得做的,应当享有优先权。因此要善于区分这20%的有价值的事情,然后根据价值大小分配时间)。

A. 几乎从未如此　　B. 有时如此　　C. 大部分时候如此　　D. 几乎经常如此

5. 我对自己的作息时间作了松弛的安排,使自己有时间来应付突发的意外事件。

A. 几乎从未如此　　B. 有时如此　　C. 大部分时候如此　　D. 几乎经常如此

6. 我在富有效率的最佳时间内做最重要的工作,而在低效率的时间做一般性的工作。

A. 几乎从未如此　　B. 有时如此　　C. 大部分时候如此　　D. 几乎经常如此

7. 我能自觉地把不同类型的零碎时间进行充分利用。

A. 几乎从未如此　　B. 有时如此　　C. 大部分时候如此　　D. 几乎经常如此

8. 我非常注意人际交往,并注意取得他人的帮助,从而使自己的时间增值。

A. 几乎从未如此　　B. 有时如此　　C. 大部分时候如此　　D. 几乎经常如此

9. 我积极地设法避免常见的干扰(如访客、会议、电话等),不让它妨碍我每天的工作。

A. 几乎从未如此　　B. 有时如此　　C. 大部分时候如此　　D. 几乎经常如此

10. 我能够拒绝那些占用我的时间并妨碍我完成重要工作的人。

A. 几乎从未如此　　B. 有时如此　　C. 大部分时候如此　　D. 几乎经常如此

评分标准:A=0分,B=1分,C=2分,D=3分。

计算总分:

0≤总分<15,不善于时间管理。

15≤总分<20,时间管理的技能尚佳,但仍有改进的余地。

20≤总分<25,善于时间管理。

25≤总分<28,时间管理艺术卓越。

28≤总分<30,自欺欺人。

【学以致用】

1. 烦恼袋

(1)6~8人一组,每组选一组长,给每组发一张大白纸。

(2)小组成员脑力激荡,从运动、休闲娱乐、饮食等多方面写下各种减压方法,越具体越好,越多越好。

(3)给各小组打分,并给以相应的奖励。

2. 我来帮帮你

(1)将班上学生分成6~8人的小组,每组选一组长。

(2)组长发给每位组员6~10张小纸片,各组员写上自己目前遇到的烦恼及麻烦。

(3)小组成员不记名地将烦恼记录纸丢到团体中央。

(4)组长收集烦恼。依次抽出成员共同的烦恼,用脑力激荡法找出解决策略,完成问题解答。

(5)各小组选择1~2个典型的问题在全班分享。

【身边的故事】

小王(男)自述:我是某高校大二学生,性格内向,长相一般。我出生在一个很偏僻的农村,家境贫寒,下面还有一个妹妹、一个弟弟。弟弟在读初中,妹妹已经辍学了,因为父母实在负担不起三个子女的学费,我读大学也向亲戚借了不少钱。因为是老大,父母对我的期望一直很高。因此,我从小就勤奋好学、刻苦上进,从小到大学习成绩很优秀,高中三年连任班干部。老师很重视我,同学也很喜欢我。但进入大学后,我进入了一个完全陌生的环境,感觉很难融入其中。每当看到周围的同龄人花钱阔绰大方,而我却不得不精打细算时,心里就有一种沉重的自卑感,这种自卑感让我不敢和同学们深入交往。我怕同学们嘲笑我的寒碜,内心感到很孤独无助。但我从来没有埋怨过父母,我知道他们能供我读大学已经很不容易了,我希望以优异的成绩回报他们,然而成绩也不尽人意。由于家乡的教学质量差,我的英语成绩一直不好,和城里学生一比,差距更大了,计算机也要从头学起。我觉得自己的能力很差,从大一开始就意识到能力培养的重要性,但我生性内向,不知道怎么发展能力,看到周围的同学这个是计算机能手,那个是写诗作文的好手,我就觉得压抑难受。像我这样没有什么专长的人,毕业后能找到工作吗?我能报答父母的恩情吗?父母常以有我这个儿子而感到自豪,每当想到我可能无法回报他们,心里就很难受。最近,我常常失眠,上课总不能集中注意力,学习成绩也在滑坡。我觉得自己很失败。我该怎么办呢?

课堂讨论:

小王存在的心理问题有:

_____

小王心理问题产生的原因是:

_____

如果小王是你的同学,你如何帮助他:

_____

个案点评:

小王表现出抑郁、焦虑的情绪状态。这种状态是由于不能适应大学的学习和生活,不能有效应对当前的压力引起的。因为家境贫寒,小王生活拮据,但在高中时同学们都有相似的家庭背景,所以他没有因此而自卑。但到大学后,和周围同学的比较让他产生了强烈的自卑感。小王的压力很大,父母的期望、严峻的就业形势都让他喘不过气来,但他学习成绩一般,自认能力有所欠缺,这让他寻找不到发展的方向。生性内向的他也不善于采取适合的方式应对压力,长此下去,危害了心理健康。

处理建议:

首先,小王需要调整对人际交往的认知。尽管他家境贫寒,但同学们不会因此嘲笑他。在人际交往中,大学生最看重的是个性品质,而不是别人兜里的钞票,何况现在高校贫困学生也不在少数。进行良好的交往也并不需要挥金如土。

其次,小王还要学会接纳自我,树立学习目标,逐步适应大学学习。进入大学后,同学间不管是在家庭背景还是学习水平上都显出极大的差异。小王要少将自己和其他优秀的同学比较,这种脱离成长经历的比较,对自己是不公平的。他应针对自己的实际情况,制订适合自己的学习目标,不断努力,只要自己今天比昨天有进步,学习就是有效的。在这方面如果有疑惑,可以多和老师、同学交流,以得到他们的帮助。

【瞭望窗】

逆商(AQ)

逆商是指一个人面对困境的态度和超越困境的能力。这一概念是美国学者保罗·史托兹(Paul G. Stoltz)于1997年提出的。逆商可以衡量一个人的自我控制能力、心态的积极程度以及对环境、周围人群的把握能力。

构成逆商的因素包括四部分,即:

1. 控制感。控制感是指人们对周围环境的信念控制能力。面对逆境或挫折时,控制感弱的人只会逆来顺受,听天由命;而控制感强的人则会凭一己之力能动地改变所处环境,相信人定胜天。控制感弱的人经常说"我无能为力,我能力不及";控制感强的人则会说"虽然很难,但这算什么,一定有办法"。

2. 起因和责任归属。造成一个人陷入逆境的起因大致可以分成两类。第一类属内因:包括自己的疏忽、无能、未尽全力,甚至宿命论。第二类属外因:合作伙伴配合不力、时机尚未成熟,或者有外界不可抗力。因内因陷入逆境的人会说"都是我的错,我注定要失败",因外因陷入逆境的人会说"都是因为时机不成熟,事前怎么就没想到会发生这样的情况呢?"高逆商者,往往能够清楚地认识到使自己陷入逆境的起因,并甘愿承担一切责任,能够及时地采取有效行动,痛定思痛,在跌倒处再次爬起,直至达到自己的目标。

3.影响范围。逆境所带来的负面影响范围有多大？高逆商者，往往能够将某一逆境所带来的负面影响仅限于这一范围，并能够将其负面影响程度降至最小。身陷学习中的逆境，就仅限于此，而不会影响自己的工作和家庭生活；与家人吵架，就仅限于此，而不会因此失去家庭；就某事与人发生争执，就仅限于此，而不致对人也有看法。

4.持续时间。逆境将持续多久？造成逆境的起因因素将持续多久？

史托兹经过大量的调查，将人群中逆境商数的分布描绘成状态曲线，并提出三种类型的划分，即低 AQ 者、中 AQ 者和高 AQ 者。

低 AQ 者也称放弃者，他们根本不愿意接受挑战，跌倒时往往难以爬起来，有些甚至会跪在地上，以免再次遭受打击，他们舍弃登峰造极的冲动，也就放弃了人生所提供的丰富体验。低 AQ 的学生在面对困境与重压时，容易深陷消极而不能自拔。比如，一些大学生不能承受学习成绩下降、失恋等带来的身心压力而精神崩溃、自杀等。

中 AQ 者也称半途而废者，他们走到一半就不愿意再继续努力，中途停下，找到一块可以躲避逆境的平坦草原，平静地度过余生。他们与放弃者不同的是至少还接受过攀登的挑战，已经达到某种特定的目标。许多大学生都是中 AQ 者，他们也会积极争取机会锻炼自己，但往往遇到困难就半途而废，不能争取更大的成功。

高 AQ 者也称攀登者，他们在登顶过程中，不顾环境优劣、不计较得失成败、不管运气好坏，都持续不断地攀登，没有任何障碍能够阻挡他们不断前进的步伐。即使他们被打倒，也会充分吸取失败的经验，继续往前冲刺。可口可乐公司的总裁古滋·维塔就是一个高逆商的人。这位著名的古巴人年轻时随全家人匆匆逃离古巴来到美国，身上只带了 40 美金和 100 张可口可乐的股票。同样是这个古巴人，40 年后竟然能够领导可口可乐公司，让这家公司在他退休时股票增长了 7 倍，整个品牌价值增长了 30 倍。他在总结自己的成功历程时这样说："一个人即使走到了绝境，只要你有坚定的信念，抱着必胜的决心，你仍然还有成功的可能。"

AQ 是可以培养的。大学生应该努力提高面对挫折、摆脱困境和超越困难的能力，在挫折与失败面前，调整好心态，使自己越挫越勇。

［1］边玉芳,钟惊雷,周燕,等.青少年心理危机干预［M］.3 版.上海:华东师范大学出版社,2013.

［2］Brian Luke Seaward.压力管理策略［M］.许燕,等,译.北京:中国轻工业出版社,2008.

［3］蔡硕冰,魏丽丽.大学生心理健康教育［M］.成都:电子科技大学出版社,2013.

［4］查尔斯·莫里斯,阿尔伯特·梅斯托.心理学导论［M］.张维明,王蕾,童永胜,等,译.12 版.北京:北京大学出版社,2007.

［5］陈国海,许国彬,肖沛雄.大学生心理与训练［M］.2 版.广州:中山大学出版社,2005.

［6］陈会昌,等.青少年对家庭影响和同伴群体影响的接受性［J］.心理科学,1998（3）:264-265.

［7］陈琦,刘儒德.当代教育心理学［M］.2 版.北京:北京师范大学出版社,2007.

［8］陈选华,王军.放飞理想——大学生心理健康教育教程［M］.合肥:中国科学技术大学出版社,2008.

［9］程明明,樊富珉.生命意义心理学理论取向与测量［J］.心理发展与教育,2010（4）:431-437.

［10］崔丽娟,等.心理学是什么［M］.北京:北京大学出版社,2002.

［11］戴维·迈尔斯.社会心理学［M］.侯玉波,乐国安,张智勇,等,译.8 版.北京:人民邮电出版社,2006.

［12］邓先丽.大学生心理健康教育［M］.北京:中国人民大学出版社,2011.

［13］段鑫星,程婧.大学生心理危机干预［M］.北京:科学出版社,2006.

［14］段鑫星,赵玲.大学生心理健康教育［M］.北京:科学出版社,2003.

［15］樊富珉,费俊峰.大学生心理健康十六讲［M］.3 版.北京:高等教育出版社,2015.

［16］樊富珉,王建中.当代大学生心理健康教程［M］.武汉:武汉大学出版社,2010.

［17］Gerald Corey,Marianne Schneider Corey.心理学与个人成长［M］.胡佩诚,等,译.北京:中国轻工业出版社,2007.

［18］Gerald Corey.心理咨询与治疗的理论与实践［M］.谭晨,译.8 版.北京:中国轻工业出版社,2013.

［19］桂世权,魏青,陈理宣,等.大学生心理健康教育［M］.成都:西南交通大学出版社,2007.

［20］郝伟.精神病学［M］.5 版.北京:人民卫生出版社,2005.

［21］胡剑锋,钟志宏,李金萍.大学生心理健康教程［M］.2 版.武汉:武汉大学出版社,2008.

［22］胡凯.大学生心理健康新论［M］.长沙：中南大学出版社，2003.

［23］胡敏.大学生心理健康教育与指导［M］.上海：上海中医药大学出版社，2005.

［24］胡珍.中国当代大学生性现状及性教育研究［M］.成都：四川科学技术出版社，2003.

［25］黄希庭，郑涌.大学生心理健康与咨询［M］.2 版.北京：高等教育出版社，2007.

［26］Jerry M Burger.人格心理学［M］.陈会昌，等，译.北京：中国轻工业出版社，2004.

［27］江光荣，吴才智.大学生心理健康教育［M］.3 版.武汉：华中师范大学出版社，2013.

［28］卡伦·达菲，伊斯特伍德·阿特沃特.心理学改变生活［M］.张莹，丁云峰，杨洋，译.8 版.北京：世界图书出版公司，2006.

［29］Kraut R，Kielser S. A Social Technology that Reduces Social and Involvement and Psychological Well-being［J］. American Psychologist，1998（9）：1017-1031.

［30］蓝采风.挑战压力［M］.北京：中国纺织出版社，2001.

［31］黎文森.大学生心理健康教育导论［M］.2 版.长春：吉林人民出版社，2006.

［32］李露萍，李国杰.提高大学生人际交往能力的研究［J］.沈阳农业大学学报：社会科学版，2004（9）：6.

［33］李文霞，任占国，赵传兵.大学生心理健康教育［M］.北京：北京师范大学出版社，2013.

［34］李旭.大学新生生命意义感及心理健康关系研究［J］.中国健康心理学杂志，2010，18（10）：1232-1235.

［35］李旭.大学生社会支持与生命意义的关系：乐观的中介和调节作用［J］.中国特殊教育，2015（1）：81-86.

［36］李旭，卢勤.大学生家庭因素对生命意义感及自杀意向的影响［J］.中国学校卫生，2014，35（1）：54-56.

［37］李旭.生命意义的理论取向与实证研究述评［J］.四川师范大学学报：社会科学版增刊，2014（1）：131-132.

［38］李振荣，彭志宏，梁杰.大学生心理健康教育与训练［M］.郑州：黄河水利出版社，2006.

［39］理查德·格里格，菲利普·津巴多.心理学与生活［M］.王垒，王甦，等，译.16 版.北京：人民邮电出版社，2003.

［40］蔺桂瑞，杨芷英.大学生心理健康与人生发展［M］.北京：高等教育出版社，2010.

［41］格尔德，等.牛津精神病学教科书［M］.刘协和，袁德基，译.5 版.成都：四川大学出版社，2010.

［42］卢勤，车玥.大学新生性观念调查及教育思考［J］.中国性科学，2009，18（4）：43-46.

［43］卢勤.心理热线在汶川地震后心理干预中的应用与思考［J］.中国健康心理学杂志，2009，17（12）：1456-1458.

［44］卢勤.父母养育方式与大学生性别角色的关系［J］.中国学校卫生，2010，31（5）：423-425.

［45］卢勤.人口学资料在大学新生心理建档中的运用［J］.重庆师范大学学报：自然科学版，2009，26（4）：122-126.

［46］卢勤，周宏，邵昌玉.大学生心理健康理论与实践［M］.2 版.成都：四川大学出版社，2010.

［47］马谪乃.大脑脑能与创造力的探索［J］.系统辩证学学报,2004,12(1):6-12.

［48］马建青.大学生心理健康［M］.北京:人民出版社,2011.

［49］马林,谢芳,尚梦佳.大学生择偶偏好调查［J］.现代交际,2015(12):102.

［50］孟静雅.大学生性心理困扰与健康维护［J］.教育探索,2006(9):83-84.

［51］尼尔森·古德,亚伯·阿可夫.心理学与成长［M］.田文慧,译.北京:世界图书出版公司,2009.

［52］宁维卫.开掘心智的金矿——大学生心理健康与成长［M］.成都:西南交通大学出版社,2005.

［53］欧居湖,徐建奇.心理学与大学生［M］.成都:四川出版集团天地出版社,2006.

［54］欧晓霞,曲振国.大学生心理健康［M］.北京:清华大学出版社,2006.

［55］彭聃龄.普通心理学［M］.3版.北京:北京师范大学出版社,2004.

［56］彭晓玲,柏伟.大学生全程全面心理辅导［M］.北京:清华大学出版社,2008.

［57］钱铭怡.心理咨询与心理治疗［M］.北京:北京大学出版社,1994.

［58］冉超凤,黄天贵.高职大学生心理健康与成长［M］.2版.北京:科学出版社,2008.

［59］Russ Harris.ACT,就这么简单!接纳承诺疗法简明实操手册［M］.祝卓宏,张琦,曹慧,等,译.北京:机械工业出版社,2016.

［60］桑志芹,邓旭阳.大学生心理素质训练［M］.上海:上海教育出版社,2006.

［61］S. E. Taylor, L. A. Peplau, D. O. Sears.社会心理学［M］.谢晓非,谢冬梅,张怡玲,等,译.10版.北京:北京大学出版社,2004.

［62］上官凤.大学生心理健康教育［M］.北京:北京理工大学出版社,2008.

［63］邵昌玉,胡珍.当代大学生恋爱观现状及对策研究［J］.教育与教学研究,2013(5):58-60.

［64］邵昌玉,胡珍.当代大学生性心理性别差异调查［J］.人民论坛,2012(6):112-113.

［65］沈绮云.大学生心理健康教育［M］.北京:北京大学出版社,2014.

［66］施琪嘉.心理治疗理论与实践［M］.北京:中国医药科技出版社,2006.

［67］石林.健康心理学［M］.北京:北京师范大学出版社,2001.

［68］宋专茂,陈伟.心理健康测量［M］.广州:暨南大学出版社,1999.

［69］孙学礼.心理咨询师(基础知识)［M］.北京:中国劳动社会保障出版社,2008.

［70］田川,陶伍建.大学生心理健康教育［M］.3版.北京:科学出版社,2014.

［71］王维,陈青山,刘治民,等.广东某高校大学生性幻想情况分析［J］.中国学校卫生,2008,29(3):222-223.

［72］王文科,戴景平.大学生生命教育概论［M］.广州:广东高等教育出版社,2013.

［73］吴建玲.大学生心理健康与心理素质训练［M］.广州:华南理工大学出版社,2007.

［74］吴薇莉,陈秋燕.心理素质教育与训练［M］.成都:四川出版集团,四川科学技术出版社,2005.

［75］吴汉德.大学生心理健康［M］.南京:东南大学出版社,2003.

［76］吴继霞,黄辛隐.大学生心理健康学［M］.上海:学林出版社,2007.

[77] 袭开国.大学生认知风格与情绪的关系研究[J].中国临床心理学杂志,2007:15(6):595-597.

[78] 薛德钧,田晓红.大学生心理与心理健康[M].北京:北京大学出版社,中国林业出版社,2007.

[79] 亚伯·艾里斯,凯瑟琳·麦克赖瑞.理情行为治疗[M].刘小箐,译.成都:四川大学出版社,2005.

[80] 杨凤池.咨询心理学[M].北京:人民卫生出版社,2007.

[81] 杨江水.大学生心理压力及其缓解途径[J].黑龙江高教研究,2005(10):136-137.

[82] 杨眉,等.大学生健康人格塑造[M].北京:中国青年出版社,1999.

[83] 杨眉.健康人格心理学——有效促进心理健康的9种模式[M].北京:首都经济贸易大学出版社,2016.

[84] 杨敏毅,鞠瑞利.学校团体心理游戏教程与案例[M].上海:上海科学普及出版社,2006.

[85] 杨小丽,孙宏伟.大学生心理健康教育[M].北京:科学出版社,2014.

[86] 杨兴华.大学生心理健康与调适[M].苏州:苏州大学出版社,2004.

[87] 叶奕乾,何存道,梁宁建.普通心理学[M].2版.上海:华东师范大学出版社,2004.

[88] 张春兴.现代心理学[M].上海:上海人民出版社,1994.

[89] 张大均,吴明霞.大学生心理健康[M].2版.北京:清华大学出版社,2015.

[90] 张宏如,曹雨平.当代大学生心理学[M].北京:首都经济贸易大学出版社,2006.

[91] 张厚粲.大学心理学[M].北京:北京师范大学出版社,2001.

[92] 张怀满.试论大学学习的特点及大学生学习能力的培养[J].黑龙江高教研究,2010(9):129-131.

[93] 张林,车文博,黎兵.大学生心理压力应对方式特点的研究[J].心理科学,2005,28(1):36-41.

[94] 章金敏.心灵地图[M].北京:中国发展出版社,2005.

[95] 章志光,等.社会心理学[M].北京:人民教育出版社,1996.

[96] 赵俊峰,杨易,师保国.大学生学习策略的发展特点[J].心理发展与教育,2005(4):79-82.

[97] 赵文杰.大学生心理卫生[M].上海:复旦大学出版社,2004.

[98] 曾秀华.关于大学生学习能力培养的研究综述[J].社科纵横,2011(3):257-258.

[99] 郑日昌.大学生心理健康教育——自主与自助手册[M].北京:高等教育出版社,2007.

[100] 郑日昌,吴才智,包卫.大学生心理健康[M].2版.上海:华东师范大学出版社,2011.

[101] 郑雪.人格心理学[M].广州:暨南大学出版社,2007.

[102] 郑学琴.女大学生失恋归因与心理调适探析[J].云梦学刊,2010(9):122-124.

[103] 周莉,赵妍.大学生心理健康教育[M].5版.北京:中国人民大学出版社,2015.

大学生心理健康与积极成长

ISBN 978-7-5689-0956-3

更多服务

9 787568 909563 >

定价：36.00元